Aussprachesschwierigkeiten arabischer Deutschlernender aus dem Irak und didaktische Überlegungen zum Ausspracheunterricht

HALLESCHE SCHRIFTEN ZUR SPRECHWISSENSCHAFT UND PHONETIK

Herausgegeben von
Lutz Christian Anders, Ines Bose, Ursula Hirschfeld,
Eva Maria Krech, Baldur Neuber und Eberhard Stock

Band 49

PETER LANG
EDITION

Salam Omar Mahmood

Ausspracheschwierigkeiten arabischer Deutschlernender aus dem Irak und didaktische Überlegungen zum Ausspracheunterricht

PETER LANG
EDITION

Bibliografische Information der Deutschen Nationalbibliothek
Die Deutsche Nationalbibliothek verzeichnet diese Publikation in der Deutschen Nationalbibliografie; detaillierte bibliografische Daten sind im Internet über http://dnb.d-nb.de abrufbar.

Zugl.: Halle-Wittenberg, Univ., Diss., 2013

Der vorliegende Band wurde von Prof. Dr. Ursula Hirschfeld betreut.

Gedruckt auf alterungsbeständigem,
säurefreiem Papier.

3
ISSN 1437-3890
ISBN 978-3-631-65282-4 (Print)
E-ISBN 978-3-653-04397-6 (E-Book)
DOI 10.3726/978-3-653-04397-6

Peter Lang Edition ist ein Imprint der Peter Lang GmbH.
Peter Lang – Frankfurt am Main · Bern · Bruxelles · New York · Oxford · Warszawa · Wien

Dieses Buch erscheint in der Peter Lang Edition und wurde vor Erscheinen peer reviewed.

www.peterlang.com

Inhaltsverzeichnis

1 Einleitung

1.1 Zur Problemstellung und Zielsetzung der Arbeit

Nach der Aufhebung der UN-Sanktionen 2003 konnte der Irak wirtschaftliche, politische und kulturelle Beziehungen unter anderem zu europäischen Ländern wieder aufnehmen. Die Intensivierung der diplomatischen Beziehungen zwischen dem Irak und Deutschland führte beispielsweise zur Gründung der Deutschen Wirtschaftbüros in Bagdad, Basra und Erbil, welche einen positiven Einfluss auf die Niederlassung vieler deutscher Firmen im Irak ausüben. Diese positive Entwicklung spiegelt sich nicht nur im Interesse an Deutschland als Wirtschaftspartner wider, sondern trägt ihre Früchte auch im zunehmenden Interesse an der deutschen Sprache und Kultur. Dies zeigt sich in der kontinuierlichen Zunahme der Anzahl der Deutschstudierenden an der Universität Bagdad und der Eröffnung neuer Sprachzentren wie z. B. des Goethe-Instituts sowie der Deutschen Schulen in Bagdad und Erbil. Für das Jahr 2013 beläuft sich nach Angaben der Deutschen Abteilung die Zahl der Deutschlernenden an der Universität Bagdad auf rund 400 und am Goethe-Institut sowie an den Deutschen Schulen auf rund 120. Trotz dieser zunehmenden Anzahl wird im Fremdsprachenunterricht Deutsch generell auf ein systematisches Aussprachetraining verzichtet, ungeachtet der Tatsache, dass der Einfluss der Muttersprache Arabisch auf den Ausspracheerwerb des Deutschen – aufgrund der hochautomatisierten und schwer beeinflussbaren artikulatorischen und prosodischen muttersprachlichen Hör- und Sprechgewohnheiten – stärker als in anderen sprachlichen Bereichen wahrnehmbar ist (vgl. Hirschfeld 2011, 12). Viele irakische Deutschlernende übertragen daher unbewusst segmentale und suprasegmentale Merkmale der arabischen Sprache in die deutsche (s. Kap. 6). Sprachsystematisch bedingte Interferenzen arabischer Lernender werden in den ohnehin wenigen phonetischen Übungen des an der Universität Bagdad eingesetzten Lehrwerks, welches ursprünglich für italienische Deutschlernende konzipiert worden ist, nicht behandelt.

Ferner wird von etlichen Deutschlehrenden weder der Stellenwert der Phonetik im Unterricht noch die Bedeutung des Aussprachetrainings für die mündliche Kommunikation anerkannt. So bezeichnete ein Germanistikdozent phonetische Übungen als „unnötige Zeitverschwendung". Andere Dozenten erkennen zwar die Wichtigkeit der phonetischen Ausbildung, besitzen aber weder genügend Wissen über die Phonologie und Phonetik des Deutschen noch ausreichend methodisch-didaktische Kenntnisse zur Vermittlung phonetischer und phonologischer Phänomene. Darüber hinaus liegen bislang keine aktuellen wissenschaftlichen Studien vor, die sich mit dem Ausspracheerwerb irakischer Deutschstudierender und mit methodisch-didaktischen Grundlagen des Aussprachetrainings befassen. Die vorliegende Arbeit möchte einen Beitrag dazu leisten, diese Lücke im Bereich der Phonologie und Phonetik in Deutsch als Fremdsprache zu schließen.

Abweichende Aussprache wirkt sich häufig in vielfältiger Weise negativ auf die mündliche Kommunikation aus, so dass es einerseits zu einer Abwertung der Persönlichkeitseigenschaften des Sprechers mit daraus resultierenden Sprechhemmungen kommen kann. Andererseits können phonetische Abweichungen auf der Hörerseite „zu schnellerer Ermüdung, zu Konzentrations- und Informationsverlusten führen" (Cohrs 2007, 4; vgl. Reinke 2011, 73 f.; Hirschfeld 2011, 12). Das Ziel der vorliegenden Arbeit ist, die Ursachen phonologischer und phonetischer Abweichungen arabischer Deutschstudierender aus dem Irak zu untersuchen und didaktisch-methodische Vorschläge für den Ausspracheunterricht Deutsch zu unterbreiten. Die Schwerpunkte der Arbeit liegen auf folgenden Aspekten:

- eine kontrastive Analyse des modernen Hocharabischen und des Deutschen auf phonetisch-phonologischer Ebene, um Gemeinsamkeiten und Unterschiede zwischen den beiden Sprachen aufzuzeigen und potenzielle sprachsystematisch bedingte Interferenzen zu prognostizieren,
- eine auditive Analyse zur Identifizierung und Klassifizierung segmentaler und auffälliger suprasegmentaler Ausspracheabweichungen,
- Feststellung der Einflussfaktoren auf das Lehren und Lernen der Aussprache und
- Didaktisierungsvorschläge zur Optimierung des Ausspracheunterrichts im Irak.

Notwendige Hinweise
In der vorliegenden Arbeit werden irakisch-arabische Deutschlernende als „irakische Deutschlernende“ oder „arabische Deutschlernende“ bezeichnet. Für die bessere Lesbarkeit des Textes wird größtenteils die geschlechtsneutrale oder ausschließlich die männliche Form verwendet, damit sind stets beide Geschlechter gemeint. Die Transkription der arabischen Schrift erfolgt in deutschsprachigen Arbeiten anhand der Regeln der Deutschen Morgenländischen Gesellschaft (DMG) oder mithilfe der Zeichen der International Phonetic Association (IPA). Die Transkription der Deutschen Morgenländischen Gesellschaft (DMG) ist eine Mischform aus Transliteration (buchstabengetreuer Wiedergabe des Schriftbildes) und Transkription (lautgerechter Wiedergabe). Diese Umschrift wird in vielen arabischen Wörterbüchern verwendet, wie etwa im „Wörterbuch für die Arabische Schriftsprache der Gegenwart“ von Hans Wehr. In der vorliegenden Arbeit wird die Transkription der Deutschen Morgenländischen Gesellschaft (DMG) nicht verwendet, da sie „im Wesentlichen auf die Arabistik beschränkt ist und kaum Möglichkeiten bietet, phonetische Varianten hinreichend zu kennzeichnen“ (Kästner 1981, 21). Daher werden die arabischen Wörter nach dem System der International Phonetic Association transkribiert, welches ausreichende Möglichkeiten bietet, das Lautsystem des modernen Hocharabisch darzustellen. Für die Transkription der deutschen Wörter wurden die Zeichen der IPA nach dem „Deutschen Aussprachewörterbuch“ (2009) von Eva-Maria Krech, Eberhard Stock, Ursula Hirschfeld und Lutz Christian Anders verwendet.

1.2 Aufbau der Arbeit

Die vorliegende Arbeit gliedert sich in theoretische, empirische und didaktische Untersuchungen. Die theoretische Untersuchung erstreckt sich über die Kapitel zwei bis fünf. Das zweite Kapitel setzt sich zunächst mit der aktuellen Situation des Ausspracheunterrichts im Irak und den im Germanistikstudium an der Universität Bagdad verwendeten Unterrichtsmaterialien auseinander, bevor im dritten Kapitel auf die Aussprachevarietäten des Arabischen und des Deutschen sowie auf den Begriff, die Funktionen und die Merkmale der

Standardaussprache der beiden Sprachen eingegangen werden kann. Daran schließt sich das vierte Kapitel an, das eine phonologisch-phonetische Kontrastivanalyse Arabisch-Deutsch bietet. Dieses Kapitel, in dem auch u. a. die Grundbegriffe der Phonologie und Phonetik, Phonem, Laut und Allophon, Suprasegmentalia und Segmentalia erläutert werden, nimmt den größten Raum der theoretischen Untersuchung ein. Die Lautsysteme der beiden untersuchten Sprachen werden auf der Ebene der phonologisch-phonetischen Merkmale, der Phoneminventare und deren Allophone kontrastiert. Darüber hinaus werden die Akzentuierung, die Rhythmisierung und die Melodisierung des Deutschen und des Arabischen miteinander verglichen. Im fünften Kapitel werden die zu erwartenden Ausspracheschwierigkeiten arabischer Deutschlernender in Bezug auf vorangegangene kontrastive linguistische Forschungsbeiträge des Arabischen und Deutschen vorhergesagt. Das sechste Kapitel bildet den empirischen Teil. Hier werden Untersuchungsziele genannt, Hypothesen über zu erwartende Untersuchungsergebnisse aufgestellt und Untersuchungsmethoden für die empirische Untersuchung beschrieben und schließlich deren Ergebnisse präsentiert. Der didaktischen Untersuchung werden die Kapitel sieben bis acht gewidmet. Im siebten Kapitel stehen die Einflussfaktoren auf das Lehren und Lernen von Aussprache im Mittelpunkt. Anhand der kontrastiven phonologischen und phonetischen Analyse Arabisch-Deutsch und der Ergebnisse der auditiven Fehleranalyse werden im achten Kapitel Didaktisierungsvorschläge vorgelegt. Das neunte Kapitel fasst die vorliegende Arbeit zusammen und gibt einen Ausblick auf mögliche weiterführende Untersuchungsschwerpunkte. Die Kapitel zehn und elf beinhalten das Literatur-, Abbildungs- und Tabellenverzeichnis.

2 Aktuelle Situation des Fremdsprachenunterrichts Deutsch im Irak

Die neutrale Haltung Deutschlands im letzten Irak-Krieg wurde im Irak allgemeinhin mit Wohlwollen aufgenommen und hat sich dort positiv auf das Deutschlandbild und das Interesse an Deutschland ausgewirkt. Auf diplomatischer Ebene entwickelt sich eine rege kulturelle Zusammenarbeit, welche auch in der Förderung und Entwicklung der Fremdsprachenkenntnisse Früchte trägt. Bei der Beschreibung der aktuellen Situation des Fremdsprachenunterrichts Deutsch im Irak kristallisieren sich bereits einige Problembereiche heraus. In diesem Kapitel wird der Stellenwert des Ausspracheetrainings im fremdsprachlichen Deutschunterricht an der Universität Bagdad untersucht. Die zentrale Position in der Beschreibung nehmen dabei die Auswertungen der im Ausspracheunterricht verwendeten Methoden und der Integration der Phonetik im DaF-Lehrwerk *Delfin* ein.

2.1 Ausspracheunterricht in der Fremdsprache Deutsch

An der Sprachenfakultät der Universität Bagdad existiert gegenwärtig nur eine Abteilung, die Deutsch als Fremdsprache bzw. ein Germanistikstudium anbietet. In dieser Abteilung werden Kurse im Bereich der germanistischen Disziplinen Literaturwissenschaft und Sprachwissenschaft sowie in der Sprachpraxis (Aufsatz, Grammatik, Hörverstehen) angeboten. Neben den germanistischen Fächern muss auch die englische Sprache als Nebenfach belegt werden. Anders als für das Anglistikstudium werden in der Germanistik keine Deutschkenntnisse vorausgesetzt. Irakische Deutschlernende haben an den staatlichen irakischen Schulen zuvor andere Fremdsprachen (Englisch, Französisch etc.) gelernt, nicht jedoch Deutsch. Nach achtsemestrigem Studium erhalten die Absolventen den akademischen Grad Bachelor of Arts (B.A.). Im Folgenden wird die Zahl der Unterrichtsstunden pro Woche und Fremdsprache dokumentiert, die ein irakischer Germanistikstudent nach Abschluss seines Bildungsweges typischerweise belegt hat:

Tab. 1: Fremdsprachenunterricht im Irak

Bildungseinrichtung	**Stunden pro Woche**			
	Englisch	**Französisch**	**Kurdisch**	**Deutsch**
Grundschule (6 Jahre)	2	–	–	–
Mittelschule (3 Jahre)	3	–	–	–
Oberschule (3 Jahre)	3	2	1	–
Universität (4 Jahre)	2	–	–	12

Das irakische Schulsystem beginnt mit einer sechsjährigen obligatorischen Grundschulbildung, gefolgt von einer dreijährigen Mittelschulbildung und zuletzt einer dreijährigen Oberschulbildung, die mit dem Abitur abschließt. In diesen staatlichen Schulen werden viele Sprachen als zweite Fremdsprache nach Englisch angeboten. Englisch als erste Fremdsprache wird ab der vierten Klasse der Grundschule unterrichtet. Die Lernenden sind also zehn oder elf Jahre alt, wenn sie beginnen, Englisch zu lernen. In Gesprächen mit Deutschlehrern und arabischen Deutschlernenden im Rahmen meiner empirischen Untersuchung an der Universität Bagdad wurde immer wieder bestätigt, dass ein Ausspracheunterricht während des Hauptstudiums organisatorisch aufwändig und curricular schwierig ist. Dieses Problem ist auf folgende Ursachen zurückzuführen:

1) Im Studienprogramm fehlt ein gesonderter Phonetikkurs für Deutschlernende.
2) Die deutsche Phonetik wird im Fremdsprachenunterricht nur sporadisch behandelt, da die meisten irakischen Lehrer nur mangelhafte Kenntnisse der deutschen Phonetik besitzen.
3) Es gibt viele Defizite in der Lehreraus- und -fortbildung, in der Gestaltung der Curricula, im Lehrmaterialangebot und in der Wissenschaftspublizistik auf dem Gebiet des Fremdsprachenunterrichts.
4) Darüber hinaus fehlt es an einer Spezialisierung auf den Gebieten Phonetik und Phonologie. Infolgedessen bereitet die Arbeit an der deutschen Aussprache den meisten Lehrenden Sorgen, und alles, was die Phonetik betrifft, wird zurückgestellt.

Die folgende Tabelle zeigt, dass der Lese- und Phonetikunterricht im gesamten Studium nur einen geringen Raum einnimmt:

Tab. 2: Unterrichtsplan für das Germanistikstudium an der Universität Bagdad (eigene Darstellung)

Fächer	**1. Studienjahr**	**2. Studienjahr**	**3. Studienjahr**	**4. Studienjahr**
	Stunden pro Woche			
Arabisch	2	2		
Aufsatz		2	2	3
EDV	2			
Diktat	2	2		
Drama			2	2
Englisch	2	2	2	2
Grammatik	4	3	3	
Hörverstehen	2			
Menschenrechte	2			
Konversation	2	2		
Kurzgeschichte			2	
Lese- und Phonetikunterricht	2	2		
Linguistik				2
Literarische Texte		2		
Literaturgeschichte			2	3
Lyrik			2	
Roman				2
Textproduktion			1	
Übersetzung		2	4	3

Die Erfahrung des Autors zeigt, dass einige Lehrende auf die Methode „Hören und Nachsprechen" angewiesen sind. Andere behaupten oft, der Lehrplan lasse keine Zeit für Ausspracheübungen, obwohl die Phonetik Unterrichtskomponente und Unterrichtsprinzip sein muss. Im so genannten Lese- und Phonetikunterricht werden keine Transkriptionsübungen und Ausspracheübungen oder entsprechende Hilfsmittel für das Hörverstehen wie z. B. CD-Player, Kassetten- und Videorekorder verwendet. Stattdessen lesen die Studierenden lediglich abwechselnd Textteile vor, die veraltet sind und keine phonetischen Schwerpunkte enthalten. Dieser Mangel an phonetischen Übungen führt oft zu einer mangelhaften Aussprache der Deutschlernenden. So wird einerseits die reale Kommunikation empfindlich beeinträchtigt, andererseits führt dies zu einer negativen sozialen Bewertung der Lernenden (vgl. Kap. 2.2/7.1.1). Nicht vergessen werden sollte dabei, dass die meisten irakischen Deutschlehrer im Fremdsprachenunterricht Deutsch nicht nur kein akzentfreies Deutsch sprechen, sondern auch meist nur auf Arabisch unterrichten.

2.2 Phonetik im DaF-Lehrwerk *Delfin*

Nach der Beschreibung der Unterrichtsmethoden soll im folgenden Abschnitt eine Aus-einandersetzung mit dem für den Fremdsprachenunterricht Deutsch im Irak verwendeten Lehrwerk *Delfin* stattfinden, das seit 2009 an der Universität Bagdad eingesetzt wird. Es sei darauf hingewiesen, dass es dabei ausschließlich um die Beurteilung der Darstellung phonetischer Erscheinungen und Übungstypologien in diesem Grundstufenlehrwerk geht. Andere Aspekte, wie die Vermittlung von Grammatik, Wortschatz, Linguistik etc., werden dabei nicht berücksichtigt. Die Begriffe Lehrwerk und Lehrbuch sowie die Bedeutung eines Lehrwerks im fremdsprachlichen Unterricht und Prinzipien der Unterrichtsarbeit im Bereich der Aussprache werden im siebten und achten Kapitel der vorliegenden Arbeit erläutert. Phonetische Abweichungen irakischer Deutschlernender, die im sechsten Kapitel nachgewiesen werden, sollten durch ein Aussprachetraining im Lehrwerk *Delfin*, das im Folgenden einer Analyse unterzogen werden soll, behandelt und überwunden werden.

Das 2003 bei Hueber erschienene Lehrwerk *Delfin* wurde von den drei Autoren Hartmut Aufderstraße, Jutta Müller und Thomas Storz konzipiert, die für die Durcharbeitung des Lernstoffs mindestens 200 Unterrichtseinheiten veranschlagen. Das Lehrwerk umfasst insgesamt zwanzig Lektionen, wobei die Lektionen eins bis sieben zur europäischen Niveaustufe A1 (Start Deutsch 1), die Lektionen acht bis vierzehn zu A2 (Start Deutsch 2) und die Lektionen fünfzehn bis zwanzig zum Niveau B1 führen. In jeder einzelnen Lektion befindet sich eine Lektionseinführung, die mit dem Thema beginnt und in die Grammatik des Abschnitts einführt. Anschließend werden die vier Sprachfertigkeiten „Lesen", „Hören", „Sprechen" und „Schreiben" in einer systematischen Reihenfolge dargestellt und behandelt (vgl. Aufderstraße et al. 2003, Lehrbuch; Waychert et al. 2006, 18; Vitz-Manetti 2003, 148f.). Im Rahmen der grundlegenden Fragestellung, wie die Phonetik im Lehrwerk *Delfin* angeboten wird, wurden die folgenden Analysekriterien in Anlehnung an Dieling (1994, 13–20), Dieling et al. (1994, 186 f.), Hirschfeld (1994, 21), Dieling/Hirschfeld (1994, 204; 2000, 83 f.) und Radtke (2004, 49) zusammengestellt:

1) Werden die Ausgangssprachen einbezogen oder ist das Lehrwerk ausgangssprachen-neutral?
2) Wird die Zielsprachenphonetik systematisch eingeführt und behandelt oder sind einzelne Schwerpunkte ausgewählt?
3) Werden die Zeichen des internationalen phonetischen Alphabets (IPA) im Lehrwerk verwendet?
4) Werden die Phonem-Graphem-Korrespondenten systematisch dargestellt?
5) Werden die phonetischen Merkmale des Deutschen durch Bewusstmachung (Abbildungen, Erklärungen, Regeln, Termini) verdeutlicht?
6) Sind die phonetischen Übungen in Zahl und Umfang ausreichend und werden vielfältige Methoden verwendet?
7) Sind die Übungsaufgaben kreativ-produktiv (z. B. durch die Verbindung mit Grammatik- und Lexikübungen) oder beschränken sie sich auf Hören und Nachsprechen?
8) Ist das Lehrwerk mediengestützt (Audio- und Videomaterial, Computer) oder gibt es nur schriftliche Vorlagen (Arbeitsblätter, Buch)?
9) Sind verschiedene Aufgabenstellungen (neben Hör- und Nachsprechübungen) im Lehrwerk vorhanden?
10) Werden die phonetischen und phonologischen Eigenschaften der Varietäten und Varianten des Deutschen berücksichtigt oder findet sich in den Hörbeispielen ausschließlich ein „neutraler" Sprechstil?

Die Analyse führt zu folgenden Ergebnissen:

1) Beim Einsatz des Lehrwerks *Delfin* an der Bagdad Universität werden die Besonderheiten des Lernprozesses irakischer Deutschlernender

bzw. zielgruppenspezifische Aspekte wie z. B. Ausgangssprache und kulturangemessene Unterrichtsmethoden nicht berücksichtigt. Die Muttersprache arabischer Deutschlernender wurde, da es sich um Materialien für Lernende mit unterschiedlichen Ausgangssprachen handelt, im Lehrwerk *Delfin* nicht berücksichtigt. Das heißt, dass spezifische sprachliche Probleme arabischer Deutschlernender in diesem Lehrwerk nicht in Betracht gezogen oder nur am Rande behandelt werden, was vor allem für den Ausspracheerwerb von Nachteil ist. Die meisten der untersuchten Materialien sind nicht für den Fremdsprachenunterricht im Irak oder in anderen arabischen Ländern besonders geeignet, da zahlreiche Themen, Dialoge und Bilder nicht zu der religiös geprägten arabischen Kultur passen, z. B. Lektion 1, Übung 4. Nach Vitz-Manetti (2003, 149) und Waychert et al. (2006, 16) ist das Lehrwerk *Delfin* ursprünglich für italienische Deutschlernende konzipiert worden.

2) Im Lehrwerk *Delfin* wird die Phonetik der Zielsprache Deutsch nicht systematisch eingeführt und behandelt:
   a) Im Inhaltsverzeichnis des Lehrbuchs werden die phonetischen Themen nicht deutlich hervorgehoben. Die Module „Hören" und „Sprechen" unterliegen keiner Progression zu den phonetischen Themen. Es wird nicht klar, welcher Systematik die Ausspracheschulung im Lehrwerk folgt (vgl. Hunold 2007, 2; Vitz-Manetti 2003, 149).
   b) Auf phonologische und phonetische Termini wird im Allgemeinen verzichtet. Ferner kommt es im Lehrbuch *Delfin* zu einem unsauberen Gebrauch phonologischer und phonetischer Begriffe wie z. B. „Satzphonetik im Satzgefüge" (vgl. Aufderstraße et al. 2004, 6; Hunold 2007, 2; Waychert et. al. 2006, 19/26).
   c) Obwohl das Lehrerheft Anmerkungen über die wichtigsten syntaktischen, morphologischen, phonologischen und phonetischen Schwerpunkte der deutschen Sprache, sowie zwei Abschnitte zum „allgemeinen" Aussprachetraining mit Hinweisen und Empfehlungen für den Unterricht enthält, ist kritisch anzumerken, dass das Lehrbuch

Delfin keinen phonetischen Einführungskurs bietet (vgl. Aufderstraße et al. 2004, 18–21: Lehrerhandbuch; vgl. auch Panušová 2007, 12; Hunold 2007, 3).

d) Abschließend zur Zielsprachenphonetik soll an dieser Stelle zunächst, als konkretes Beispiel, auf Lektion 3, Übung 10 verwiesen werden. In der Übungsanweisung ist zu lesen, dass es „um den Unterschied zwischen <u> und <ü> sowie um Kürze und Länge der Vokale" geht (Aufderstraße et al. 2004, 96: Lehrerhandbuch; vgl. auch Hunold 2007, 2). Jedoch geht es, anders als im Lehrbuch dargestellt, tatsächlich nicht nur um die Vokalquantität bzw. das Einüben eines Vorderzungenvokals, sondern auch um folgende andere wichtige phonetische Schwerpunkte (vgl. ebd. 2):

- den Nasal [ŋ] wie im Minimalpaar *Junge – Jungen*,
- den phonetischen Unterschied beim Wechsel vom [x] im Singular zu [ç] im Plural wie in *Buch – Bücher*,
- das vokalisierte [^{ɐ}] im Minimalpaar *Uhr – Uhren*. Das vokalisierte R ist ein Mittelzungenvokal und wird nicht als Phonem angesehen, sondern nur als Allophon bzw. als vokalische Realisation des Konsonanten /ʁ/ betrachtet (vgl. Krech et al. 2009, 25). Im Lehrbuch wird die Übung 10 in Lektion 3 wie folgt dargestellt (Aufderstraße et al. 2004, 34):

10. Hören Sie die Wörter und sprechen Sie nach!

Kuss – Küsse	*Gruß – Grüße*
Buch – Bücher	*Stuhl – Stühle*
Strumpf – Strümpfe	*Uhr – Uhren*
Blume – Blumen	*Junge – Jungen*
Beruf – Berufe	*Schuh – Schuhe*

Eine derartige Darstellung von unterschiedlichen phonetischen Schwerpunkten in einer Übung führt eher zur „Verwirrung als zur Klärung" (Hunold 2007, 2) und sollte daher vermieden werden.

3) Das Lehrwerk Delfin enthält keine Transkriptionsübungen. Es werden keine eindeutigen Transkriptionszeichen verwendet, sondern die

Aussprache der Laute wird teils mit, teils ohne eckige Klammern beschrieben, z. B. in Lektion 1, Übung 10 (vgl. ebd.):

Übung 10: *Hören Sie die Buchstaben und sprechen Sie nach!*

A a [a]	B b [be]	C c [ce]	D d [de]	E e [e]	F f [ef]	G g [ge]	H h [ha]	I i [i]	J j [jot]
K k [ka]	L l [el]	M m [em]	N n [en]	O o [o]	P p [p]	Q q [qu]	R r [er]	S s [es]	T t [t]
U u [u]	V v [vau]	W w [we]	X x [ix]	Y y [ypsilon]	Z z [zet]	Ä ä [a-Umlaut]	Ö ö [o-Umlaut]	Ü ü [u-Umlaut]	ß [eszet]

4) Auf die Laut-Buchstaben-Korrelationen wird im Lehrwerk *Delfin* an keiner Stelle eingegangen. An dieser Stelle ist auf Dieling zu verweisen, die sich hierzu folgendermaßen äußert: „Laut-Buchstaben-Beziehungen können nur mit Hilfe der Transkriptionszeichen – gedacht ist hier immer an das Alphabet der API (International Phonetic Association) – unmißverständlich dargestellt werden.“ (Dieling 1994, 17).
5) Im Lehrbuch werden zur Lautbildung wenige Abbildungen, Erklärungen oder Regeln angeboten, die für eine kognitive Fundierung phonologischer und phonetischer Zusammenhänge von großer Bedeutung sind. Solche Übungen sind lediglich an einigen Stellen im Lehrbuch zu finden (vgl. Waychert et. al. 2006, 23).
6) Zudem sind die phonetischen Übungen in Zahl und Umfang nicht ausreichend und befinden sich nicht in jeder Lektion (vgl. Panušová 2007, 12). Es gibt keine speziellen Übungen zu den prosodischen Eigenschaften wie z. B. Wort-, Wortgruppen-, Satzakzente, Sprechmelodie, Sprechrhythmus. Die Sprachdidaktiker Carsten Waychert, Kamei Hajime und Akaki Toyo (2006, 22) betonen in ihrem Artikel „Kommunikativer Deutschunterricht mit dem Lehrwerk *Delfin*“, dass „im Inhaltsverzeichnis des Lehrbuches nur in seltenen Fällen Sprechintentionen“ (z. B. in Lektion 2: „Jemanden vorstellen“) vorhanden sind.
7) Die Übungen sind weder inhaltlich anspruchsvoll noch kreativ-produktiv sowie kommunikativ aufgebaut. Die phonetischen Übungen, die Teil des Lehrbuchs (inkl. CD) sind, beziehen sich ausschließlich auf das Hören

und Imitieren (vgl. Waychert et. al. 2006, 23). Hunold schreibt in ihrer Rezension über das Lehrwerk *Delfin* bezüglich der Aufgabenstellung in den phonetischen Übungen:

> „Das Teilmodul Sprechen enthält die phonetischen Übungen. *Hören Sie die Wörter, sprechen Sie nach und markieren Sie.* Diese Aufgabenstellung – im übrigen in methodisch falscher Reihenfolge: um bewusst zu machen, sollte man erst markieren und dann nachsprechen – erfährt nur wenige Varianten in den weiteren Übungen dieses Lehrwerks." (Hunold 2007, 2).

8) Das Lehrbuch *Delfin* ist mediengestützt, es gibt zwei CDs, die neben Sprechübungen auch Hörverstehenstexte und Diktate enthalten.
9) In den meisten phonetischen Übungen beschränken sich die Arbeitsanweisungen und Überschriften hauptsächlich auf Hören und Nachsprechen und machen die Lernziele nicht immer deutlich, z. B. Lektion 3, Übung 13; Lektion 6, Übung 11 (vgl. Waychert et al. 2006, 23).
10) Im Lehrbuch wurden die phonetischen (emotionalen, regionalen, situativen) Varianten nicht mit einbezogen. Nur im Lehrerhandbuch gibt es einige Verweise auf die Notwendigkeit, die phonetischen Varianten der deutschen Sprache zu berücksichtigen (vgl. Hunold 2007, 3).

Abgesehen vom phonetischen Bereich bietet das Lehrwerk *Delfin* wichtige und produktive Erkenntnisse zu Grammatik und Wortschatz des Deutschen (vgl. Vitz-Manetti 2003, 149). Für arabische Deutschlernende sollten ein das Lehrwerk ergänzendes didaktisches Konzept und ein in der irakischen Praxis einsetzbares Ausspracheprogramm erstellt werden, das zur Entwicklung der rezeptiven und produktiven Fähigkeiten der Studierenden beitragen kann (vgl. Kap. 8.2/8.3).

3 Aussprachevarietäten im Arabischen und Deutschen

Im dritten Kapitel werden unterschiedliche wissenschaftliche Herangehensweisen zum Thema Aussprachevarietäten im Arabischen und Deutschen behandelt. Dabei sind die Termini „Dialekt", „Diglossie", „Umgangssprache", „Standardaussprache" und „Plurizentrizität" von speziellem Interesse und stellen die Grundlage der wissenschaftlichen Erörterung dar. Zudem ist es notwendig, die in zahlreichen Publikationen beschriebenen Schwierigkeiten und Probleme der Plurizentrizität beider Sprachen zu verdeutlichen. Das vorliegende Kapitel enthält darüber hinaus einen Überblick über die Standardaussprache und die bisherigen Ausspracheregelungen in beiden Sprachen. Abschließend soll dargestellt werden, wie sich ein „Aussprachewörterbuch im Hinblick auf die Angabe zur Aussprache von anderen Wörterbüchern unterscheidet und inwieweit es für den" (Hirschfeld/Stock 2007, 1) Unterricht Deutsch als Fremdsprache verwendet werden kann.

3.1 Terminologische Abgrenzungen

3.1.1 Dialekt – Diglossie – Umgangssprache

Der Terminus „Dialekt", aus dem griechischen Wort διαλέγομαι „dialektos" abgeleitet, bedeutet in einfacher und wörtlicher Übersetzung „Sprache der Unterhaltung" und bringt eine spezielle Sprech- und teilweise auch Schreibweise innerhalb einer Standardsprache zum Ausdruck. Die Besonderheit deckt alle Sprachbereiche ab, ist jedoch in der Aussprache und im Wortschatz besonders ausgeprägt. Sowohl von Sprachteilhabern der Standardsprache als auch von den Sprechern eines anderen Dialekts werden phonetisch und lexikalisch geprägte Realisierungen eines Dialekts als abweichend wahrgenommen (vgl. Glück 2010, 144 f.). Die Dialekte verfügen dadurch über eine eingeschränkte

Geltung. Sie sind dadurch charakterisiert, dass ein Dialekt gegenüber anderen Dialekten ein zum Teil nicht geringes Maß an Ähnlichkeiten aufweist, sodass zwischen Sprechern verschiedener Dialekte zumindest partiell eine gegenseitige Verständigung möglich ist (vgl. Bußmann 2008, 131). Der von Ferguson (1959) eingeführte Terminus „Diglossie“ bezieht sich auf eine dauerhafte Form von Zweisprachigkeit innerhalb einer Gesellschaft. Dabei handelt es sich nicht um zwei eigenständige Sprachen, sondern um Varietäten einer Sprache, welche genetisch eng miteinander verwandt, jedoch in ihren Strukturen sowie ihre Funktionen verschieden sind. Der Unterschied zwischen Standardvarietät und Dialekt besteht darin, dass bei ersterer keine graduellen Übergänge existieren, daher besteht eine Gemeinsamkeit zwischen einer Diglossie und einer Standard-Dialekt-Situation. Eine der Sprachvarietäten der Diglossie wird als hoch (H-Varietät) und die andere als niedrig (N-Varietät) bewertet. Die H-Varietät zeichnet sich im Gegensatz zur N-Varietät durch Kodifizierung sowie eine höhere Komplexität in Grammatik, Lexik und Stil aus und genießt höheres Prestige. Sie wird in formellen und offiziellen Situationen gebraucht (vgl. Bußmann 2008, 136; Glück 2010, 151). Unter dem Begriff „Umgangssprache“ versteht man Alltagsrede bzw. Alltagssprache, die in privaten, nicht-offiziellen Situationen gebraucht und als eine Form von „Ausgleichsvarietät“ zwischen Dialekt und Standardsprache definiert wird. Ihre Aussprachevarianten beruhen auf den „phonetischen Formen regionaler Dialekte“. Die Umgangssprache ist „keine eindeutig abgrenzbare eigene Varietät“ (Bußmann 2008, 759), sondern bezieht sich auf einen großen heterogenen Sprachraum von Varietäten zwischen kleinräumig gebundenen Dialekten einerseits und Standardaussprache andererseits. Innerhalb dieses Sprachraums bestehen zwischen Sprachformen keine besonderen Regeln, welche eine eigenständige Varietät darstellen (vgl. Bußmann 2008, 759; 1990, 814; Lewandowski 1994, 735/1204; Lex 2010, 346; Glück 2010, 732).

3.1.2 Standardsprache /-aussprache

Im folgenden Unterkapitel sollen die Begriffe „Standardsprache und -aussprache“ erläutert werden. Dafür ist eine deutliche Differenzierung der verschiedenen, mit der Standardsprache und -aussprache verbundenen Begriffe notwendig. Dies trifft unter anderem auf die Termini „Hochsprache“, „Nationalsprache“, „Landessprache“ für Standardsprache und auf die Termini „Einheitsaussprache“, „Hochlautung“ und „Standardlautung“ für Standardaussprache zu. Diese Begriffsbezeichnungen werden je nach Forschungsinteresse einerseits zu den Begriffen Standardsprache und -aussprache synonym gebraucht und andererseits voneinander abweichend definiert. Der Terminus Standardsprache ist ein relativ neuer Begriff, der sich auf „die historisch legitimierte und institutionalisierte überregionale Verkehrssprache einer Sprachgemeinschaft“ bezieht (Lewandowski 1994, 1096). Standardsprache ist eine sowohl in ihrer mündlichen als auch schriftlichen Form verbindliche sprachliche Norm, die in den Wörterbüchern und Grammatiken normiert ist und in Bildungskontexten sowie in offiziellen und formalen Situationen Verwendung findet (vgl. Höhle 2010, 318 f.). Im Gegensatz zu den Dialekten ist sie die überregionale Kommunikationsform einer Sprachengemeinschaft (vgl. Lewandowski 1994, 1096). Standardaussprache bezieht sich auf die mündliche kodifizierte Form einer Standardsprache und ist dadurch charakterisiert, dass sie normiert, einheitlich und überregional ist (vgl. Hirschfeld, 2010a, 318). Verschiedene Varietäten einer Sprache können unterschiedliche Standardaussprachen aufweisen. Beispielsweise existieren im Deutschen unterschiedliche Standardaussprachen, die zu den drei Standardvarietäten des Deutschen in Österreich, der Bundesrepublik Deutschland und der deutschsprachigen Schweiz gehören. Das Geltungsgebiet der Standardaussprache sind unter anderem öffentliche Sprechanlässe und formale Medienbeiträge (u.a. in Theater, Film, Nachrichten, bei offiziellen Reden). Im Fremdsprachenunterricht sollte sie unter dialektaler Berücksichtigung ebenfalls eingesetzt werden (vgl. Hirschfeld 2010a, 318; Hirschfeld/Stock 2007, 2/10; 2011, 45; Stock 2001, 163; Krech 1996, 28).

3.1.3 Plurizentrizität

Von dem lateinischen Wort „plūrēs“ stammend, bedeutet der Begriff „Plurizentrik“ in seiner ursprünglichen Bedeutung so viel wie „Kopf“ bzw. „viele“ (Glück 2010, 518) „und beschreibt damit die nationalen Standardvarietäten plurizentrischer Sprachen“ (Glaboniat 2010, 253). In den allgemeinen linguistischen Nachschlagewerken Glück (2010) und Bußmann (2008) sowie im Fachlexikon DaF/DaZ (2011) wird der Begriff „plurizentrische Sprache" meist synonym mit den Begriffen „polyzentrische" bzw. „polykephale Sprache" verwendet. Er charakterisiert eine Sprache, die nicht über weniger als zwei normierte kodifizierte Standardvarietäten verfügt, die zwar auf allen sprachlichen Ebenen Differenzen aufweisen, jedoch keine eigenständigen Sprachen darstellen. Zu den plurizentrischen Sprachen zählen u. a. das Arabische, das Deutsche, das Englische, das Französische und das Spanische. Innerhalb einer plurizentrischen Sprache sind die Standardvarietäten meist durch asymmetrische Relationen zueinander gekennzeichnet (vgl. Bußmann 2008, 535; de Cillia 2010, 253 f.; Glück 2010, 518; Glaboniat, 2010, 253). In Anlehnung an Glyne (2005, 297) stellt de Cillia (2010, 254) zehn Asymmetrien zwischen den dominanten Varietäten und anderen Varietäten einer Sprache dar. Beispielsweise wird die dominante Varietät als die Standardaussprache angesehen und die anderen Varietäten als Abweichungen von dieser betrachtet. So gilt für das Arabische die arabische Varietät auf der arabischen Halbinsel als die dominante Varietät. Ebenso wird für das Deutsche der Standard Deutschlands als die dominante Varietät charakterisiert. Die Gleichwertigkeit aller Varietäten und ihrer Varianten ist jedoch eine Voraussetzung der Plurizentrik, der im DaF/DaZ-Unterricht Aufmerksamkeit zuteilwerden soll. Dies führt zur Entwicklung und Optimierung rezeptiver Fertigkeiten der Lernenden (vgl. Glaboniat 2010, 253).

3.2 Arabisch als plurizentrische Sprache und ihre regionale Gliederung

Die arabische Sprache *arab.* [al-lugha al-ʔarabiyya] ist, wie bereits in 3.1.3 erwähnt, eine plurizentrische Sprache, die als Mutter- oder Zweitsprache von ca. 422 Millionen Menschen in 22 arabischen und vielen anderen Ländern in Afrika und Asien gesprochen wird. In den arabischen Ländern erfüllt sie alle Zwecke der sprachlichen Kommunikation und zeichnet sich dadurch aus, dass sie eine in vielen Wörterbüchern und Grammatiken normierte moderne Sprache ist. „Die arabische Sprache gehört zum semitischen Zweig der afroasiatischen Sprachfamilie“ (Kaser 2011, 455) und wurde durch den Islam zu einer Weltsprache (ebd.; Internet 1). Das Arabische ist Amtssprache u. a. in Ägypten, Algerien, Bahrain, Irak, Jemen, Jordanien, Katar, Kuwait, Libanon, Libyen, Marokko, Oman, Tunesien, in den Palästinensischen Autonomiegebieten und in den Vereinigten Arabischen Emiraten. Sie wird außerdem von Minderheiten im Iran, in Afghanistan, Usbekistan, auf Zypern, in der Türkei und in Eritrea gesprochen (vgl. Seddiki, et al. 2009, 126). Das Arabische ist die Sprache des religiösen Kultes auch der nichtarabischen Muslime. Ihre Bedeutung als internationales Kommunikationsmittel hat in den letzten Jahrzehnten ständig zugenommen. Dies zeigt sich in der Anerkennung der arabischen Sprache als eine der offiziellen UNESCO-Sprachen und eine der sechs Amtssprachen der Vereinten Nationen (vgl. Naji 2007, 5; Internet 2). Im Allgemeinen werden unter dem Begriff des Arabischen drei Existenzformen zusammengefasst, die sich vor allem durch ihre „funktional-stilistischen, kommunikativen, sozialen und typologischen“ Besonderheiten sowie durch „Alter und Prestige“ auszeichnen (Kästner 1981, 24). Diese drei relevanten Formen sind das klassische Arabisch, das moderne Arabisch und die Dialektsprachen. Zur Standardsprache des Arabischen gehören nur das klassische Arabisch und das moderne Hocharabisch. Zunächst sollen die Sprachsituation in den arabischsprachigen Ländern und die Dialektsprachen des Arabischen näher erläutert werden.

3.2.1 Sprachsituation in den arabischsprachigen Ländern

Im folgenden Unterkapitel soll ein kurzer Überblick über die soziolinguistischen Sprachsituationen in den arabischen Ländern gegeben werden. Dabei ist es notwendig, auf die Diglossie und Sprechstile im Arabischen einzugehen. Es ist zu unpräzise, nur von den arabischen Dialekten zu sprechen, insbesondere aufgrund der soziolinguistischen Situation in der arabischen Welt und der zahlreichen und verschiedenen Phasen in der arabischen Sprachentwicklung. Die Sprachsituation im arabischen Raum ist wegen der Diglossie schwer zu beschreiben. Diem (2006, 1) vollzieht eine allgemeine Differenzierung zwischen den Sprechstilen des Arabischen als Beschreibung der Sprachsituation, die sich lediglich auf die standardsprachlichen und umgangssprachlichen Situationen bezieht: Als Muttersprache sprechen alle Araber „von Kindheit an eine illiterate arabische Sprache“, die von Gebiet zu Gebiet „verschieden ist“. Ungebildete und Gebildete verwenden diese Sprache gleichermaßen, es ist die Sprache der mündlichen Alltagsrede. Darüber hinaus nennt Diem einen weiteren Sprechstil des Arabischen, die literate Sprache, die in der Schule gelehrt wird und mit der die Dialekte des Arabischen genetisch eng verwandt sind. Sie ist die Standardsprache des Arabischen, die in „formeller mündlicher Rede und im schriftlichen Gebrauch“ zu verwenden ist. Diese Sprache wird als „die moderne Form des klassischen Arabisch“ bezeichnet, „mit dem sie phonetisch und morphologisch nahezu vollständig, lexikalisch zu einem großen Teil und nur in stilistischer Hinsicht bedingt übereinstimmt.“ Die Standardsprache des Arabischen verfügt im Gegensatz zu den Dialekten, die „als geschichtslos gelten, [über] eine fast eineinhalbtausendjährige literate Geschichte“ (Diem 2006, 1.). Diem (2006, 25 f./67–87) und Blanc (1960b, 80) versuchen, die Sprachsituation in den arabischen Ländern darzulegen. Nach ihrer Beschreibung umfasst der arabische Sprachraum folgende Sprechstile (vgl. Wild 1982, 52 f.):

- eine Mischsprache aus Standardsprache und Dialekt,
- eine Standardsprache mit Dialektfärbung,
- einen Dialekt mit standardsprachlicher Interferenz,
- eine reine Standardsprache und
- einen reinen Dialekt.

Nach Blanc (1960b) kann der reine Dialekt (plain colloquial) in einen informellen und leicht formellen Dialekt eingeteilt werden. Die arabischen Sprechstile differenziert er wie folgt (ebd.):

- überregionale Umgangssprache (koineized colloquial),
- semiliterarische Umgangssprache (semi-literary),
- modifiziertes Klassisches Arabisch (modified classical) und
- Klassisches Hocharabisch (standard classical) (Wild 1982, 52 f.).

Die meisten von Diem (2006) und Blanc (1960b) aufgeführten Begriffe, wie z. B. „eine reine Standardsprache und ein reiner Dialekt“, sind weder gängig noch nutzbar, da sich jeder arabische Muttersprachler in seiner Rede auf mehr als einem Sprachniveau bewegt. An dieser Stelle ist auf Wild zu verweisen, der sich hierzu folgendermaßen äußert:

> „Die Zahl der verschiedenen Sprachniveaus [im Arabischen] festzustellen, ist unwesentlich, da sich alle Beobachter darüber einig sind, daß außerhalb eines rein dialektalen Kontextes selten ein und dasselbe Sprachniveau durch längere Sprechäußerungen hinweg „rein" aufrechterhalten wird. Die meisten Sprecher wechseln – oft innerhalb eines Satzes – von einem Niveau zum anderen." (Wild 1982, 53).

Außerdem wechseln die Autoren scheinbar willkürlich, z. B. zwischen den Begriffen „Standardsprache mit Dialektfärbung" oder „Dialekt mit standardsprachlicher Interferenz" oder „reine Standardaussprache". Überdies sind die Dialekte im Arabischen nicht geschichtslos, sondern gehen auf die vorislamische Zeit zurück. Fischer (1982b, 86 ff.) ist der Meinung, dass die Diglossie-Situation im Arabischen in die frühislamische Zeit zurückreicht. Grotzfeld (1982, 119) geht davon aus, dass die Diglossie im Arabischen im „ersten islamischen Jahrhundert" entstanden ist. Singer (1982, 117) behauptet, dass die stabile Form von Zweisprachigkeit von Anfang an einen starken Einfluss auf die sprachliche Entwicklung der arabischen Sprache ausgeübt hat. Ähnlich wie Singer ist Diem (2006, 127) der Auffassung, dass der Einfluss der Diglossie infolge der Annäherung zwischen den arabischen Dialekten und der Standardaussprache ständig abnimmt. Über die Vorgehensweise dieser Annäherung und des Einflusses der Diglossie auf die arabische Sprache gibt es in den bisherigen Forschungen keine einheitlichen Meinungen (vgl. Diem 2006, 127). Die kontroverse Diskussion zur Darstellung der Diglossie-Situation im Arabischen zeigt, dass die arabische Diglossie aufgrund ihrer komplexen Entstehung und Entwicklung sowie zahlreicher Sprechstile im Arabischen schwer beschrieben werden kann.

3.2.2 Arabische Dialekte

Im Allgemeinen werden die arabischen Dialekte *arab.* [al-luqat al-ʔaːmmiːya bzw. lahajat genannt] von Ungebildeten und Gebildeten im

Alltag verwendet und fungieren als Umgangssprachen (vgl. Ahmad 1996, 77). In bestimmten Regionen, wie z. B. in Ägypten und im Libanon, bildeten sich neben der Standardsprache überregional gebrauchte Mischformen heraus, die wegen ihrer Popularität und in ihrer Ausbreitung nicht mehr aufzuhalten sind. Sie fungieren nicht nur als Umgangssprachen in diesen Regionen, sondern werden ebenfalls in den öffentlichen Situationen (Theater, Hörspiel, Volkspoesie) verwendet. Das Nebeneinander zweier Sprachformen führt also zur Entstehung von Mischformen, welche weder der Standardsprache des Arabischen noch den Kategorien der Umgangssprache angehören (vgl. Wild 1982, 52). Obwohl manche arabische Dialekte über einige Merkmale der Standardsprache verfügen, genießen sie nicht in allen arabischen Ländern ein literarisches Prestige und damit einen Sonderstatus. Sie sind Umgangssprachen wie andere auch und werden in öffentlichen Situationen nicht akzeptiert (ebd.). Im Vergleich zur Standardsprache des Arabischen weisen die Dialekte im Allgemeinen ein sehr differenziertes Bild auf. Sie unterscheiden sich phonologisch, morphologisch und syntaktisch voneinander und „weichen mehr oder minder stark“ von der arabischen Standardsprache ab (Ahmad 1996, 77). Für die arabischen Linguisten sind sie daher gegenüber der Standardsprache prinzipiell minderwertig. Sie werden „als Zeichen für Unwissenheit Armut und Regionalismus“ angesehen. Im Gegensatz dazu steht die Standardsprache „als Symbol sowohl für die arabische Hochkultur als auch für den arabischen Nationalismus“ (Diem 2006, 126). Die arabischen Dialekte lassen sich in fünf Hauptgruppen und unzählige Untergruppen unterteilen. In der vorliegenden Arbeit soll eine grobe geographische Einordnung nach Werner (1995, 85) genügen:

1) die Dialekte der arabischen Halbinsel (mit Rudimenten des Altsüdarabischen)
2) die mesopotamischen Dialekte
3) die syrisch-palästinensischen Dialekte
4) die ägyptisch-arabischen Dialekte (mit dem Stadtdialekt von Kairo)
5) die nordafrikanischen (maghrebinischen) Dialekte (mit dem Maltesischen)

Jede der oben genannten Dialektgruppen teilt sich wiederum in verschiedene Untergruppen auf, die innerhalb ihrer Dialektgruppe eine gemeinsame Einheit darstellen und untereinander ein nichtgeringes Maß an Ähnlichkeiten aufweisen. Dadurch entstehen bei ihren Sprechern in der Regel keine Verständigungsschwierigkeiten. Bedeutende Unterschiede gibt es vor allem zwischen den vier ersten Hauptgruppen im Osten und den nordafrikanischen Dialekten im Westen, weil in Wortschatz und Grammatik der letzteren viele Sprachelemente aus dem Berberischen (z. B. Tamazight), Französischen und anderen Sprachen eingeflossen sind. Daher können Verständigungsschwierigkeiten zwischen den Sprechern der nordafrikanischen Dialekte einerseits und den Sprechern der östlichen Dialekte andererseits entstehen (vgl. Ahmad 1996, 79; El Nady 2006, 97). Um einen Eindruck von der Verschiedenheit der arabischen Dialekte zu geben, wird die Bezeichnung „Mund“ anhand der folgenden Karte im gesamten arabischen Dialektraum veranschaulicht:

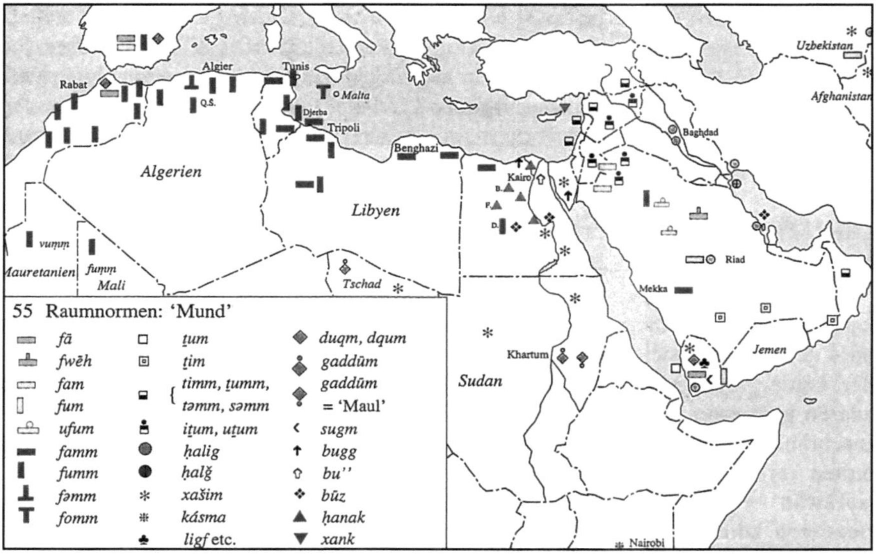

Abb. 1: Raumnormen „Mund“ im sprachlichen Dialektraum des Arabischen in der Darstellung von Behnstedt/Woidich (2005, 145). Raumnormen sind geographisch abgrenzbare Gebiete

Es sei darauf hingewiesen, dass ein arabisches Wort, das in verschiedenen Dialekten vorkommt und gleich artikuliert wird, unterschiedliche Bedeutungen aufweisen kann, z. B. das Wort النار [al'na:r], das in den marokkanischen und tunesischen Dialekten *die Gesundheit*, aber im Hocharabischen, im irakischen Dialekt und in den Halbinsel-Dialekten *das Feuer* bedeutet. In den ägyptischen und libanesischen Dialekten bedeutet das Wort مبسوط [mab'su:ṭ] *froh*, während dies im Irak und auf der Halbinsel sowie im Hocharabischen die Bedeutung von *geschlagen* hat. Das Automobil wird in den Halbinsel-Dialekten und im irakischen Dialekt wie im Hocharabischen mit dem Wort سيارة [sa'jja:ra] bezeichnet, in Marokko dagegen heißt es طوموبيل [ṭu:'mu:biel], in Tunesien كرباء [kar'ba], in Algerien اوطو [ao'tu:] und in Ägypten عربيه [ʔarabi'ya:]. Ähnliche und weitere Beispiele sind bei Jastrow (2008, 7) und El Nady (2006, 98) zu finden. Genauer kann im Rahmen der vorliegenden Arbeit auf arabische Dialekte nicht eingegangen werden. Die Dialekte des Arabischen im Irak werden im nächsten Abschnitt dargestellt.

3.2.3 Arabische Dialekte im Irak

Irakisch-Arabisch, das sich wiederum in mehrere Dialekte unterteilt, gehört zum mesopotamischen Arabisch, welches sich „über einen weiten geographischen Sprachraum, der mehrere Staatsgrenzen des Vorderen und Mittleren Orients überschreitet“, verteilt (Fischer/Jastrow 1980, 1). Der Verbreitungsraum des mesopotamischen Arabisch erstreckt sich vom arabischen Sprachgebiet des heutigen Iraks bis weit in die Südosttürkei, in begrenztem Maße auch bis ins nordöstliche Syrien. Im Nordirak und in Anatolien (Türkei) gibt es große Bevölkerungsgruppen, die verschiedene kurdische und neuaramäische Dialekte sprechen, die das arabischsprachige Gebiet unterbrechen (vgl. Singer 1982, 110 f.; Fischer/Jastrow 1980, 25). Bis heute ist das mesopotamische Arabisch nicht gut erforscht, das heißt, es gibt auch kaum Literatur zur Aussprache der arabischen Dialekte im Irak.

Die irakisch-arabischen Dialekte werden in zwei große Gruppen 1) „qəltu-Dialekte" und 2) „gilit-Dialekte" eingeteilt, die nach dem Leitwort im klassischen Arabischen [qultu] *ich sagte* benannt sind. Innerhalb dieser zwei Hauptgruppen gibt es einzelne Untergruppen, die „jeweils nach der bedeutendsten Stadt ihres Sprachgebiets benannt" sind (Jastrow 1978, 1). Zur weiteren Differenzierung der Mundarten innerhalb der einzelnen Untergruppen werden die Sprecher nach ihrer Religionszugehörigkeit unterschieden (vgl. Jastrow 1978, 1 f.; Fischer/Jastrow 1980, 26; Levin 1998, 317). Die irakisch-arabischen Dialekte bilden eine Einheit, deren auffälligste Gemeinsamkeit die Wortendungen <-in> und <-un> sind, wie etwa تكتبين [takitbˈin] *schreibst* (weiblich) und تكتبون [takitbˈuːn] *ihr schreibt*. Im Vergleich dazu werden in den meisten anderen mesopotamischen Dialekten die Wortendungen in unerweiterten Konjunktivformen gebildet, wie etwa يكتبون [yaktˈubuː] *sie schreiben* (vgl. Niehoff-Panagiotidis 1994, 351; Fischer/Jastrow 1980, 26). Die irakischen qəltu-Dialekte werden ihrerseits in Tigris- und Euphrat-Gruppen unterteilt. Zur Tigris-Gruppe gehören folgende Mundarten:

a) die nordöstlichen Mundarten (*Mossul, Bəhzani* und *Baschqa*)
b) die Mundarten des Mitteliraks (*Tikrit* und *Bagdad*)
c) die südlichen Mundarten (*Amara* und *Basra*).

In *Mossul, Bəhzani*, *Baschqa* und *Tikrit* sprechen sowohl Muslime als auch Christen qəltu-Arabisch. In der Hauptstadt *Bagdad* herrschen ähnliche sprachliche Verhältnisse wie in *Amara* und *Basra*. In diesen drei Städten spricht die muslimische Mehrheit eine gilit-Mundart, während die Christen eine qəltu-Mundart sprechen. Die christlichen qəltu-Mundarten von *Bagdad, Amara* und *Basra* entsprechen einander weitgehend. Bis Ende der 1950er Jahre gab es im Irak eine jüdische qəltu-Mundart, die sich von der christlichen qəltu-Mundart sehr unterschied (vgl. Jastrow 1978, 24 f.).

Zur Euphrat-Gruppe der irakischen qəltu-Dialekte gehören die Mundarten von *Ana* und *Hit*. Diese beiden Städte liegen nördlich von *Bagdad* am Euphrat, im Grenzgebiet zwischen bebautem Land und Wüstensteppe. Im Gegensatz zu den anderen qəltu-Mundarten zeichnen sich die Mundarten von *Ana* und *Hit* durch einen starken Einfluss der Beduinisierung aus (vgl. ebd., 25 f.). Eine enge Verwandtschaft zu den irakischen qəltu-Dialekten weisen die Mundarten der syrischen Oasen (*Qariten, Palmyra, Suhne* und *Derazzor*), die ansässigen Mundarten der Region von *Aleppo* und die anatolischen Mundarten (*Mardin-, Diyarbakir-* und *Siirt*-Mundarten) in der Türkei auf. Darüber hinaus besitzen die arabischen Dialekte Usbekistans (*Buhara-* und *Qaschqa-Darya*-Dialekt) und die arabischen Dialekte des Irans (*Huzistans* u. a.) auffällige Gemeinsamkeiten mit den irakischen qəltu-Dialekten (Fischer/Jastrow 1980, 26). Ähnlich wie Fischer und Jastrow (1980, 26) stellt Levin in Anlehnung an Blanc (1964a, 5–11;160–171) in seiner Studie „The role of the Mesopotamian Qəltu dialects in the history of the Arabic dialects of Iraq" die ursprüngliche Sprachform der qəltu-Dialekte wie folgt dar:

> „The qəltu dialects are the ancient dialects of Iraq is attested by comparing the data found in the old sources, from the 8th to the 14th century, with linguistic phenomena existing in the modern dialects of Iraq and Anatolia." (Levin 1998, 318).

Die zweite Dialektgruppe des Irakisch-Arabisch ist die der gilit-Dialekte, die ebenso wie die qəltu-Dialekte bisher wenig erforscht sind. Eine fundierte dialektgeographische Gliederung der *gilit*-Dialekte ist aufgrund der ungenügenden Forschungslage nicht möglich, daher können nur die bekannten Dialekträume dargestellt werden (vgl. Jastrow 1978, 1 f.; Fischer/Jastrow 1980, 25 f.):

a) die nordarabischen gilit-Dialekte – Stadtgebiet von *Mossul* und Peripherie
b) die bagdadischen gilit-Dialekte
c) die südarabischen gilit-Dialekte – Stadtgebiet von *Basra* und Peripherie

Ab dem 17. Jh. kam es im Laufe von Urbanisierungsprozessen der Beduinen zu einer gegenseitigen Beeinflussung der Dialekte der ursprünglichen städtischen Bevölkerung und der Dialekte der zugezogenen Beduinen. Im Laufe dieses Anpassungsprozesses entstanden die oben aufgeführten gilit-Dialekte (vgl. Palva 2009, 33; Levin 1998, 317 f.).

3.3 Deutsch als plurizentrische Sprache und ihre regionale Gliederung

Die deutsche Sprache gehört zum westlichen Zweig germanischer Sprachen und wird von etwa 130 Millionen Menschen als Muttersprache gesprochen. In sieben europäischen Ländern dient sie als offizielle Amtssprache. In Österreich, Liechtenstein und in der Bundesrepublik Deutschland, abgesehen von den Minderheitssprachen des Dänischen in Südschleswig und des Sorbischen in Brandenburg und Sachsen, ist das Deutsche eine solo-offizielle Amtssprache. In der Schweiz neben Französisch, Italienisch und dem regionalen Rätoromanisch und in Luxemburg neben Französisch und Letzeburgisch ist die deutsche Sprache eine ko-offizielle Amtssprache. In Ostbelgien und Südtirol dient sie, neben Französisch bzw. Italienisch, als regionale Amtssprache (vgl. Schmidlin 2011, 84; Ammon 2004 XXXL; Krech et al. 2009, 1). Überdies wird sie von deutschsprachigen Minderheiten in etwa fünfundzwanzig Ländern gesprochen, unter anderem in Argentinien, Australien, Brasilien, Dänemark, Frankreich, Israel, Kanada, Mexiko, Namibia, Polen, Rumänien, Russland, in der Slowakei, Südafrika, Tschechien, Ungarn, Uruguay und den USA. Die deutsche Sprache zeichnet sich durch ihre diversen Sprachvarietäten aus, die einerseits durch bestimmte Merkmale bzw. Varianten divergieren und anderseits zahlreiche Übereinstimmungen aufweisen. In Deutschland, Österreich und der Schweiz ist sie durch eine hohe Diversifikation charakterisiert. In der Bundesrepublik Deutschland bestehen ebenfalls zwischen den drei Sprachgebieten (Oberdeutsch im Süden, Mitteldeutsch und Niederdeutsch im Norden), die sich wiederum in kleine und kleinsträumige Dialektregionen aufteilen, große Unterschiedlichkeiten, welche jedoch nicht so massiv und weitreichend sind, dass von unterschiedlichen Sprachen gesprochen werden kann (vgl. Krech et al. 2009, 1). Die folgenden Skizzen sollen einen Überblick über deutsche Dialekte und deren Binnenstruktur vermitteln:

Abschließend ist noch einmal darauf zu verweisen, dass das Deutsche in den deutschsprachigen Ländern Deutschland, Österreich und Schweiz jeweils über eine eigene Standardvarietät verfügt (vgl. Krech et al. 2009, 1/6).

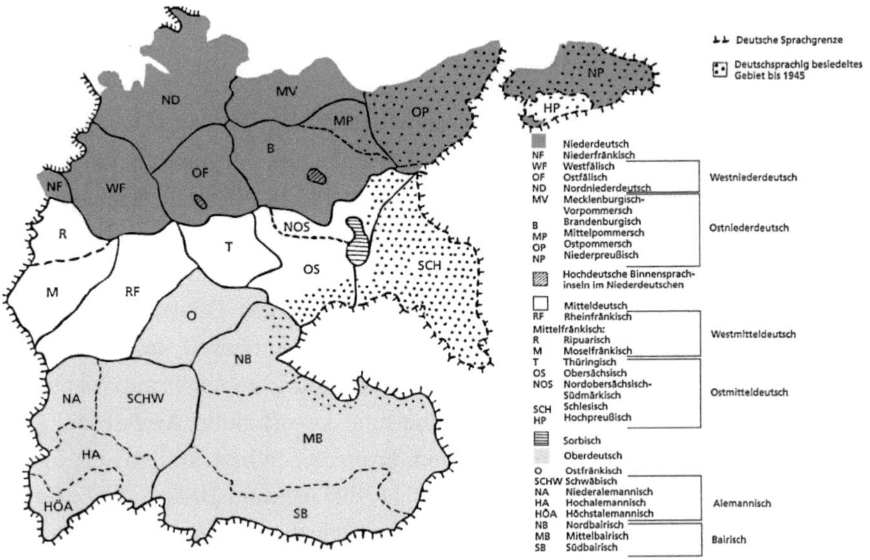

Abb. 2: Deutsche Dialekte: Übersicht (Bußmann 2008, 818)

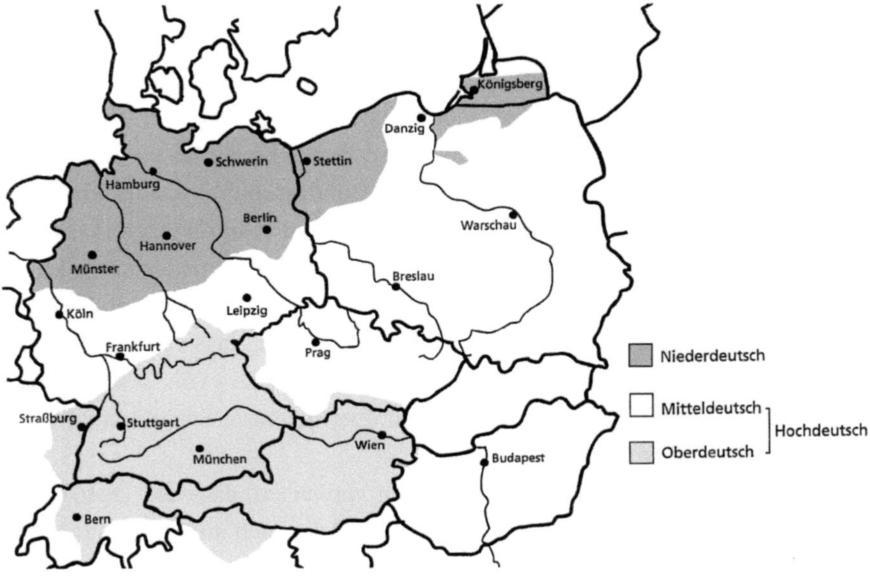

Abb. 3: Deutsche Dialekte: Binnenstruktur (Bußmann 2008, 819.)

3.4 Standardsprache/-aussprache des Arabischen

Im folgenden Unterkapitel soll ein kurzer Überblick über die standardsprachliche Entwicklung des Arabischen und dessen Kodifizierung seit dem 8. Jh. n. Chr. gegeben werden. Bei einer Beschreibung der arabischen Standardsprache/-aussprache spielen das moderne Hocharabisch und das klassische Arabisch eine wichtige Rolle, wobei das erstere aus dem klassischen Arabisch hervorgegangen ist, das u. a. durch die Koranleser seit mehr als 1400 Jahren unverändert geblieben ist.

3.4.1 Klassisches Arabisch

Das klassische Arabisch ist die älteste Sprachform des Arabischen und wurde erstmals „im 8. Jh. n. Chr. von Sprachgelehrten [im Irak] in Kufa und Basra aufgezeichnet und beschrieben." (vgl. Fischer 1982a, 37; El Nady 2006, 96). In dieser Sprache wurden „der Koran und die Aussprüche des Propheten Mohammed sowie die vorislamische Dichtung verfasst" (El Nady 2006, 96). Durch die enge Verknüpfung mit der Religion erhielt das klassische Arabisch selbst einen Heiligkeitsstatus. Es wird daher als Sprache der Religion charakterisiert. In der Zeit des Umayyadenkalifats kristallisierte sich das klassische Arabisch als Standardsprache für Bildung, Literatur und Verwaltung etc. heraus. Das klassische Arabisch ist bis heute in seiner äußeren Form nahezu unverändert geblieben. Das morphematische System des klassischen Arabisch ist, von Einzelheiten abgesehen, identisch mit dem des modernen Hocharabisch. Wie in der Morphologie sind auch in Wortschatz und Syntax die Kernbereiche unverändert geblieben. Indessen hat es gemäß den Erfordernissen der Zeit Erweiterungen im Bereich des Wortschatzes und Stils gegeben, wie auch bestimmte syntaktische, früher eher unübliche Konstruktionen heutzutage gang und gäbe sind (vgl. Fischer 2006, 1 f.; Kästner 1981, 24 f.; El Nady 2006, 96). „Die Kodifizierung des klassischen Arabisch erstreckte sich vornehmlich auf den Lautbestand und die Morphologie." (Fischer 1982a, 37). Als einer der ersten Systematiker im Bereich der Lexik wird heute gemeinhin „Al-Halil ibn Ahmad" angesehen. In seinem Buch „Kitab al-Ain" legte er den

Grundstein für eine Erfassung des Wortschatzes entlang von Wurzelkonsonanten, ein System, das in abgewandelter Form bis heute zentral ist (vgl. ebd.). Trotz Standardisierungsversuchen entwickelte sich das klassische Arabisch kontinuierlich weiter. Dies liegt einerseits an der konstanten Berührung mit der gesprochenen Alltagssprache und anderseits am Ziel der Gelehrten, die Sprache weiter zu präzisieren, woraus stilistische und syntaktische Neuerungen des Arabischen resultierten (vgl. Fischer 2006, 2). Die Aussprachenorm des klassischen Arabisch wurde vom modernen Hocharabisch übernommen, welches zudem vom jeweiligen Dialekt eines Landes oder mehrerer Länder geprägt wird (vgl. Kästner 1981, 27).

3.4.2 Modernes Hocharabisch

Aufgrund verschiedener politischer und kultureller Entwicklungen, deren Beginn im Allgemeinen mit der Ankunft Napoleons in Ägypten 1798 verbunden wird, kam es zu einer Erneuerungsbewegung in der arabischen Literatur *arab.* [nahḍa]. Diese und andere Faktoren, wie die Notwendigkeit, neue Begriffe zu schaffen, beeinflussten die Standardsprache des Arabischen. In dieser Periode – etwa gegen Ende des 19. Jahrhunderts – wurde die Bezeichnung „Modernes Hocharabisch“ bzw. „Neuhocharabisch“ festgelegt (vgl. Tornow 2009, 63/194; Wehr 2003). Die Entwicklung ist aber nicht etwa mit der vom Althochdeutschen zum Neuhochdeutschen zu vergleichen. Das moderne Hocharabisch ist ohne nennenswerte Brüche aus dem klassischen Arabisch hervorgegangen, dessen Orthoepie, Orthographie und Grammatik übernommen wurden. Die Unterschiede liegen eher im Wortschatz, vor allem in der modernen Terminologie (vgl. Kästner 1981, 25; Jastrow 1991, 38 ff.).

Gegenüber dem klassischen Arabisch erweiterte sich der Verwendungsbereich des modernen Hocharabisch, d. h. es fand auch im Alltag zunehmende Verwendung bei der schriftlichen und mündlichen Kommunikation. Der Gebrauch des modernen Hocharabisch in Büchern und Zeitungen, in offiziellen Reden, öffentlichen Vorlesungen, wissenschaftlichen Diskussionen, in Nachrichtensendungen sowie in Hör- und Fernsehspielen ist weit verbreitet, während der Verwendungsbereich des klassischen Arabisch wesentlich enger gefasst war. Dem modernen Hocharabisch kommen höchstes Prestige und ein großer überregionaler Verständigungseffekt zu (vgl. Kästner 1981, 26; Seddiki et al. 2009, 126). Obwohl das moderne Hocharabisch als einheitliche Schriftsprache in allen arabischen Ländern Verwendung findet, besitzt es keine einheitliche Standardaussprache. Man spricht in diesem Zusammenhang von einer offensichtlichen Spaltung des modernen Hocharabisch – aufgrund der Aussprache – in zwei Hauptstile (vgl. Kästner 1981, 28):

1) der vollkommene Stil
   Der vollkommene Stil kommt der Aussprachenorm des klassischen Arabisch sehr nahe und findet in der Rhetorik und in formalen Situationen Verwendung. Dennoch ist darauf zu verweisen, dass bei diesem Stil regionale Sprachvarietäten vorhanden sind, die unter dem Einfluss des jeweiligen Dialekts in unterschiedlichem Maße modifiziert werden, wie etwa die drei Varianten der Aussprache des Phonems /ʒ/ als [g] in Ägypten, als [ʒ] in Syrien und im Libanon und als [ʤ] im Irak zeigen.
2) der unvollkommene Stil
   Beim unvollkommenen Stil handelt es sich um die Realisierung der Struktur des modernen Hocharabisch, die auf den Aussprachegewohnheiten der jeweiligen Dialekte basiert. Dieser Stil wird in informellen Situationen und in der gesprochenen Umgangssprache gebraucht (vgl. ebd.).

3.5 Standardaussprache des Deutschen (in Deutschland)

Wer sich mit der Standardaussprache des Deutschen beschäftigt, wird sich immer die Frage stellen müssen, welcher Standard in Deutschland, Österreich und der Schweiz zugrunde gelegt werden sollte und inwieweit das gesprochene Deutsch von der Standardaussprache abweicht. Die Standardaussprache des Deutschen, früher auch unter der Bezeichnung „allgemeine Hochlautung“ bekannt, steht in enger Verbindung mit allen Sprachgebieten der Standardsprache (vgl. Krech et al. 2009, 6). Sie ist die gesprochene Form der Standardsprache, die als „eine allgemein anerkannte, mustergültige

Aussprache mit überregionaler Reichweite" definiert werden kann. Entscheidend „für ihre Gültigkeit ist ihre Gebrauchsfähigkeit." (Hollmach 2007, 30). Die Standardaussprache zeichnet sich dadurch aus, dass sie „funktionstüchtig und kommunikationsgünstig" ist, daher besitzt sie ein hohes Prestige und wird in offiziellen Situationen verwendet sowie erwartet (vgl. Krech 1997, 120: Krech et al. 2009, 6; Hirschfeld/Neuber 2012, 14). Des Weiteren findet sie ebenfalls in verschiedenen privaten Situationen Verwendung, so entspricht ihre stilistische Vielfalt ihrer breitgefächerten Gebrauchsfähigkeit. Die Standardaussprache des Deutschen verfügt über zahlreiche phonostilistische Unterscheidungen, die bei der Artikulation v. a. in verschiedenen Präzisionsgraden hervortreten. Dialektale und regional geprägte alltagssprachliche Formen zählen nicht zum Ausspracheestandard, der als eine Sprechweise zu verstehen ist, welche konkrete Merkmale aufweist (vgl. Krech et al. 2009, 6 f.). Die folgenden Merkmale gelten für die Standardaussprache des Deutschen, können aber auch auf andere Standardaussprachen wie etwa die des Arabischen übertragen werden:

- „Sie ist dialektneutral und enthält keine regional gefärbten umgangssprachlichen Formen.
- Sie wird überregional und in allen sozialen Gruppen verstanden und verfügt damit über eine weite Geltung.
- Sie wird besonders in offiziellen öffentlichen Situationen genutzt bzw. erwartet.
- Ihre Verwendung ist in solchen Situationen prestigefördernd.
- Sie ist durch unterschiedliche Grade der Artikulationspräzision (phonostilistische Differenzierungen) gekennzeichnet, die ihre Anwendung auch im nicht öffentlichen Bereich ermöglichen.
- Sie ist kodifiziert und kann somit als explizite Norm regulative Funktionen erfüllen.
- Ihre Kodifikation berücksichtigt den erwarteten und den realen Sprechgebrauch, der ständiger Überprüfung bedarf.
- Die kodifizierte Norm ist in unterschiedlichem Maße verbindlich.
- Ihre Nichtbefolgung kann unter bestimmten Bedingungen negative Sanktionen auslösen." (Krech et al. 2009, 7).

In anderen Nachschlagewerken zur Definition der Standardaussprache des Deutschen, wie u. a. in der „Duden-Grammatik“ (2009) und im „Variantenwörterbuch“ (2004), finden sich andersartige Merkmale, die nach Hirschfeld/Stock (2007, 10) sowie in der vorliegenden Arbeit nicht den Merkmalen der Standardaussprache zuzurechnen sind. In der Duden-Grammatik (2009, 50) beschreibt Eisenberg die Aussprachevarietäten des Deutschen wie folgt: „Welche Varietät gesprochen wird, ist landschaftlich und sozial bedingt“, obwohl die Standardaussprache „keine typisch landschaftlichen Ausspracheformen“ enthalten muss (Hirschfeld/Stock 2007, 10). Eisenberg (2009. 54) erklärt weiter: „Es gibt eine Reihe von Aussprachemerkmalen, die als Standard gelten, aber es gibt auch einen breiten Bereich von insbesondere regionaler Variation innerhalb der Standardlautung.“ Ammon (2004) vertritt die Meinung, dass die Standardaussprache regional variiert. Im Variantenwörterbuch (2004, LI) charakterisiert Ammon die Standardaussprache als „national und regional differenzierte Gebrauchsnormen des richtigen Sprechens“ und beschränkt ihre Anwendungsbereiche auf „professionelle oder geübte Sprecher“. Dagegen sei „überregionale Hochsprache (Hochlautung) weitgehend auf Berufssprecher” beschränkt (ebd., XLVII). Außerdem stellt Ammon fest, dass sich mindestens sechs große Regionen auf der Ebene der Standardaussprache unterscheiden lassen. Die „Unterschiede vor allem die der Aussprache, sind größtenteils bedingt durch die zugrundeliegenden Dialekte.“ (ebd.). Nach Krech et al. (2009, 7) und Hirschfeld/Stock (2011, 46 f.; 2007, 10) ist die Standardaussprache nicht nur auf die Berufssprecher beschränkt, sondern wird in allen sozialen Gruppen verstanden und in öffentlichen wie nicht öffentlichen Situationen genutzt.

3.6 Aussprachekodifikationen im Deutschen

Nach dem Jahrhunderte dauernden Prozess der Entwicklung und Ausbreitung des Deutschen entstand das Bestreben zunächst nach einer geschriebenen und dann besonders im 18. und 19. Jahrhundert auch nach einer gesprochenen Standardisierung. Die Vorstellungen darüber, wie eine einheitliche, allgemein verständliche und gültige Ausspracheregelung „durch schriftlich fixierte Empfehlungen“ zu erreichen sei, waren allerdings unterschiedlich (Krech et al. 2009, 8). Im Folgenden sollen die wichtigsten Standardwerke für die deutschen Ausspracheregelungen vorgestellt werden.

3.6.1 Wilhelm Viëtors Ausspracheregelung

Beim Ansatz des Phonetikers Wilhelm Viëtor handelt es sich um eine Ermittlung und Kodifizierung der „Aussprache der Gebildeten in verschiedenen" zu Preußen gehörenden Regionen (Krech et al. 2009, 8). Normierungsgrundlage für die Erarbeitung seiner Aussprachereglung war die Aussprache der Bühne, da „in ihr und der gehobenen Sprache des Vortrags die mundartlichen Eigentümlichkeiten bereits beseitigt und weitgehend einheitliche phonetische Realisationen ausgebildet worden wären." (Stock 2001, 163; vgl. auch Krech et al. 2009, 8 f.). Im Jahre 1885 legte er den ersten Grundstein seiner Überlegungen mit dem Werk „Aussprache der in dem Wörterverzeichnis für die deutsche Rechtschreibung zum Gebrauch in den preußischen Schulen enthaltenen Wörter". Das Erscheinungsjahr und der Titel weisen darauf hin, dass bei der Wortauswahl dieses Werks von Orthographie-Regelungen ausgegangen und zunächst eine Unifikation der Aussprache in Preußen angestrebt wurde. Dessen ungeachtet kann es als erstes deutsches Aussprachewörterbuch apostrophiert werden, das in späteren Auflagen unter dem Titel „Die Aussprache des Schriftdeutschen" erschienen ist. In der ersten Auflage lieferte es im „Wörterverzeichnis" rund 4000 transkribierte Wörter und stellte neben den Ausspracheregelungen mit detaillierten Erklärungen in späteren Auflagen auch eine ausführliche Beschreibung der Laut-Buchstaben-Beziehungen dar. Doch sei darauf verwiesen, dass sich die von Wilhelm Viëtor angesprochenen Reduktionen von Lauten nicht in seinem Werk finden lassen, das von 1885 bis 1941 in 13 Auflagen erschienen ist (vgl. Stock 2001, 164; Krech et al. 2009, 8f.; Hirschfeld/Stock 2007, 3 f.).

3.6.2 Theodor Siebs – Deutsche Bühnenaussprache

Eine umfassende Kodifizierung und den neben Viëtors Arbeiten wohl wichtigsten Beitrag legte Theodor Siebs im Jahre 1898 mit seinem Werk „Deutsche

Bühnenaussprache“ vor (vgl. Hirschfeld/Stock 2011, 45; Krech 1996, 28; Stock 2001, 164). Das Ziel dieser Kodifizierung war, „dass der Schauspieler speziell beim Versdrama im höchsten Grade verständlich spricht.“ (Stock 2001, 164; vgl. auch Krech et al. 2009, 10). Das Bühnenaussprachewörterbuch erlebte ebenfalls mehrere Auflagen und wurde unter wechselndem Titel 64 Jahre lang bis zum Erscheinen der 19. Auflage von 1969 aufgelegt. Trotz mehrfacher Überarbeitungen wurden die Siebsschen Aussprachenormen seit Anfang des vorigen Jahrhunderts zur Zielscheibe von Kritik. Ein Grund dafür war unter anderem, dass die Bühnenaussprache als allgemeine Mustersprache untauglich war und zu einer größeren Diskrepanz zwischen der Sprechrealität und den Normen führte (vgl. Krech et al. 1982, 11ff.; Takahashi 1996, 39; Krech 1996, 28 f.; Krech et al. 2009, 11 f.; Stock 2001, 164).

3.6.3 Duden-Aussprachewörterbücher

Das 1962 in erster Auflage erschienene Duden-Aussprachewörterbuch wurde von Max Mangold und der Dudenredaktion unter der Leitung von Paul Grebe erarbeitet. Die empfohlene Norm entsprach weitgehend der Siebsschen Aussprache (vgl. Hollmach 2007, 85; Krech et al. 2009, 14). Die wichtigste Neuerung betraf den Einfluss von Fernsehen, Film und Funk auf den Sprechgebrauch. Hier wurde der Tatsache Rechnung getragen, dass in der Medienarbeit zunehmend mehr Fremdwörter und ausländische Namen auftauchten; auch äußerte man sich zumindest im Einführungsteil zu einer gemäßigten Hochlautung, die nicht im Wörterverzeichnis zu finden ist. Die zweite Auflage des Duden-Aussprachewörterbuches erschien 1974 mit dem Untertitel „Wörterbuch der deutschen Standardaussprache“. Dieser Auflage lag eine veränderte Konzeption zugrunde. Die Fokussierung auf die Bühnenaussprache wurde aufgehoben und somit wurde die Kodifizierung einer Idealnorm hin zu einer allgemeineren Gebrauchsnorm verändert (vgl. Krech et al. 2009, 14 f.).

Ziel war es, die Verständigung zwischen Menschen aus verschiedenen Berufen und mit unterschiedlichem sozialen und kulturellen Hintergrund zu unterstützen, sowie Nichtmuttersprachlern das Erlernen des Deutschen als Zweit- oder

Drittsprache zu erleichtern (vgl. Mangold 2005, 5). Die Kodifizierung im Duden-Aussprachewörterbuch stützt sich nicht auf eigene Untersuchungen des Sprechgebrauchs, sondern auf die im Zusammenhang mit dem Wörterbuch der deutschen Aussprache (WDA) ermittelten Untersuchungsergebnisse. Diesem Konzept lagen alle folgenden Auflagen des Duden-Aussprachewörterbuches bis zum Erscheinen der sechsten und bisher letzten Auflage von 2005 zugrunde (vgl. Krech et al. 2009, 15).

3.6.4 Hallesche Aussprachewörterbücher

3.6.4.1 Wörterbuch der deutschen Aussprache (WDA) und Großes Wörterbuch der deutschen Aussprache (GWDA)

Im Jahr 1953 wurde von Fachvertretern der Universitäten Halle und Jena aufgrund des Scheiterns der Neubearbeitung des „Siebs“ eine neue Ausspracheregelung des Deutschen erarbeitet, deren Ziel die Herausgabe eines eigenständigen Aussprachewörterbuchs für die allgemeine deutsche Hochlautung war. Es umfasste normierte und kodifizierte Ausspracheformen für alle Lebensbereiche und erschien im Jahre 1964 mit dem Titel „Wörterbuch der deutschen Aussprache“ (vgl. Krech et al. 2009, 12). Seine Erscheinung gilt als ein weiterer Schritt zur Standardisierung der deutschen Aussprache (vgl. Takahashi 1996, 39 f.). Bei der Arbeit am Aussprachewörterbuch WDA (1964) wurden folgende grundlegende Positionen formuliert:

(1) „Wechsel der Kodifizierungsgrundlage von der Bühnenaussprache zu medienvermittelten, zusammenhängend gesprochenen, natürlichen Äußerungen von Berufssprechern, die keine dialektalen oder regiolektalen Merkmale aufweisen;
(2) Berücksichtigung des phonetischen, situativen und gegebenenfalls emotionalen Kontextes bei der Untersuchung einzelner Aussprachemerkmale und damit Erfassen koartikulatorisch, assimilatorisch und stilistisch bedingter Aussprachevarianten;
(3) Neubestimmung der Untersuchungsmethode durch Nutzung eines objektiv-subjektiven Abhörverfahrens, das die Unterstützung der auditiven

Untersuchungen durch apparatetechnische Mittel wie zum Beispiel Hörhilfen oder optische Verdeutlichungen vorsieht;
(4) Fundierung der Neukodifizierung durch empirische phonetische Untersuchungen des aktuellen Sprechgebrauchs an sinnvollen Ganztexten;
(5) Im Prozess der Kodifizierung/Normierung durch Experten: Ableitung verallgemeinernder Regeln aus den ermittelten und statistisch abgesicherten Daten." (Krech et al. 2009, 12 f).

In diesem Projekt sollte es im Weiteren um eine Erfassung der Standardaussprache in Österreich und der deutschsprachigen Schweiz gehen. Dies „genehmigten [aber] die zuständigen Behörden der DDR nicht." (ebd., 13). Das Aussprachewörterbuch (WDA) kam bis 1974 in drei weiteren Auflagen heraus. Den neueren Forschungserkenntnissen entsprechend wurde das WDA im Jahre 1982 erstmals unter dem Titel „Großes Wörterbuch der deutschen Aussprache" (GWDA) herausgegeben (vgl. ebd., 13; Takahashi 1996, 41). Die im GWDA eingeführten Aussprachevarianten sind die folgenden: „(1) die Aussprache bei Rezitation und beim feierlichen, festlichen Vortrag, (2) die Aussprache in der Lesung von Manuskripten im Rundfunk und von schöngeistiger Prosa und (3) die Aussprache des ruhigen, sachlichen Gesprächs und des Vortrags mit geringem Spannungsgrad." (Krech et al. 1982, 73). Diese situationsabhängigen stilistischen Varianten wurden im GWDA eingeführt, um eine der Sprachpraxis entsprechende Kodifizierung vorzunehmen (Krech et al. 2009, 13 f.).

3.6.4.2 Deutsches Aussprachewörterbuch (DAWB)

Nach Erscheinen der 6. Auflage des Duden-Aussprachewörterbuches (2005) wurde 2009 das Deutsche Aussprachewörterbuch (DAWB) bei Walter de Gruyter herausgegeben, das von Eva-Maria Krech, Eberhard Stock, Ursula Hirschfeld und Lutz Christian Anders erarbeitet worden ist. Bei der Neukodifikation dieses Aussprachewörterbuchs handelt es sich um eine Erweiterung der Methoden und Grundkonzeptionen des WDA/GWDA, die in den 1950er Jahren ausgearbeitet wurden. Damit das DAWB an den gegenwärtigen Forschungsstand sowie an aktuelle Erfordernisse angepasst ist, wurden folgende neue Aspekte eingearbeitet:

- „die Absicherung der Kodifikation nicht nur durch erneute phonetische Untersuchungen des Sprechgebrauchs, sondern auch durch soziophonetische Untersuchungen zu den Erwartungen der Hörenden an den Sprechgebrauch,
- die phonologische Fundierung der Ausspracheregelung,
- die Einbeziehung frei gesprochener Äußerungen (neben vorgelesenen Texten) in die Untersuchungen,
- die systematische Berücksichtigung phonostilistischer Differenzierungen,
- die Berücksichtigung komplexer Akzentstrukturen durch die erweiterte Aufnahme von Komposita und Wortgruppen in das Wörterverzeichnis,
- den Ausbau der Grundlagen für die Eindeutschung fremder Wörter und Namen,
- die Veränderung der Transkription im Ergebnis der phonetischen Untersuchungen,
- die beträchtliche Vergrößerung und Aktualisierung des Wortschatzes,
- die Berücksichtigung nationaler Standardvarietäten und somit die Aufnahme von Kapiteln zur Standardaussprache in Österreich sowie in der deutschsprachigen Schweiz,
- die Beifügung einer Audio-CD mit Beispielen aus dem Einführungsteil.“ (Krech et al. 2009, 15 f.).

Die Normierungsgrundlagen für die Neukodifizierung bilden die Ermittlungen der gegenwärtigen situationsspezifischen Sprachanwendung und der Erwartungen der Sprecher in unterschiedlichen Anwendungsgebieten an den Sprechgebrauch, da die Standardaussprache situations- und anwendungsspezifische Unterschiede aufweist, die als phonostilistische Differenzierungen bezeichnet werden. Sie umfassen unterschiedliche Präzisionsgrade der Artikulation und verschiedene prosodische Mittel, welche ihrerseits einen Einfluss auf die Artikulationspräzision und die Artikulationsspannung ausüben können. So führen beispielsweise ein schnelles Sprechtempo in nicht akzentuierten Passagen und starke Akzentuierungen in nachfolgenden Silben zur Verminderung der Sprechspannung und so zu einer geringeren Artikulationspräzision der Segmente. Die Verminderungen der Artikulationspräzision zeigen sich in Reduktionen (Lautschwächungen), die bis zur Elision (Lautschwund) führen können, sie betreffen insbesondere nichtakzentuierte und beschleunigte Silben, Wörter oder Wortfolgen. Darüber hinaus können unterschiedliche Ausprägungsgrade der Assimilationen und die Variation ihrer Häufigkeit in verschiedenen Anwendungsgebieten phonostilistische Differenzierungen zur Folge haben (vgl. Krech et al. 2009, 16/98 f.). Aufgrund der Vielzahl möglicher Anwendungsbereiche der Standardaussprache des Deutschen erfolgte im Aussprachewörterbuch (DAWB) ausschließlich eine Berücksichtigung der Sprechweise in öffentlichen Situationen, deren Artikulationspräzision höher als in privaten Situationen ist. Dennoch bestehen auch in öffentlichen Situationen verschiedene Ausprägungsgrade von Sprechspannung und Artikulationspräzision. Das Aussprachewörterbuch (DAWB) ist auf folgende unterschiedliche Grade der Artikulationspräzision eingegangen (vgl. ebd., 98 f.):

- eine geringe Artikulationspräzision, die beim freien Sprechen, z. B. bei öffentlichen Gesprächen in Fernsehen und Radio, verwendet wird;
- eine hohe bis mittlere Artikulationspräzision, die beim reproduzierenden Sprechen, z. B. beim Vorlesen von Nachrichtentexten in Fernsehen und Radio, gebraucht wird;
- eine sehr hohe Artikulationspräzision, die v. a. beim reproduzierenden Sprechen, z. B. bei festlichen Vorträgen, benutzt wird.

Im Aussprachewörterbuch (DAWB) wurde auch auf die so genannte Überlautung nicht eingegangen, die unter anderem beim lautierenden Lesen, beim Gespräch vor lauter Geräuschkulisse und beim Diktieren von Texten bisweilen Anwendung findet (vgl. Krech et al. 2009, 99 f.; Eisenberg 2009, 54).

3.6.5 ARD-Aussprachedatenbank

Die ARD-Aussprachedatenbank (ADB) ist eine Gemeinschaftseinrichtung der Arbeitsgemeinschaft der öffentlich-rechtlichen Rundfunkanstalten der Bundesrepublik Deutschland (ARD). Sie wurde „Ende der 1980er Jahre zunächst bei der Hörfunkabteilung des Hessischen Rundfunks“ ins Leben gerufen und seit 1997 kann auf sie ARD-weit zugegriffen werden (Internet 3). Die Aussprachedatenbank der ARD dient dem Zweck der richtigen Aussprache fremdsprachiger Begriffe/Namen und stellt für die teilnehmenden Rundfunkanstalten

„vereinfachte [und] dem Deutschen angenäherte Ausspracheangaben" im internen Netz zur Verfügung. (Heinemann/Sieber 2003, 154). Mit diesen abgestimmten Empfehlungen zur Aussprache werden zum einen disparate Aussprachen fremdsprachiger Namen innerhalb der ARD-Sendeanstalten vermieden, zum anderen wird die Arbeit der Sprecher, Journalisten und Moderatoren erleichtert. Zudem wirkt die ADB dem Medienbruch zwischen Fernsehen und Radio einerseits und der Printmedien andererseits entgegen (vgl. Heinemann 2007, 10; Heinemann/Sieber 2003, 154/159; Internet 4). Seit ihrer Gründung wurde die alte durch eine neue Angleichungsregel ersetzt, die „zunächst als Arbeitshypothese eingeführt" und dann als Grundlage für die weitere Arbeit verwendet wurde. Das wesentliche Prinzip für die neue Ausspracheregelung (Eindeutschung) stellt der Leitsatz dar: „Fremdsprachliche Namen bzw. Wörter werden so original wie möglich, aber auch so deutsch wie nötig ausgesprochen". Zur Eindeutschung gibt es in der ARD-Aussprachedatenbank grundlegende Vereinbarungen, die in drei Kategorien einzuteilen sind (Heinemann/Sieber 2003, 154 f.):

1. Für eine Fremdsprache, deren Lautsystem mit dem der deutschen Sprache identisch oder weitgehend identisch ist, wird das Prinzip 1:1 angewandt.
2. Für eine Fremdsprache, deren Lautsystem mit dem der deutschen Sprache Differenzen aufweist, jedoch in Deutschland einen hohen Bekanntheitsgrad besitzt (z. B. Englisch und Französisch), wird häufig ebenfalls das Prinzip 1:1 angewandt.
3. Für eine Fremdsprache, deren Lautsystem zu dem der deutschen Sprache große Unterschiede aufweist, werden folgende Angleichungsregeln verwendet:
   - Ersetzung fremder Segmente durch deutsche Entsprechungen.
   - Vokalqualität vor Quantität.
   - Beibehaltung der Akzentuierung.

Von diesen Grundsätzen gibt es jedoch in der Rundfunkpraxis immer wieder Abweichungen, z. B. bei arabischen eingedeutschten Namen. Die fremdsprachigen Eigennamen, Bezeichnungen und Begriffe stammen überwiegend aus den folgenden Bereichen (vgl. ebd. 154/159): Autoren, Dirigenten, Figuren aus

Kunst, Literatur, Musik, Geographie, Musik: Klassik, Rock, Pop, Jazz u. a., Politik, Religion, Sport, Wirtschaft, Wissenschaft, Werke aus Kunst und Literatur. Die ARD-Aussprachedatenbank wird täglich ergänzt und umfasst derzeit etwa 320.000 programmbezogene Einträge (Stand vom Februar 2013, Internet 4). Ferner sind alle Einträge seit 1999 mit Audiofiles hinterlegt und online im Intranet der ARD abhörbar, sie sind in drei Varianten abrufbar: „mittels einer einfachen, volkstümlichen Umschrift, im internationalen phonetischen Alphabet sowie als „sprechende Datenbank“ durch Audiofiles, die von professionellen Sprecher/innen aufgenommen wurden.“ (Heinemann/Sieber 2003, 159).

3.7 Aussprachewörterbuch und DaF-Unterricht

Ein Aussprachewörterbuch dient sowohl Muttersprachlern als auch Deutsch Lernenden/Lehrenden als Nachschlagewerk zum richtigen Umgang mit der Standardaussprache des Deutschen. Dies gilt einerseits für die korrekte Aussprache eines deutschen bzw. eingedeutschten Wortes, andererseits für die richtige Transkription eines Wortes. Ein Aussprachewörterbuch beinhaltet keine Lehrmaterialien, sondern verzeichnet Angaben, über die andere Wörterbücher nicht verfügen. Dies sind vor allem Angaben zu:

- Haupt- und Nebenakzenten,
- verschiedenen Ausspracherealisierungen und Akzentverschiebungen,
- eingedeutschten Wörtern und Namen mit Angaben ihrer Herkunft und
- Transkriptionen aller Wörter, Begriffe und Namen (vgl. Hirschfeld/Stock 2007, 16).

Trotz dieser Bedeutung sind die Aussprachewörterbücher im Ausland teilweise nicht bekannt und werden von Lehrenden/Lernenden oft nicht verwendet (vgl. Hirschfeld 1996a, 187). Für Lehrende bieten Aussprachewörterbücher im theoretischen Teil eine Einführung in die Phonetik und Phonologie der deutschen Sprache an. Zusätzlich enthält der theoretische Teil einen Überblick über phonetische und phonologische Grundlagen fremder Sprachen. Dies dient der fachlichen Weiterbildung der Lehrenden (vgl. Hirschfeld/Stock 2007, 16). In diesem Zusammenhang ist auf die phonetischen und phonologischen Grundlagen des

Aussprachewörterbuchs DAWB zu verweisen, die u. a. für Deutsch als Fremdsprache ausgebaut worden sind:

- „das Phonemsystem, seine distinktiven Merkmale und Realisationsvarianten,
- die Laut-Buchstaben-Beziehungen,
- Beschreibungen der phonetischen Merkmale und der Laut-Buchstaben-Beziehungen von zahlreichen Herkunftssprachen fremder Namen und Wörter und die Regeln für die Eindeutschung aus diesen Sprachen,
- die Akzentuierung in Wörtern und Wortgruppen als Grundlage der rhythmischen Gestaltung von Äußerungen,
- die Regeln der melodischen Gestaltung von Äußerungen,
- Aussprachebesonderheiten in verschiedenen kommunikativen Situationen (beim Vortrag, beim Vorlesen, im Gespräch usw.)." (Hirschfeld/Stock 2007, 16).

Bei der näheren Beschäftigung mit diesen Nachschlagewerken ergeben sich grundsätzliche Fragen, die die gesamte Problematik der Aussprachenormen umfassen und dabei Grundfragen des Unterrichts Deutsch als Fremdsprache berühren. Das sind vor allem:

1) „die Künstlichkeit der kodifizierten Formen, die wohl in den Medien, aber kaum im Sprachalltag verwendet werden und die sich zudem auf den sog. norddeutschen Standard beschränken
2) die Verbindlichkeit der Aussprachenormen in öffentlichen und nichtöffentlichen Situationen
3) ihre Akzeptanz bei Muttersprachlern verschiedener Berufsstände und Regionen
4) die Genauigkeit der verwendeten Transkription
5) die ungenügenden oder fehlenden Angaben zur phonostilistischen Variation
6) Schwierigkeiten bei der Berücksichtigung von Veränderungen im Sprachgebrauch
7) die Beschränkung auf den segmentalen Bereich
8) die Grenzen zwischen Standard und umgangssprachlichen oder regionalen, zwischen sachlich-neutralen und emotionalen Varianten." (Hirschfeld 1996b, 227).

Diese Probleme wurden im Ausspracheswörterbuch DAWB berücksichtigt und ebenfalls Lösungsvorschläge angeboten. An dieser Stelle muss darauf hingewiesen werden, dass Unterschiede idiolektaler und emotionaler Art im Ausspracheswörterbuch DAWB nicht mit einbezogen wurden (vgl. Krech et al. 2009, 2).

3.8 Zusammenfassung

Das dritte Kapitel der vorliegenden Arbeit bildet die Basis für die phonologisch-phonetische Kontrastivanalyse des modernen Hocharabischen und des Deutschen, die im vierten Kapitel dargestellt werden soll. Im ersten Abschnitt wurden die Termini Dialekt, Diglossie, Plurizentrizität, Umgangssprache, Standardsprache/-aussprache eingeführt. Im zweiten Abschnitt wurde das Arabische als plurizentrische Sprache mit seiner regionalen Gliederung erläutert. Zudem wurde die Sprachsituation in den arabischsprachigen Ländern aus der soziolinguistischen Perspektive kurz beschrieben und ein Überblick über die arabischen Dialekte gegeben, auf die im Rahmen der vorliegenden Arbeit nicht genauer eingegangen wird. Des Weiteren wurden die arabischen Dialekte im Irak näher erörtert, wobei auf Grund von mangelnder Literatur auf Phonetik und Phonologie nicht weiter eingegangen werden konnte. Im dritten Abschnitt wurde das Deutsche als plurizentrische Sprache und deren regionale Gliederung eingeführt. Der vierte Abschnitt handelt von der Standardsprache/-aussprache des Arabischen. Im Allgemeinen werden unter dem Begriff des Arabischen drei Existenzformen verstanden, die sich vor allem durch ihre funktional-stilistischen, kommunikativen, sozialen und typologischen Besonderheiten sowie durch Alter und Prestige auszeichnen. Diese drei relevanten Formen sind das klassische Arabisch, das moderne Arabisch und die Dialektsprachen. Zur Standardsprache des Arabischen gehören nur das klassische Arabisch und das moderne Hocharabisch. Das klassische Arabisch bildet die Basis der Standardaussprache des modernen Arabisch, das zudem vom jeweiligen Dialekt eines Landes oder mehrerer Länder geprägt wird. Im fünften Abschnitt wurde der Begriff der Standardaussprache des Deutschen definiert sowie ihre Funktionen und Merkmale beschrieben. Die Standardaussprache wurde als mündliche Form der Standardsprache verstanden, sie ist überregional und unterscheidet sich durch ihre Kodifikation von Umgangssprache und Dialekt. Sie verfügt über bestimmte Merkmale, welche auf die Standardaussprache des Arabischen übertragen werden können. Die deutsche Sprache besitzt neben den verschiedenen regionalen Varietäten drei überregionale Standardvarietäten, die als Standardvarietäten in Deutschland, Österreich und der deutschsprachigen Schweiz anerkannt sind. Als die Standardaussprache des Arabischen wurde in der vorliegenden Arbeit das moderne Hocharabisch verwendet. Für das Deutsche wurde die Standardaussprache der Bundesrepublik Deutschland im Sinne der halleschen Sprechwissenschaft verwendet. Der sechste Abschnitt erläutert die Ausssprachekodifikationen des Deutschen. Im letzten Abschnitt wurde auf die Bedeutung der Aussprachewörterbücher für den Bereich Deutsch als Fremdsprache eingegangen.

4 Kontrastive phonologisch-phonetische Analyse Arabisch – Deutsch

In der vorliegenden Arbeit werden die Ausspracheschwierigkeiten von arabischen Deutschlernenden, die im segmentalen und suprasegmentalen Bereich entstehen können, kontrastiv herausgearbeitet. Das bedeutet, die Ähnlichkeiten und Unterschiede in Phonologie und Phonetik des Arabischen und des Deutschen werden gegenübergestellt und verglichen. Im segmentalen Bereich werden die Lautsysteme auf der Ebene der phonologisch-phonetischen Merkmale, der Phoneminventare und deren Allophone kontrastiert und phonetische Probleme im Deutschunterricht für Araber abgeleitet. Im suprasegmentalen Bereich werden Akzentuierung, Rhythmisierung und Melodisierung im Arabischen und Deutschen verglichen. Zunächst werden zahlreiche phonologische und phonetische Grundbegriffe erläutert.

4.1 Klärung grundlegender Termini

4.1.1 Phonologie und Phonetik

Im folgenden Abschnitt werden die Begriffe Phonologie und Phonetik charakterisiert, die in der Literatur unterschiedlich definiert und verwendet werden. Daher sollen sie an dieser Stelle näher ausgeführt werden. Dabei werden die Entstehung der beiden Termini und ihre Funktionen, das Verhältnis zwischen Phonologie und Phonetik sowie ihre Rolle im Fremdsprachenunterricht beleuchtet. Vom griechischen Wort φωνή *(phōnē)* „Laut, Ton, Stimme“ stammend, bedeuten die Termini Phonologie und Phonetik so viel wie „Lautlehre“, der Terminus selbst war vor den 20er Jahren des 20. Jahrhunderts an weit verbreitet und fand in zahlreichen sprachwissenschaftlichen Beiträgen Verwendung (vgl. Ternes 2012, 1/4 f.; Ramers/Vater 1995, 1). Zu Beginn des 19. Jahrhunderts etablierte sich der Terminus Phonetik, während der Begriff Phonologie erst um die

Mitte des 19. Jahrhunderts entstand. Zunächst wurde der Terminus Phonologie synonym mit dem der Phonetik bzw. mit „einer leicht abweichenden Bedeutung" verwendet, die jedoch nicht mit der gegenwärtigen Definition übereinstimmt, die sich besonders durch das „Wirken der Prager Schule" herausbildete (Ternes 2012, 3) Im Jahre 1939 legte Trubetzkoy, einer der bedeutendsten Vertreter dieser Schule, in seinem Werk „Grundzüge der Phonologie" den Grundstein des heutigen Verständnisses der Phonologie (vgl. Ternes 2012, 3/26).

Die Phonologie ist „eine linguistische Teildisziplin, die sich mit der Funktion von segmentalen und suprasegmentalen Merkmalen und Einheiten im Sprachsystem, mit der Feststellung des Phoneminventars und der Festlegung des Phonemsystems einer Sprache sowie deren Beschreibung" befasst (Hirschfeld 2010a, 249). Das Hauptaugenmerk der phonologischen Untersuchungen liegt auf der Feststellung der kleinsten bedeutungsunterscheidenden Einheiten eines Sprachsystems (Phoneme) auf Grundlage ihrer relevanten phonetischen Eigenschaften (s. Kap. 4.1.2). In der Phonologie wird die Methode des Minimalpaars verwendet, um Phoneme bzw. einzelne distinktive Eigenschaften feststellen und beschreiben zu können. Beim Minimalpaar *Land* und *Hand* differieren beispielsweise nur die Phoneme /l/ und /h/. Ein Beispiel zur Bestimmung einzelner distinktiver Eigenschaften stellen die Phoneme /iː/ und /uː/ dar, welche nur in der Richtung der Zungenhebung verschieden sind, die bei /iː/ vorne und bei /uː/ hinten ist. Bei weiteren Eigenschaften wie hoher Zungenhebungsgrad, Gespanntheit und Länge divergieren die beiden Phoneme nicht, somit sind diese Eigenschaften irrelevant. Des Weiteren beschäftigt sich die Phonologie mit verschiedenen prosodischen Eigenschaften wie Dauer, Lautstärke, Melodisierung, Sprechtempo und -spannung sowie deren Kombination in Akzentuierung, in Pausierung und in Rhythmisierung. Beim Fremdsprachenerwerb spielen die Phoneme und deren Eigenschaften sowie die Prosodie aufgrund ihrer bedeutungsunterscheidenden Funktion eine bedeutende Rolle (vgl. ebd., 249 f.; Meinhold/Stock 1980, 11 f.). Die Phonetik befasst sich mit den artikulatorischen und akustischen Realisierungen einer lautsprachlichen Äußerung, das heißt, sie analysiert und beschreibt, was sich in der mündlichen Kommunikation vollzieht und begründet, warum dies erfolgt (vgl. von Essen 1979, 241; Meinhold/Stock 1980, 11; Pompino-Marschall 2003, 8; Hirschfeld 2010a, 248). Kohler stellt den Gegenstand der Phonetik in ähnlicher Weise dar und betrachtet die Phonetik als

„das Schallereignis der sprachlichen Kommunikation in allen seinen Aspekten, d. h. die Produktion, die Transmission und die Rezeption von Sprachschall einschließlich der psychologischen und soziologischen Voraussetzungen in der Kommunikation zwischen Sprecher und Hörer, wobei sowohl symbol- als auch messphonetische Betrachtungsweisen dieses Objekt prägen." (Kohler 1995, 22).

Ramers und Vater (1995, 10) definieren die Phonetik als „Studium sprachlicher Lautsubstanz in ihren messbaren physiologischen und physikalischen Eigenschaften." Trubetzkoy (1989, 7) vertritt die Meinung, dass die Phonetik Naturwissenschaft ist, die sich „mit konkreten physikalischen Erscheinungen" beschäftigt, wohingegen er die Phonologie zur Sprachwissenschaft zählt. Demgegenüber definiert de Saussure (2001, 38) die Phonetik als eine historische Wissenschaft, die sich mit der „Entwicklung der Laute in der Sprachgeschichte" beschäftigt und beschreibt die Phonologie als „Hilfsdisziplin", die sich nur mit dem Sprechen befasst. Von Essen (1979, 241) stellt die Phonetik und Phonologie in anderer Weise dar. Er betrachtet die Phonetik als „eine explorative Wissenschaft, deren Fragen sich an Naturvorgänge richten" und versteht die Phonologie als „System- und Funktionswissenschaft, deren Fragen sich an den jeweiligen Status einer kulturell-sozialen, konventionell-tradierten Mitteilungs- und Ausdrucksform richten." Laut Ramers/Vater (1995, 4) beschäftigt sich die Phonologie mit den „Lauten als Segmenten", während der Schwerpunkt der Phonetik auf den „Lauten als Kontinuum" liegt. Nach Dieling/Hirschfeld (2000, 11) analysiert die Phonetik wahrnehmbare und messbare Merkmale der Sprachsegmente und prosodische Eigenschaften, während sich „die Phonologie mit deren bedeutungsunterscheidender Funktion" und ebenfalls mit der funktionalen Bedeutung segmentübergreifender prosodischer Merkmale beschäftigt. Bußmann (2008, 524) betrachtet die Phonetik als naturwissenschaftlich orientierten, empirischen Sprachbereich, welcher den Realitätsbereich einer mündlichen sprachlichen Äußerung unter folgenden Aspekten analysiert: „(a) artikulatorisch-genetische Sprachproduktion (artikulatorische Phonetik), (b) Struktur der akustischen Abläufe (akustische Phonetik), (c) neurologisch-psychologische Vorgänge der Sprachperzeption (auditive Phonetik)" und beschreibt die Phonologie als Subdisziplin der Sprachwissenschaft, die die Sprachlaute und deren distinktive

Merkmale sowie Lautkombinationen und -systeme unter diachronischen und synchronischen Betrachtungsweisen untersucht. Hirschfeld definiert die Phonetik wie folgt als:

> „eine Wissenschaft von der Hervorbringung (artikulatorische, physiologische Phonetik) von Lauten, deren Wahrnehmung (auditive, perzeptive Phonetik) und Schallsignalstruktur (akustische Phonetik). [Während] die Phonologie sich mit der Funktion von segmentalen und suprasegmentalen Merkmalen und Einheiten beschäftigt, untersucht die Phonetik deren Form unter Berücksichtigung der physikalischen, physiologischen und psychischen Prozesse ihrer Entstehung und Wahrnehmung. Zu unterscheiden ist die mit geisteswissenschaftlichen Methoden arbeitende deskriptive Phonetik, die sich mit der Analyse auditiv wahrnehmbarer phonetischer Ereignisse befasst, von der experimentellen oder akustischen Phonetik, die sich naturwissenschaftlicher Methoden bedient und konkrete, einmalige, d.h. nicht identisch wiederholbare, lautsprachliche Äußerungen mit verschiedenen Messverfahren analysiert [...] Die Phonetik ist eine eigenständige Disziplin mit zahlreichen, interdisziplinär angelegten Anwendungsbereichen zwischen Linguistik, Biologie, Akustik, Sprachtechnologie, Neurowissenschaften und Medizin. Aktuelle Bereiche sind die automatische Sprach- und Sprecher-Erkennung sowie die Sprachsynthese. Die sprechwissenschaftliche Phonetik beschäftigt sich mit phonetischen Aspekten mündlicher Kommunikation, auch interkulturell und im Rahmen des DaF-Unterrichts; Phonetik steht hier für Aussprache bzw. Ausspracheübungen und umfasst die phonologischen und phonetischen Grundlagen, Artikulation und Prosodie sowie Perzeption und Produktion gesprochener Sprache.“ (Hirschfeld 2010a, 248).

In der ersten Zeit versuchten nicht nur die Vertreter der Prager Schule, sondern auch andere Wissenschaftler, die Untersuchungsgebiete Phonologie und Phonetik klar voneinander abzugrenzen (vgl. Hirschfeld 2010a, 249; von Essen 1979, 241).

De Saussure (2001, 38) ist der Meinung, „daß diese beiden Studiengebiete nichts miteinander zu tun haben, sie können nicht einmal in Gegensatz zueinander gebraucht werden.“ Im Gegensatz dazu ist von Essen (1979, 241) der Auffassung, „daß die eine Wissenschaft ohne die andere nicht lebensfähig sein konnte“, d. h. die phonetische Untersuchung setzt phonologische Kenntnisse voraus und umgekehrt. Meinhold/Stock (1980, 11 f.) beschreiben das Verhältnis zwischen Phonologie und Phonetik und stellen fest, dass die Phonetik und die Phonologie innig und eng verbunden sind und einander beeinflussen. Die beiden Disziplinen behandeln dieselben Phänomene. Sprachlaute bzw. die Laute der menschlichen Sprache werden beide als Gegenstand phonologischer und phonetischer Untersuchung bezeichnet. In diesem Zusammenhang betont von Essen (1979, 241), dass beide Disziplinen durch keine scharfe Kluft getrennt werden sollten. Auch Kohler (1995, 22) ist der Auffassung, „daß eine simple Zweiteilung die wissenschaftliche Wirklichkeit verfälscht.“ Der Autor der vorliegenden Arbeit schließt sich der Definition von Hirschfeld (2010a) an, was die Begriffe Phonologie und Phonetik anbelangt. Im Fremdsprachenunterricht wird der Begriff Phonetik oft synonym zu Ausspracheübungen verwendet, deren Anweisungen auf phonologischen und phonetischen Grundlagen der Ausspracheregelung basieren, welche ihrerseits als Orientierung für eine korrekte phonetische Realisierung dient. Erkenntnisgewinn in phonotaktischen Silbenkombinationen und Gliederung einer Wortform in Silben- und Morphemgliederung ist die Basis des schnellen und effizienten (Aus-) Spracheerwerbs einer fremden Sprache (vgl. Meinhold/Stock 1980,12; Eisenberg 2009, 38).

4.1.2 Phonem und Laut / Allophon

Als Grundlage für die kontrastive phonologisch-phonetische Analyse des Arabischen und des Deutschen sollen die Termini „Phonem“, „Allophon“ und „Laut“ eingehender erläutert werden. Der Terminus „Phonem“ ist einer der wichtigsten Begriffe in der Phonologie und trat Ende des 19. Jahrhunderts in Erscheinung. Im Jahre 1895 wurde der Begriff des Phonems von Baudouin de Courtenay als „psychisches Äquivalent des Sprachlautes“ festgelegt (vgl. Ramers/Vater 1995, 25). Trubetzkoy (1989, 35 f.) fasst das Phonem als „die Gesamtheit der phonologisch relevanten Eigenschaften eines Lautgebildes“ auf und legt fest, dass das Phonem im Gegensatz zum Laut „keine phonologisch irrelevanten Züge enthalten darf“.

In Einklang mit der Auffassung von Jakobson/Halle (1960, 18) betrachten es Meinhold/Stock (1980, 33) und Hirschfeld/Stock (2011, 36) als „ein Bündel distinktiver Merkmale“, denn jedes Merkmal eines Phonems sei phonologisch relevant. Vater/Ramers (1995, 25) beschreiben den Begriff Phonem als „(funktional) distinktive Lauteinheit in einem Sprachsystem." Ähnlich wie Vater/Ramers (1995) stellt Féry (2004, 77) fest, dass das Phonem die kleinste bedeutungsunterscheidende Einheit ist. Das bedeutet, das Phonem ist in jedem Fall bedeutungsdifferenzierend. Das Kriterium der Bedeutungsunterscheidung ist erfüllt, falls es in der gegebenen Sprache mindestens zwei Wortformen mit unterschiedlicher Bedeutung gibt, die nur in einem Segment oder in der Länge differieren, z. B. *Akt* [akt] vs. *Amt* [amt] – *Staat* [ʃta:t] vs. *Stadt* [ʃtat]. Nach Dürscheid (2012, 131), Ternes (2012, 79) und Michel (2011, 79) ist das Phonem die kleinste bedeutungsunterscheidende Einheit und enthält phonologische relevante Merkmale, welche durch seine Realisierungsvarianten wiedergegeben und ermittelt werden können. Diese Varianten, die in der phonologischen und phonetischen Fachterminologie als Allophone bezeichnet werden, sind nach Regeln von Trubetzkoy in „kombinatorische" und „freie" Varianten zu unterscheiden. Kombinatorische Varianten sind stellungsbedingte Allophone, die durch die Lautumgebung beeinflusst werden. Beispielsweise wird das <ch> nach Konsonanten und vorderen Vokalen sowie morpheminitial als [ç] artikuliert, während es nach hohen und mittleren gespannten Hinterzungenvokalen als [x] und nach tiefen Hinterzungenvokalen als [χ] ausgesprochen wird. Dagegen können freie, auch fakultative Varianten genannt, in Unabhängigkeit von der lautlichen Umgebung unterschiedlich, je nach regionaler Herkunft des Sprechers, artikuliert werden, wie z. B. Reibe-R [ʁ], Zungenspitzen-R [ʀ] oder Zäpfchen-R [r] (vgl. Glück 2010, 30; Krech et al. 2009, 85; Busch/Stenschke 2008, 53 f.). Die Realisierungsvarianten der R-Laute können in der Regel als konsonantische und vokalische Formen differiert werden. Zum Beispiel wird das Reibe-R im Silbenanlaut wie in *rot* als Konsonant betrachtet, während das [ɐ] im Silbenauslaut wie in *hier* als Vokal angesehen wird. Eine nicht korrekte Realisierungsvariante eines Phonems kann aufgrund der genauen Zuordnung innerhalb des Phonemsystems keine Bedeutungsveränderung verursachen, jedoch kann sie zur Irritierung des Muttersprachlers führen (vgl. Lex 2010, 7). Glück (2010, 388) beschreibt den Terminus Laut als die kleinste artikulatorische, zeitlich sequentielle Einheit zur Analysierung einer gesprochenen Äußerung, welche nach akustischen und artikulatorischen Aspekten charakterisiert und eingeordnet werden kann. Ähnlich wie Glück (2010) definiert Bußmann (2008, 389 f.) den Laut als nichtspezifische Begriffsbezeichnung für minimalste artikulatorisch, akustisch oder auditiv differenzierbare Bildungselemente einer lautsprachlichen Äußerung. Die Differenzierbarkeit dieser Elemente basiert allerdings auf einer Hypothese, da die Laute beim Sprechvorgang keine isolierbaren Einheiten darstellen, sondern einander beeinflussen und ineinander übergehen.

4.1.3 Suprasegmentalia

Im Folgenden soll ein kurzer Überblick über die terminologische Vielfalt des Begriffs Suprasegmentalia gegeben und auf die Leistungen und Funktionen prosodischer Eigenschaften eingegangen werden. Darüber hinaus soll in diesem Abschnitt geklärt werden, welche Bedeutung der suprasegmentalen Strukturierung in der gesprochenen und geschriebenen Sprache zukommt und wann ein suprasegmentales Merkmal entsteht. Anschließend wird versucht, den Begriff Suprasegmentalia im Arabischen darzustellen.

Bei der Beschreibung der suprasegmentalen Merkmale fällt die Vielfältigkeit ihrer Definitionen ins Auge. Gleiche Begriffe werden oft für verschiedene Phänomene benutzt und umgekehrt. Diese vielfältige Terminologie des Terminus Suprasegmentalia liegt vor allem darin begründet, dass suprasegmentale Eigenschaften und ihre Funktionen Schwerpunkt vieler technischer und sprachwissenschaftlicher Disziplinen sind, z. B. der experimentellen und der forensischen Phonetik, der automatischen Spracherkennung, der Sprechwissenschaft, der Gesprächs- und der Emotionsforschung sowie der Sprachsynthese. Sie alle wenden für die Untersuchung der prosodischen Eigenschaften ihre eigenen Methoden an und verfolgen jeweils ihrem Wissenschaftsgebiet entsprechende Zielsetzungen, die sie unter anderem nach akustischen, auditiven, gesprächsanalytischen und linguistischen Parametern definieren (vgl. Hirschfeld/Neuber 2010, 10). Neuber (2002, 15 f.) beschreibt die terminologische Vielfalt der prosodischen Eigenschaften in der Fachliteratur als „begrifflich divers“ und weist darauf hin, dass sowohl interdisziplinäre (besonders die phonetischen, psychologischen und linguistischen Ansätze) als auch intradisziplinäre Unterscheidungen vorhanden sind. Insbesondere weist er auf folgende Grundprobleme hin:

- „Durch die unterschiedliche begriffliche Besetzung gleicher Termini bestehen in der Literatur zahlreiche Missverständnisse.
- Oft sind die verwendeten Termini in Bezug auf das zu beschreibende Phänomen unvollständig parametriert.
- Es fehlen Ansätze, die in allen Details der Genauigkeit einer empirischen Überprüfung mit kombiniert auditiven und computerphonetischen Methoden standhalten." (Neuber 2002, 15 f.).

Die Begriffe „Intonation", „Prosodie" und „Suprasegmentalia" werden teilweise synonym verwendet, teilweise unterschiedlich beschrieben. Folgende Beispiele aus der Literatur sollen zeigen, dass es schwierig ist, klare terminologische Angaben zu finden: Pétursson und Neppert (2002, 150 f.) verwenden die Begriffe Prosodie und Suprasegmentalia synonym und determinieren die Elemente der Suprasegmentalia wie folgt: „Intonation, Akzent (Betonung), Quantität und Ton als distinktives Element der so genannten Tonsprachen." Abu Hatab (2004, 104) spricht in seiner Einführung von Sprechmelodie, Intonation und Tonhöhenbewegung. Féry (2004, 73) benutzt die Begriffe prosodische Struktur der Sprache und Intonation. In der Duden-Grammatik (2009, 95) wird die Intonation als „melodische Gestalt einer Äußerung" bezeichnet. Ähnlich wie bei Pétursson/Neppert (2002) betrachten Glück (2010, 542/669) und Selting (1995, 1) die Begriffe Intonation, Prosodie und suprasegmentale Merkmale synonym. Lex (2010, 327) definiert die suprasegmentalen Merkmale als phonemübergreifendes Phänomen, welches Sprechmelodie und -rhythmus, Laut- und Silbendauer, Sprechtempo und Schallstärkekontraste inkludiert. Neuber (2002, 20) gebraucht in seiner Arbeit „Prosodische Formen in Funktion" drei Begriffe: Intonation, Prosodie und Suprasegmentalia. Dieser zuletzt genannten Auffassung wird in der vorliegenden Arbeit gefolgt. Der Begriff Suprasegmentalia wird als „multiparametrischer Merkmalskomplex" verstanden, welcher einzelne Segmente überlagert und sprachliche Lauteigenschaften wie Dauer, Lautheit, Melodieverlauf, Gliederung, Sprechtempo, Sprechspannung sowie Stimmqualität und -ausdruck und ihre jeweiligen Modifikationen erfasst. Diese Elemente erfüllen in einer lautsprachlichen Äußerung wichtige Funktionen. Die in der letzten Definition eingeführten prosodischen Merkmale Stimmqualität und -ausdruck werden in der vorliegenden Arbeit nicht berücksichtigt. Zunächst sollen die Merkmale der Prosodie kurz beschrieben werden:

1. Sprechmelodie bezieht sich auf den Melodieverlauf der Tonhöhe und die jeweilige (mittlere) Tonhöhe, die individuell verschieden ist. Sie dient sprachabhängig den Wort-, Wortgruppen- und Satzakzenten sowie dem Rhythmus und fungiert als Grenzsignal bei der Strukturierung von Teiläußerungen sowie beim Ende einer lautsprachlichen Äußerung. Die Sprechmelodie ist ein Charakteristikum einer emotionalen Ausdrucksweise (vgl. Hirschfeld/Neuber 2010, 11; Glück 2010, 305.).
2. Lautheit bildet sich durch gesteigerten Atemdruck und „wirkt sich auf aufeinanderfolgende Laute aus." (Hirschfeld/Neuber 2010, 11). Sie ist für die Markierung der Wort-, Wortgruppen- und Satzakzente entscheidend und ist ebenfalls eine Eigenschaft für eine emotionale Sprechweise (vgl. Hirschfeld/Neuber 2010, 11).
3. Dauer (Vokalquantität) gilt im Deutschen als distinktives Merkmal der Vokale, wie z. B. in *Staat – Stadt.* Sie fungiert ebenfalls als wortübergreifendes Mittel zur Akzentuierung in Wort und Wortgruppen sowie zur Hervorhebung eines Wortes in einer lautsprachlichen Äußerung. Das Merkmal Dauer signalisiert eine emotionale Ausdrucksweise (vgl. Hirschfeld/Neuber 2010, 11; Krech et al. 2009, 36 f.).
4. Sprechtempo resultiert aus gesteigerten Artikulationsbewegungen. Infolge zunehmenden Sprechtempos können in lautsprachlichen Äußerungen Elisionen und Assimilationen auftreten. Es gilt auch als ein Charakteristikum emotionaler Sprechweise (vgl. Hirschfeld/Neuber 2010, 11).
5. Sprechspannung wird durch die Spannung im Kehlkopf und aktiven Artikulatoren sowie durch gesteigerten Atemdruck gebildet. Sie ist in allen prosodischen Eigenschaften und bei der Entstehung aufeinanderfolgender Laute vorhanden. Die Sprechspannung ist ein charakteristisches Merkmal einer emotionalen Ausdrucksweise (vgl. ebd.; Krech et al. 2009, 100 f.).
6. Pausen sind ein wesentliches prosodisches Merkmal, welches der Abgrenzung rhythmisch-melodischer Gestalten dient und zur Gliederung und

Strukturierung einer lautsprachlichen Äußerung genutzt wird. Pausen können durch Füllwörter wie z. B. *äh, hm, ehm, mh* oder Atmung oder Gestik/Mimik gefüllt sein. Sie sind i. d. R. mit Modifikationen anderer prosodischer Eigenschaften verbunden und werden „emotionsspezifisch" realisiert (vgl. Hirschfeld/Neuber 2010, 11; Hirschfeld 2010a, 242; Meinhold/Stock 1980, 235).

7. Stimmqualität (Stimmausdruck) wird laut Glück (2010, 673 f.), Neuber (2002, 51), Hirschfeld/Neuber (2010, 13) und Fiedler (2012, 85) den lautsprachlichen Eigenschaften der Prosodie zugeordnet. Sie bringt emotionale und modale Befindlichkeiten zum Ausdruck und ist damit ein individualspezifisches Merkmal der Sprechweise, wie z. B. eine behauchte bzw. knarrende Stimme, welches dem Rezipienten unterschiedliche Persönlichkeitsmerkmale (vermutetes Alter, psychophysischer Zustand, Sicherheit u. v. m.) signalisiert.

Die Realisierung dieser prosodischen Merkmale ist von ihrer kontext- und situationsangemessenen Verwendung abhängig sowie mit der Absicht der gesprochenen Äußerung verbunden. Beispielsweise werden sie zwischen dem frei produzierten und dem reproduzierten Sprechen unterschiedlich realisiert und dabei kontextgebunden variiert. In der mündlichen Kommunikation werden prosodische Eigenschaften kombiniert und modifiziert, wobei eine oder auch mehrere hervorgehoben werden können. Dies zeigt sich in erster Linie bei der Realisierung der Akzentuierung und Rhythmisierung (vgl. Hirschfeld/Neuber 2010, 12):

a) Akzentuierung

Unter dem Wortakzent ist die Hervorhebung eines Vokals oder einer Silbe im Wort zu verstehen, welche sich durch gesteigerte Lautheit und Sprechspannung, durch verlangsamte Sprechgeschwindigkeit und durch Veränderung der Melodieführung äußert. Dies bezieht sich auch auf die Wortgruppen-(Akzentgruppen-) Ebene (vgl. ebd.; Meinhold/Stock 1980, 228; Stock 1996, 38 f.; Glück 2010, 25 f.; Hirschfeld 2010a, 6).

b) Gliederung

Zur Abgrenzung von zwei (Teil-)Äußerungen können neben der Pause weitere prosodische Elemente dienen, wie z. B. Geschwindigkeits-, Melodie-,

Spannungs-, Lautstärkebrüche. Das Ende einer gesprochenen Äußerung kann ebenfalls u. a. durch verlangsamte Sprechgeschwindigkeit, Lautheit und anschließende Pause sowie geringere Spannung signalisiert werden (vgl. Hirschfeld/Neuber 2010, 12; Stock 1996, 68 f.).

c) Rhythmisierung

Nach Hirschfeld/Neuber (2010, 12), Bußmann (2008, 559), Neuber (2002, 51) und Stock/Veličkova (2002, 14 f.) wird der Sprechrhythmus den lautsprachlichen Eigenschaften der Prosodie zugeordnet. Stock (1996, 69) beschreibt den Sprechrhythmus des Deutschen aufgrund des großen Unterschieds zwischen hervorgehobenen und nichthervorgehobenen Silben als Staccatorhythmus. Zum Rhythmus werden folgende Elemente gezählt (vgl. Hirschfeld/Neuber 2010, 12):

- die Unterteilung der gesprochenen Äußerungen in rhythmische Gruppen,
- die Positionierung der Wort-, Wortgruppen- und Satzakzente,
- die phonetische Akzentrealisierung,
- die zeitlich-dynamische Gliederung des Gesprochenen.

In der mündlichen Kommunikation erfüllt die Prosodie folgende Hauptleistungen (ebd. 12 f.; Stock 1996, 21 f.):

- Hervorhebung einzelner Silben in mehrsilbigen Wörtern,
- Hervorhebung von Wörtern mit bedeutendem Inhalt vor weniger bedeutenden,
- Gliederung der gesprochenen Wortfolge und Zerlegung längerer Äußerungen in inhaltlich zusammenhängende Gruppen,
- Identifizierung und Differenzierung des Gesprochenen in abgeschlossene und nichtabgeschlossene Sprachäußerungen,
- Zuordnung und Charakterisierung einer lautsprachlichen Äußerung als Aussage, Frage oder Aufforderung,
- Unterscheidung gesprochener Äußerung als rational oder emotional,
- Signalisierung der Haltung gegenüber den Rezipienten, z. B. Herzlichkeit und Kontaktinteresse oder Distanzierung und sachliche Zurückhaltung,
- Markierung von Textabschnitten zur Erkennung des Textaufbaus,
- Signalisierung und Verdeutlichung der Gesprächsstelle des Sprecherwechsels.

Neben diesen Leistungen verfügt die Prosodie über kommunikative, strukturierende, gesprächsorganisierende, expressive, affektive und phonologische Funktionen. Bei der phonologischen Funktion handelt es sich in erster Linie um Bedeutungsdifferenzierung, welche durch die Akzentuierung, Gliederung/Pausierung, Melodisierung und Ausdrucksweise verdeutlicht wird (vgl. Hirschfeld/Neuber 2010, 13):

Beispiele für die Melodisierung:
- *Sie warten noch.* (terminale Melodie)
- *Sie warten noch?* (interrogative Melodie)
- *Sie warten noch!* (progrediente Melodie)

Beispiele für Gliederung/Pausierung:
- *Paula will Paul nicht?*
- *Paula will, Paul nicht?*
- *Paula will Paul, nicht?*
- *Paula, will Paul nicht?*

Beispiele für Hervorhebung:
- *umfahren – umfahren.*
- *Heute so, morgen so.*
- *Heute so, morgen so.*

Beispiele für Sprechweise insgesamt (ebd., 13):
- *Auto kaputt?*
- *Das hast du sehr gut gemacht!*

Die Prosodie ist klangprägendes Merkmal einer Sprache und gilt als maßgebliche Verstehensvoraussetzung. Ihre Merkmale können große Auswirkungen auf die Realisierung der Segmente haben und damit deren Eigenschaften teilweise stark modifizieren. Die Verwendung prosodischer Merkmale ist sprach- sowie text- und situationsabhängig, ihre Realisierung bewegt sich innerhalb bestimmter Regelbereiche und Erwartungsnormen. Abweichungen davon verursachen größere Verständigungsprobleme als eine fehlerhafte Realisierung eines Segments (vgl. Hirschfeld/Neuber 2010, 12; Lex 2010, 327). Die Bedeutung der prosodischen Mittel ist nicht nur für die gesprochene Äußerung relevant, sondern auch für die geschriebene Sprache. Dafür steht folgendes Beispiel (vgl. Hirschfeld/Stock 2011, 39 f.):

ohne suprasegmentale Mittel
derarthatmichmeinlandverheertdaßselbstderscharfäugigstespitz eldieganzeseele-dielängediequerkeineinzigmuttermalmehrfindet

mit suprasegmentalen Mitteln
Derart hat mich mein Land verheert,
Daß selbst der scharfäugigste Spitzel
Die ganze Seele, die Länge, die Quer,
Kein einzig Muttermal mehr findet. (nach Marina Zwetajewa 1934)

Dieses Beispiel verdeutlicht sowohl bei gesprochener als auch bei geschriebener Sprache die funktionale Bedeutung der Strukturierung prosodischer Merkmale (vgl. Hirschfeld/Stock 2011, 39 f.). Ein suprasegmentales Merkmal ist in der Regel nur vorhanden, wenn mindestens eine der folgenden Bedingungen erfüllt ist:

- „Die Ausdehnung der Erscheinung übergreift mindestens zwei Segmente.
- Ein Segment ist gegenüber den Umgebungssegmenten (hörbar) hervorgehoben.
- Ein (oder mehrere) Segmente erfüllen oder konterkarieren einen internalisierten prosodischen Erwartungswert." (Neuber 2002, 52).

Im Arabischen ist der Terminus Suprasegmentalia noch nicht gründlich untersucht und beschrieben worden. Der entsprechende Begriff für Suprasegmentalia ist im Arabischen das Wort [tangim] تنغيم, welches so viel wie Ton, Tonfall, Klang, Klangfarbe bedeutet. Demnach steht es für die kontext- und situationsbedingte Variation der Sprechweise und wird als komplexes Phänomen betrachtet (vgl. Abu Hatab 2004, 104 f.).

4.1.4 Segmentalia

Der Terminus Segmentalia bezieht sich auf die Segmente (Vokale und Konsonanten), welche sich durch phonetische und phonologische Kriterien voneinander unterscheiden lassen. Phonetisch werden die Segmente nach ihren artikulatorischen, auditiven bzw. akustischen Eigenschaften analysiert und beschrieben. Für Vokale ist charakteristisch, dass sie durch ungehinderten Luftstrom aus der Lunge herausgebildet werden, während Konsonanten durch eine Enge im Phonationskanal zwischen den Stimmbändern und den Lippen entstehen. Dementsprechend ergibt sich auch ein unterschiedlicher Eindruck beim Hören, der auf der jeweiligen physikalischen Struktur der gebildeten Segmente beruht. Phonologisch betrachtet sind Vokale Segmente, welche den Silbenkern ausbauen, während Konsonanten i. d. R. auf den Silbenkopf bzw. -koda begrenzt und nichtsilbig sind (vgl. Hakkarainen 1995, 22; Lewandowski 1994, 932; Hirschfeld/ Stock 2011, 35).

Das Deutsche ist im Vergleich zum Arabischen durch ein größeres Vokal- und ein relativ kleines Konsonanteninventar gekennzeichnet. Das Arabische hingegen hat eine hohe Anzahl von Konsonanten und relativ wenige Vokale. Die Zahl von sechsundzwanzig Konsonanten bei nur sechs Vokalphonemen im Arabischen zeigt, dass der Informationsgehalt der Konsonanten bei weitem größer ist als der der Vokale. Das heißt, dass die bedeutungsdifferenzierende Funktion im Arabischen vor allem von den Konsonanten getragen wird (vgl. Kästner 1981, 33).

4.2 Vokalsysteme

4.2.1 Distinktive Merkmale

An erster Stelle sollen die distinktiven Merkmale der Vokalsysteme des Arabischen und des Deutschen genannt und anschließend näher untersucht werden. Unter den distinktiven Merkmalen sind Eigenschaften zu verstehen, durch die Phoneme voneinander differenziert werden. Sie dienen zur Beschreibung jedes einzelnen Phonems und zur Herausbildung „phonologisch relevanter Oppositionen“ (Ternes 2012, 231 f.; vgl. Meinhold/Stock 1980, 30). Féry (2004, 77) beschreibt die distinktiven Merkmale als kleinste phonologische bedeutungsdifferenzierende Einheiten. Je mehr distinktive phonologische Merkmale das Lautsystem der einen Sprache besitzt, die das System der anderen Sprache nicht kennt, umso größere Schwierigkeiten ergeben sich für Lernende (vgl. Hakkarainen 1995, 117). Das deutsche Vokalsystem kennt fünf distinktive Merkmale, nämlich:

1) den Grad der Zungenhebung,
2) die Richtung der Zungenhebung,
3) die Lippentätigkeit,
4) die Quantität,
5) die Qualität.

Von diesen distinktiven Merkmalen kennt das Arabische nur die Richtung der Zungenhebung und die Quantität (vgl. Hirschfeld/Seddiki 2003, 6).

Zu 1) Nach der vertikalen Zungenhebung werden Vokale der hohen, mittelhohen und niedrigen Zungenlage unterschieden (vgl. Bendixen et al. 2006, 25; Krech et al. 2009, 24; Hirschfeld/Stock 2011, 38). Im Arabischen gibt es nur die vertikale Zungenhebung /a/ – /i/ bzw. /u/. Das bedeutet, dass der Grad der Zungenhebung hoch vs. flach irrelevant ist (vgl. Kästner 1981, 83). Im Vergleich zum Deutschen fehlt im Arabischen außer den Vorderzungenvokalen und den mittelhohen Vokalen ebenso die Position der mittleren Zungenhebung (vgl. Asali 2008, 70). Im Folgenden wird versucht, die Vokale der beiden Sprachen physiologisch möglichst genau anzugeben.

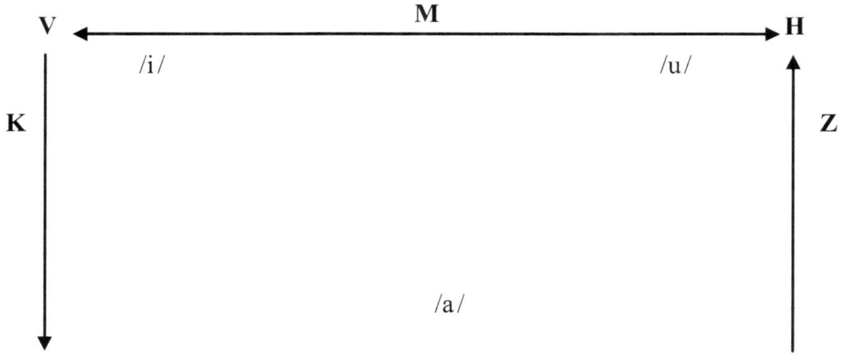

V = vorn, **K** = Kieferwinkel, **M** = Masseverlagerung der Zunge, **H** = hinten, **Z** = Zungenhebung

Abb. 4: Vokaldreieck des Arabischen von Kästner (1981, 83)

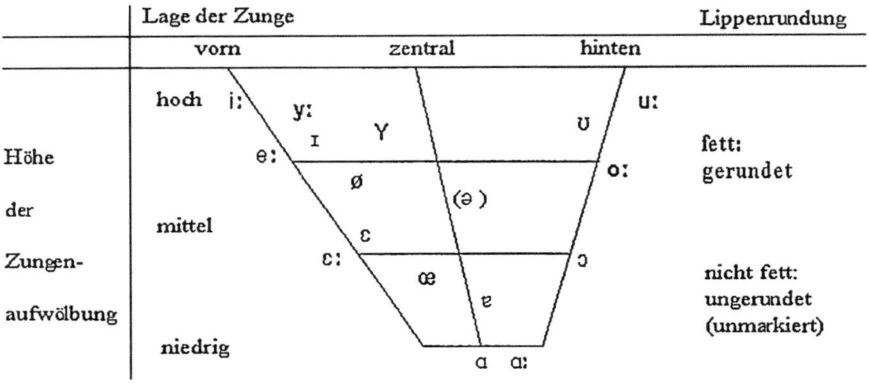

Abb. 5: Vokaldreieck des Deutschen von Altmann/Ziegenhain (2010, 38)

Zu 2) Nach der Richtung der Zungenhebung (horizontale Zungenstellung) teilen sich die Vokale der vorderen, mittleren und hinteren Reihe. Dies ist sowohl im Arabischen als auch im Deutschen relevant (vgl. Krech et al. 2009, 25; Hirschfeld/Seddiki 2003, 8; Hirschfeld/Stock 2011, 38).

Zu 3) Bezüglich der Lippentätigkeit werden die Vokale in „gerundete" und „ungerundete" Vokale unterteilt (vgl. Bendixen et al. 2006, 25). Im Arabischen existieren keine vorderen gerundeten Vokale, sondern nur gerundete hintere Vokale [ʊ u] (vgl. Ahmad 1996, 95/100). Im Deutschen kommen gerundete Vokale in Vorderzungen- und Hinterzungenvokalen vor. Die Vorderzungenvokale werden nach gerundeten (labialen) wie /ʏ œ/ und ungerundeten (nichtlabialen) wie /ɪ ɛ/ kategorisiert und durch zusätzlich kräftige Lippenrundung und -vorstülpung charakterisiert, während die Hinterzungenvokale wie /ʊ ɔ/ auch mit Lippenstülpung gebildet werden, die bei der Artikulation der Hinterzungenvokale nicht lautdifferenzierend wirkt (vgl. Krech et al. 2009, 25; Altmann/Ziegenhain 2010, 39; Hirschfeld/Stock 2011, 38).

Zu 4) Geht man beim arabisch-deutschen Vergleich des Vokalismus von dem Quantitätsmerkmal aus, so divergiert dieses in beiden Sprachen beträchtlich. Für die Veränderung der Vokalquantität spielt im Arabischen der Unterschied zwischen geschlossener und offener Silbe eine entscheidende

Rolle (vgl. Asitida 2002, 255–260): Lange Vokale in offener oder potenziell offener Silbe werden gekürzt. Kurze Vokale in geschlossener Silbe werden gedehnt. Beispielsweise wird der Vokal [u] in einer geschlossenen Silbe wie im Wort يدوم [jadu:m] *dauern* lang gesprochen. Wird die geschlossene Silbe durch die Vokalisierung am Silben- und Wortende offen, wird der Vokal [u] wie im Wort مُديدو [jadumu] *dauerhaft* gekürzt. Darüber hinaus kann die regressive Assimilation im Arabischen auf die Vokalquantität einen starken Einfluss ausüben: Lang ist der Vokal, wenn ihm ein stimmhafter Konsonant folgt. Kurz ist der Vokal, wenn nach ihm ein stimmloser Konsonant steht. Als Beispiel für den Einfluss der Stimmhaftigkeit bzw. Stimmlosigkeit auf die Vokalquantität soll der Kurzvokal [a] *arab.* [fatḥa] in den Wörtern سَليم [sa:li:m] *gesund* und سَقيم [saqi:m] *krank* dienen. Im Wort سَليم [sa:li:m] wird aufgrund der Stimmhaftigkeit der Kurzvokal [a] lang gesprochen, während der Vokal [a] im Wort سَقيم [saqi:m] infolge der Stimmlosigkeit kurz wiedergegeben wird. Weiterhin wird ein arabischer Vokal lang gesprochen, wenn ihm eine Gemination *arab.* [ʃadda] ohne Vokalisierung folgt, z. B. شادّ [ʃa:dd] *spannen* und مادّ [ma:dd] *hinlegen* (vgl. ebd.). Im Arabischen unterscheiden sich die Langvokale neben ihrer relativ längeren Dauer durch die Intensität und eine stärkere artikulatorische Ausprägung (Sprechspannung) von den Kurzvokalen. Zudem tendieren die Langvokale bei der „normalen" Sprechweise im absoluten Silben- bzw. Wortauslaut zur „Reduktion, ohne ihre geschlossene Qualität einzubüßen" (Kästner 1981, 83 f./89; vgl. auch Harrer 1993, 84 f./91). Im Arabischen wird ein Langvokal aus einem Kurzvokal und Kurzkonsonanten gebildet, welche artikulatorisch verwandt sind. Kästner resümiert folgendermaßen:

> „Die so entstehenden Verbindungen von artikulatorisch verwandtem Kurzvokal und Kurzkonsonanten tendieren in einer bestimmten phonetischen Umgebung dazu, in Langvokale überzugehen. So kann i + j oder i + ʔ = i + i = [i:], u + w oder u + ʔ = u + u = [u:], a + ʔ = a + a = [a:] werden. Der Übergang des konsonantischen Segments in ein vokalisches und der dadurch entstehende Langvokal ergibt sich dann infolge Assimilation. Ein Langvokal kann bei Nullrealisierung eines Kurzkonsonanten auch unmittelbar aus zwei Kurzvokalen entstehen, z. B. [ʕaada] → *[ʕawada]. Das zweite Kurzvokalsegment ist dabei ebenfalls als Realisierung des dem ersten Kurzvokalsegment artikulatorisch verwandten Kurzkonsonanten anzusehen." (Kästner 1981, 92 f.).

•	بقيتُ	[baqijtu] → [baqiːtu]	*ich blieb*
•	يوجد	[juwʒad] →[juːʒad]	*es gibt*
•	تاريخ	[taʔriːx] → [taːriːx]	*Geschichte, Datum*

Diese Interpretation ermöglicht, die später noch zu behandelnde Silbenstruktur des Arabischen angemessen zu beschreiben (vgl. 4.6.3). Im Deutschen werden die phonologisch kurzen Vokale phonetisch kurz und offen realisiert, während die phonologisch langen Vokale phonetisch lang und geschlossen artikuliert werden. Ein offener Vokal kann in der Regel gleichzeitig kurz/ungespannt und ein geschlossener lang/gespannt sein (vgl. Ramers/Vater 1995, 98; Hirschfeld/Stock 2011, 38; Ternes 2012, 94). Phonologisch betrachtet sind die Kurzvokale in der Quantität nicht veränderbar und werden an die nachfolgenden Konsonanten fest angeschlossen, gegensätzlich dazu ist die Quantität der Langvokale variabel, das heißt, sie sind „dehnbar und kürzbar" und besitzen einen losen oder festen Anschluss an die nachfolgenden Konsonanten (vgl. Krech et al. 2009, 26). Folgende Wortpaare sollen die im Deutschen herrschende Regularität „lang = gespannt/geschlossen", „kurz = ungespannt/offen" verdeutlichen (vgl. Ramers/Vater 1995, 98):

•	bieten	–	bitten	/iː/	–	/ɪ/
•	Hüte	–	Hütte	/yː/	–	/ʏ/
•	stählen	–	stellen	/ɛː/	–	/ɛ/
•	Höhle	–	Hölle	/øː/	–	/œ/
•	spuken	–	spucken	/uː/	–	/ʊ/
•	Schoten	–	Schotten	/oː/	–	/ɔ/
•	Stahl	–	Stall	/aː/	–	/a/

Von den aufgeführten Beispielen stellt das [ɛː] eine Ausnahme dar, da es „gleichzeitig lang, ungespannt und offen ist." (Ternes 2012, 92). Phonologisch gesehen ist bei der Distinktion [ɛː] – [ɛ] die Vokalquantität entscheidend. Für die Differenzierung von [a] – [aː], für welche die Dimension offenergeschlossener hier ungültig ist, ist die phonologische Quantität relevant, da die qualitative Differenzierung kaum wahrnehmbar ist. Jede Art der a-Varianten (vorderes „helles" [a], mittleres [ᴀ] und hinteres „dunkles" [aː]) ist maximal offen und flach, das heißt, dass keine geschlossenere und offenere a-Variante vorhanden ist (vgl. Ternes 2012, 92 ff.; Meinhold/Stock 1980, 89; Hirschfeld/Stock 2011, 36 f.). Laut Ternes (2012, 92) wird „die mittlere a-Qualität realisiert, ein Wert also, der ziemlich genau in der Mitte zwischen vorderem [a] und hinterem [a:] liegt. […] Für [die Transkription der] mittleren a-Qualität wurde […] [ᴀ] vorgeschlagen."

Zu 5) Problematisch erscheint nach der vorliegenden Literatur die Behandlung der vokalischen Qualitätsopposition im Arabischen. Lerchner (1971, 166) ist der Auffassung, dass „sich die Langvokale nicht nur in der aktuellen Zeitdauer, sondern vor allem auch in der Qualität von den kurzen Entsprechungen unterscheiden." Abu Hatab bemerkt, dass die jeweiligen langen Vokale in der Quantität klar definiert, in der Qualität aber nicht genau festzulegen sind:

> „Der Kommunikationseffekt ist trotzdem gewährleistet. Der Unterschied zwischen den Lauten *e* und *i* bzw. *o* und *u* ist im Gegensatz zum Deutschen irrelevant. Ob der jeweilige Laut hell, dunkel oder getrübt ist, hängt ausschließlich von der phonetischen Distribution ab, ist also positionsbedingt. Dieser qualitative Unterschied der Lautung wird von einem sprachimmanenten Komplex phonetischer Regeln gesteuert. Diese lautlichen Erscheinungen sind dem Muttersprachler zumeist unbewusst." (Abu Hatab 1976, 167).

Kästner (1981, 84 f.) stellt die Kurzvokale als offenere und die Langvokale als geschlossenere Vokale dar, aber er beschreibt „die Unterschiede in der Qualität als geringfügig und ohnehin sekundär" (ebd., 89). Er führt aus, dass es eine geringere Differenzierung im arabischen Vokalsystem gibt, indem „jedes Vokalphonem gleichsam für ein ganzes Artikulationsgebiet steht, einen weiteren Spielraum für phonetische Realisierungsvarianten" bietet (ebd., 83). Denz (1982, 59) geht davon aus, dass die Vokalqualität und -quantität im Arabischen irrelevant sind und begründet dies damit, dass weder die Qualität noch die Quantität die Bedeutung eines Wortes differenzieren können. „Ihre Funktion erschöpft sich [nur] im Dienste der Formenbildung, d. h. der Bildung grammatischer Kategorien." (ebd.). Fathi (1992, 23 f.) vertritt die Meinung, dass die Vokalqualität nicht nur von der Umgebung der Konsonanten, sondern auch vom Akzent bestimmt wird. Harrer

(1993, 84) ist der Ansicht, dass die Vokalqualität des Arabischen von drei Faktoren abhängig ist, diese sind:

- die Sprachentwicklungen in den arabischen Dialekten in Bezug auf die Vokalphoneme,
- die unmittelbare lautliche, insbesondere konsonantische Umgebung und
- die phonetische Erscheinung *arab.* [imɑ:lɑ] die „Neigung", die [a:] betrifft, die nicht nur zu einer Klangfarbenveränderung, wie etwa vom [a:] zum [i:], sondern auch zu zahlreichen Modifikationen im Phonemsystem des betroffenen Dialekts führt (ebd. 85).

Laut Hirschfeld/Seddiki (2003, 6) ist die Vokalqualität im Arabischen irrelevant, da die Vokalphoneme je nach Umgebung der emphatischen Konsonanten unterschiedlich realisiert werden. Beispielsweise wird das /a/ in der lautlichen Umgebung von emphatischen als [ae] und von nichtemphatischen Konsonanten als [a] artikuliert. Nach der Qualität werden im Deutschen zum einen offene bzw. ungespannte Vokale und zum anderen geschlossene bzw. gespannte (mit Ausnahme von /aː/ und /ɛː/) unterschieden. Die geschlossenen Vokalphoneme und die offenen Vokalphoneme werden vor allem nach dem Spannungsgrad in der Artikulationsmuskulatur klassifiziert. Eine solche Klassifizierung der Vokale ist für das Deutsche relevant. Aufgrund dieses Befundes wird auch in der vorliegenden Arbeit das Qualitätsmerkmal für das Arabische als irrelevant betrachtet, denn in der Struktur des arabischen Vokalsystems ist der Parallelismus von offenen-ungespannten Vokalen (Kurzvokalen) und geschlossenen-gespannten Vokalen (Langvokalen) nicht geläufig (vgl. Asali 2008, 70; Ternes 2012, 92 f.; Lerchner 1971, 167). Des Weiteren wird die Vokalqualität durch die Lautumgebung emphatischer Konsonanten bestimmt (vgl. Fathi 1992, 23; Harrer 1993, 84).

4.2.2 Phoneminventare und Hauptallophone

Im folgenden Abschnitt sollen die Vokalphoneme und deren allophone Varianten im Arabischen und Deutschen näher erläutert werden. Zunächst werden die Vokalphoneme beider Sprachen beschrieben. Im Anschluss daran werden die Allophone des Arabischen und Deutschen tabellarisch nach ihren Artikulationsmerkmalen aufgelistet, mit Beispielen veranschaulicht und einzelne Eigenschaften ausgeführt. In der Literatur sind die Angaben zum arabischen Vokalinventar sehr unterschiedlich:

Nach Kästner (1981, 33) umfasst das vokalische Phoneminventar des Arabischen drei Vokalphoneme. Ähnlich wie Hirschfeld/Seddiki (2003, 6) und Harrer (1993, 86) untersucht Asali (2008, 70) in ihrer Dissertation das Vokalinventar des Arabischen. Dabei geht sie davon aus, dass im Arabischen aufgrund der distinktiven Quantität sechs Vokalphoneme unterschieden werden. Anders als Kästner (1981), aber ähnlich wie Asali (2008) äußern sich Abu Hatab (2004, 64 f.), Ahmad (1996, 98 ff.) und Ramadan (1992, 80): Im Arabischen existieren demnach drei Kurz- und drei Langvokale. Ausgehend von seinen praktischen Erfahrungen im Deutschunterricht mit irakischen Studenten kommt Lerchner (1971, 166) andererseits zu der Erkenntnis, dass das Arabische über vierzehn Monophthonge verfügt (vgl. auch Dieling 1992, 69). Mit der Mehrheit der oben genannten Auffassungen geht diese Arbeit von einem Vokalinventar – aufgrund der distinktiven Quantität – mit drei Lang- und drei Kurzvokalen im Arabischen aus. Lerchner (1971, 166) spricht zwar von 14 Monophthongen, doch scheint diese Auffassung nicht sinnvoll, da es sowohl im Irakisch-Arabischen als auch im modernen Hocharabischen nur drei Vokale nach Vokalqualität /i a u/ und sechs Vokale nach Vokalquantität /iː i aː a uː u/ gibt, wie in der nachfolgenden Tabelle gezeigt wird.

Tab. 3: Vokalphoneme des Arabischen nach ihren distinktiven Merkmalen (vgl. Seddiki 2009, 126; Hirschfeld/Seddiki 2003, 6; Ahmad 1996, 95/100)

		vorn		**Mitte**	**hinten**
		nichtlabial	labial		
hoch	gespannt	iː			uː
	ungespannt	i			u
mittelhoch					
flach				a aː	

Im Deutschen verfügt der Vokalismus über sechzehn Vokalphoneme, die nachfolgend nach ihren distinktiven Merkmalen verdeutlicht werden (vgl. Meinhold/Stock 1980, 80 ff.; Hirschfeld/Stock 2011, 36; Hall 2011, 68):

Tab. 4: Vokalphoneme des Deutschen nach ihren distinktiven Merkmalen (Krech et al. 2009, 24)

		vorn		**Mitte**		**hinten**
		nichtlabial	labial			
hoch	gespannt	iː	yː			uː
	ungespannt	ɪ	ʏ			ʊ
mittelhoch	gespannt	eː	øː			oː
	ungespannt	ɛ ɛː	œ	ə		ɔ
flach				a	aː	

Vergleichen wir den kontrastierenden Vokalbestand des Deutschen und des Arabischen, ergibt sich folgende Zusammenstellung:

Tab. 5: Kontrastierender Vokalbestand des Deutschen und des Arabischen (eigene Darstellung)

nur Deutsch	**gemeinsame Vokale**	**nur Arabisch**
ɪ eː ɛː ɛ yː ʏ øː œ ə oː ɔ	a aː i iː u uː	Es gibt im Arabischen keinen Vokal, der nicht im Deutschen vorkommt

Die Tabelle verdeutlicht, dass beide Sprachen bezüglich der Vokalinventare große Unterschiede aufweisen. Die relativ hohe Anzahl der sechzehn Vokalphoneme des Deutschen resultiert aus dem Vorhandensein gespannter, langer Vokale wie in ***ihr*** [iː] oder ***Uhr*** [uː] zum einen und ungespannter, kurzer Vokale wie in ***Bitte*** [ɪ] oder ***Butter*** [ʊ] zum anderen (vgl. Bendixen et al. 2006, 26). Des Weiteren kommen die kurzen und gespannten Vokale [i u] wie in *Dialog* und ***Musik*** nur in nicht akzentuierten Silben eingedeutschter Wörter vor (vgl. Krech et al. 2009, 57/66). Aus phonologischer Perspektive verfügt das Arabische lediglich über sechs Vokalphoneme, welche jeweils einem Allophon entsprechen. Die arabischen Allophone sollen folglich nach ihrem Artikulationsmodus beschrieben und mit Beispielen vorgestellt werden:

Tab. 6: Die Vokalallophone des Arabischen nach ihren artikulatorischen Merkmalen (eigene Darstellung)

Allophone	Artikulationsmerkmale	Beispiele (Arab./Dt.)
[iː]	hoch / vorn / ungerundet / lang	سلمي [silmiː] *friedlich*
[i]	hoch / vorn / ungerundet / kurz	أتحاد [ittiˈħaːd] *Union*
[uː]	hoch / hinten / gerundet / lang	مسرور [masruːr] *erfreut*
[u]	hoch / hinten / gerundet / kurz	طرق [ʈuruq] *Wege*
[aː]	niedrig / zentral / lang	أحتفال [iħtiˈfaːl] *Feier*
[a]	niedrig / zentral / kurz	حرب [ħarb] *Krieg*

Im Vergleich dazu kann ein Phonem im Deutschen in verschiedenen Allophonen realisiert werden, die in der Tabelle (7) zusammengefasst und mit Beispielen aufgeführt sind:

Tab. 7: Die Vokalallophone des Deutschen nach ihren artikulatorischen Merkmalen (vgl. Krech et al. 2009, 3 f./56 -70; Féry 2004, 79; Hirschfeld 1981, 50; Hirschfeld/Stock 2011, 37; Ternes 2012, 94/96; Meinhold/Stock 1980, 82–86)

Allophone	Artikulationsmerkmale	Beispiele	
[iː]	hoch / vorn / ungerundet / lang / gespannt	*bieten*	[bˈiːtn̩]
[ɪ]	hoch / vorn / ungerundet / kurz / ungespannt	*bitte*	[bˈɪtə]
[i]	hoch / vorn / ungerundet / kurz / gespannt	*Brigade*	[bʁigˈaːdə]
[i̯]	hoch / vorn / ungerundet / kurz / ungespannt / unsilbisch	*Filiale*	[fili̯ˈaːlə]
[eː]	hoch / vorn / ungerundet / lang / gespannt	*stehlen*	[ʃteːln]
[e]	mittel / vorn / ungerundet / kurz / gespannt	*elegant*	[elegˈant]
[ɛː]	mittel / vorn / ungerundet / lang / ungespannt	*mähen*	[mˈ ɛːən]
[ɛ]	mittel / vorn / ungerundet / kurz / ungespannt	*Stelle*	[ʃtˈɛlə]
[aː]	niedrig / zentral / ungerundet / lang / gespannt	*rate*	[ʁˈaːtə]
[a]	niedrig / zentral / ungerundet / kurz / ungespannt	*Ratte*	[ʁˈatə]
[yː]	hoch / vorn / gerundet / lang / gespannt	*führen*	[fˈyːʁən]
[ʏ]	hoch / vorn / gerundet / kurz /ungespannt	*fünf*	[fʏnf]
[y]	hoch / vorn / gerundet / kurz / gespannt	*Büro*	[byʁˈoː]
[y̆]	hoch / vorn / gerundet / kurz / ungespannt / unsilbisch	*Libyen*	[lˈiːby̆ən]
[øː]	mittel / vorn / gerundet / lang /gespannt	*Höhle*	[hˈøːlə]
[œ]	mittel / vorn / gerundet / kurz / ungespannt	*Götter*	[gˈœtɐ]
[ø]	mittel / vorn / gerundet / kurz / gespannt	*Ödem*	[ødˈeːm]
[uː]	hoch / hinten / gerundet / lang /gespannt	*Bude*	[bˈuːdə]
[ʊ]	hoch / hinten / gerundet / kurz / ungespannt	*Bulle*	[bˈʊlə]

Allophone	Artikulationsmerkmale	Beispiele	
[u]	hoch / hinten / gerundet / kurz / ungespannt	*Musik*	[muz'i:k]
[u̯]	hoch / hinten /gerundet / kurz / ungespannt / unsilbisch	*Linguist*	[lɪŋgu̯'ɪst]
[o:]	mittel / hinten / gerundet / lang / gespannt	*Sohn*	[zo:n]
[ɔ]	mittel / hinten / gerundet / kurz / ungespannt	*sollen*	[zɔln]
[o]	mittel / hinten / gerundet / kurz / gespannt	*Phonetik*	[fon'e:tɪk]
[o̯]	mittel / hinten / gerundet / kurz / ungespannt / unsilbisch	*loyal*	[lo̯aj'a:l]

Außerdem gehören zum Vokalsystem des Deutschen das nur in unbetonter Silbe auftretende /ə/ und die vokalisierten Varianten des Konsonantenphonems [ɐ] und [ᵉ].

Tab. 8: Weitere Vokalallophone des Deutschen (eigene Darstellung)

[ə]	mittel / zentral / ungerundet / kurz / ungespannt / reduziert	*wartete*	[v'aʁtətə]
[ɐ]	hoch / hinten / ungerundet / kurz / ungespannt / reduziert	*Lehrer*	[l'e:rɐ]
[ᵉ]	hoch / hinten / ungerundet / kurz / ungespannt / reduziert	*Meer*	[me:ᵉ]

Aus den oben aufgeführten Tabellen lässt sich feststellen, dass den deutschen sechzehn Vokalphonemen achtundzwanzig Allophone entsprechen, von denen nur sechs Allophone im Arabischen vorhanden sind. Es ist zu erwarten, dass Araber Schwierigkeiten bei der Artikulation der zweiundzwanzig im Arabischen nicht vorhandenen Vokalallophone haben und sie durch andere ihnen nahe stehende Vokalallophone substituieren (vgl. Ahmed 1996, 104). Im fünften Kapitel sollen diese Ausspracheschwierigkeiten von Arabern, insbesondere bei irakischen Deutschlernenden, im Vokalsystem theoretisch vorausgesagt und aufgezeigt werden.

4.3 Konsonantensysteme

4.3.1 Distinktive Merkmale

Das deutsche Konsonantensystem ist im Vergleich zum arabischen weniger umfangreich. „Es fehlen neben der Quantitätsdistinktion die emphatischen, die interdentalen und die postvelaren Konsonanten.“ (Hirschfeld/Seddiki

2003, 7). Die Artikulationsstelle und die Artikulationsart sind in beiden Sprachen distinktiv, die Stimmhaftigkeit hat im Arabischen aber einen anderen Status (vgl. ebd., 7; auch s. u. Punkt 3). Die distinktiven Merkmale der Konsonantensysteme beider Sprachen werden anhand folgender Kriterien beschrieben:

1. Artikulationsstelle
2. Artikulationsart
3. Stimmbeteiligung bzw. Fortis-Lenis-Korrelation
4. Pressartikulation
5. Gemination bzw. Quantität

Zu 1) Artikulationsstelle
Unter der Artikulationsstelle eines Konsonanten ist die Stelle im Ansatzrohr zu verstehen, an der sich die Artikulationsorgane je nach Artikulationsart annähern, wodurch eine Enge oder ein Verschluss entsteht und überwunden wird (vgl. Glück 2010, 61; Bendixen et al. 2006, 83). Die Darstellungen von Hirschfeld/Seddiki (2003, 7 f.), Asali (2008, 67) und Ternes (2012, 170) belegen, dass die Konsonanten sowohl im Arabischen als auch im Deutschen an den gleichen Artikulationsstellen gebildet werden.

Zu 2) Artikulationsart
Unter der Artikulationsart (Artikulationsmodus) eines Konsonanten ist zu verstehen, wie der durch die Artikulationsstelle bedingte Schall- bzw. Luftstrom im Ansatzrohr modifiziert wird (vgl. Glück 2010, 59 f.; Bendixen et al. 2006, 85). Die Konsonanten beider Sprachen werden nach der Artikulationsart in Explosive, Frikative, Nasale und Liquide unterteilt (vgl. Hirschfeld/Seddiki 2003,7 f.; Meinhold/Stock 1980, 121).

Zu 3) Stimmbeteiligung
Für die Bildung stimmhafter und stimmloser Konsonanten ist die Mitwirkung der Stimmlippen entscheidend, die bei der Entstehung eines stimmhaften Konsonanten vibrieren und damit einen Primärklang bewirken, während sie sich bei der Bildung eines stimmlosen Konsonanten nicht bewegen (vgl. Bendixen et al. 2006, 87).

Im Arabischen wird die Stimmhaftigkeit durch die Lautumgebung bestimmt. Im absoluten Auslaut wird sie aufgehoben bzw. stark reduziert. Dabei entsteht jedoch keine Auslautverhärtung, da die Konsonanten im Silben- und Wortauslaut stimmhaft artikuliert werden, wie etwa das /b/ in باب [baːb̥] *Tür*, das /d/ in بارد [baːrid̥] *kalt*, das /z/ in زهر [zahr] *Blumen* und رز [ruzz] *Reis* (vgl. Harrer 1992, 35/53; Kästner 1981, 41 ff./61; Hirschfeld/Seddiki 2003, 7; El Nady 2006, 105). Die Stimmhaftigkeit erfüllt im Arabischen eine bedeutungsunterscheidende Funktion. Die Veränderung eines Konsonanten im Silben- und Wortauslaut führt zur Bedeutungsänderung des Wortes (vgl. Abu Hatab 1976, 167; Asali 2008, 67). Im Gegensatz dazu ist im Deutschen das primäre Unterscheidungsmerkmal die vorhandene oder fehlende ausgeprägte Sprechspannung bei Frikativen und Plosiven. Die Stimmhaftigkeit hängt wie im Arabischen von der Lautumgebung ab, erfüllt jedoch keine bedeutungsdifferenzierende Funktion. Hirschfeld/Stock (2011, 36) haben diesbezüglich festgestellt, dass die Fortiskonsonanten immer stimmlos realisiert werden, während die Leniskonsonanten nach Vokalen bzw. Diphthongen und stimmhaften Konsonanten stimmhaft artikuliert und nach stimmlosen Konsonanten oder einer Sprechpause stimmlos realisiert werden (vgl. auch Meinhold/Stock 1980, 123). Die arabischen Konsonanten werden hinsichtlich ihrer Stimmbeteiligung in stimmhaft und stimmlos untergliedert, während die deutschen Konsonanten bezüglich ihres Spannungsgrades in fortis (gespannt) und lenis (ungespannt) unterteilt werden (vgl. Meinhold/Stock 1980, 123; Hirschfeld/Stock 2011, 36; Hirschfeld/Seddiki 2003, 7; 2009, 127).

Zu 4) Pressartikulation

Die Pressartikulation ist eine phonetische Erscheinung, welche durch ein „rachige[s] und dumpfe[s] Geräusch bzw. Klanggeräusch" gekennzeichnet ist (Kästner 1981, 34). Diese Erscheinung ist im Deutschen nicht vorhanden, im Arabischen hingegen ist sie stark ausgeprägt. Die arabischen Konsonanten werden nach dieser Erscheinung in emphatische und nichtemphatische Konsonanten eingeteilt (vgl. Harrer 1993, 28). Damit ist die Pressartikulation ein bedeutendes Differenzierungsmerkmal der zu vergleichenden Konsonantensysteme. Emphatisch „bedeutet, dass eine zusätzliche Velarisierung und Pharyngalisierung auftritt." (Seddiki 2009, 129). Die emphatischen Konsonanten

/ð ħ q ṣ ṭ ð̣ ʕ x ɣ/ verursachen eine kehlige Aussprache des Arabischen. Sie werden durch „die Kontraktion der am Zungenbein ansetzenden Muskulatur des Kehlkopfes, des Pharynx und der Zunge“ gebildet. Die „Zurückziehung der Zungenmasse gegen die hintere Pharynxwand bei gleichzeitiger lateraler Kontraktion des Pharynx“ ist das besondere Merkmal der Pressartikulation (Kästner 1981, 34; vgl. auch Harrer 1993, 28). Laut Hirschfeld/Seddiki (2003, 7) entsteht die Pressartikulation, indem „die dentalen Konsonanten zusätzlich velarisiert und pharyngalisiert (‚gepresst‘) werden.“ Kästner (1981, 34) verdeutlicht, dass sich die emphatischen Konsonanten „durch eine relative Verengung des hinteren Resonanzraums (Pharynx und Larynx) und eine Erweiterung des oralen Resonanzraums“ von den nichtempathischen unterscheiden. Er betont, dass bei den emphatischen Konsonanten die Hindernisbildung großflächiger ist als bei den nichtemphatischen. Dadurch haben die arabischen Konsonanten große Ähnlichkeiten mit der Palatalisierung der russischen Konsonanten sowie der Pharyngalisierung bzw. der pharyngalen Nebenartikulation der englischen Konsonanten (vgl. ebd. 34 f.; Harrer 1993, 28). Fathi (1991, 49) kommt bei seiner Untersuchung der emphatischen Konsonanten zu dem Schluss, dass diese über zusätzliche Artikulationsmerkmale verfügen, „nämlich dass bei ihnen der gesamte Sprechapparat leicht angespannt und der hintere Teil der Zunge zum weichen Gaumen angehoben wird, mit einer Verengung des pharyngalen Trakts.“ Die emphatischen Konsonanten beeinflussen die Vokalqualität dahingehend, dass einem emphatischen Konsonanten immer offene Vokale folgen, während nach nichtemphatischem Konsonanten vorwiegend geschlossene Vokale vorkommen (Fathi 1991, 50). Die emphatischen Konsonanten werden nach dem räumlichen Abstand zwischen pharyngaler Engebildung und Hauptartikulationsstelle klassifiziert. Somit entstehen zwei Gruppen emphatischer Konsonanten:

1. „Die [emphatischen] Konsonanten mit unmittelbarer Nähe der primären Artikulationsstelle im laryngalen oder uvularen Artikulationsgebiet und demzufolge mit tiefer oder hoher pharyngaler Engebildung.
2. Die [emphatischen] Konsonanten mit einem beträchtlichen Abstand zwischen primärer Artikulationsstelle im alveolaren Artikulationsgebiet und hoher pharyngaler Engebildung.“ (Kästner 1981, 34).

Zu 5) Die Gemination bzw. Quantität

Eine auffallende Erscheinung im Arabischen ist die „Gemination“ von Konsonanten, bei der es sich nicht nur um eine phonologische oder auf die Schrift bezogene Erscheinung, sondern auch um ein phonetisches Phänomen handelt (vgl. Fathi 1995, 50 f.). Die Gemination erfüllt im arabischen Konsonantensystem eine bedeutungsdifferenzierende Funktion. Dies soll mit folgenden Beispielen verdeutlicht werden (vgl. Salman 1984, 71):

- حلق [ħalaqa] *rasieren* حلّق [ħallaqa] *überfliegen*
- رجع [raʤaʕa] *zurückkehren* رجّع [radʤaʕa] *zurückgeben*
- حدث [ħadaθa] *geschehen* حدّث [ħaddaθa] *erzählen*
- درس [darasa] *studieren* درّس [darrasa] *lehren*

Die Gemination wird in der arabischen Schrift nicht durch Konsonantenzeichenverdoppelung, sondern durch ein diakritisches Zeichen *arab.* [ʃadda] angezeigt (vgl. die obigen Beispiele und auch Kap. 4.5). Die Langkonsonanten sind in der Quantität variabel und stehen in Abhängigkeit von der Silbenposition. Im Vergleich zu ihren einfachen Äquivalenten können geminierte Konsonanten verdoppelt oder sogar verdreifacht ausgesprochen werden (vgl. Fathi 1991, 51). Kästner (1981, 37) und Harrer (1993, 103 f.) vertreten die Meinung, dass die Konsonantenquantität in Abhängigkeit vom Sprechtempo realisiert wird, z. B. مادّة [maːdda] *Stoff*, مدّة [mudda] *Zeitdauer*. In finaler Position werden arabische Konsonanten kürzer ausgesprochen als in initialer. Im Arabischen findet die Konsonantengemination innerhalb nichtzusammengesetzter Wörter statt, während im Deutschen die Konsonantengemination nur an Silben- bzw. Wortgrenzen vorhanden ist, z. B. *annehmen, auffallen, viel Lob*. In der phonetischen/phonologischen Umschrift dieser Arbeit ist die Dauer der arabischen Langkonsonanten wie bei Kästner (1981, 37), Harrer (1993, 103 f.) und in etlichen anderen Transkriptionssystemen gegenüber den Kurzkonsonanten durch die Gemination gekennzeichnet.

4.3.2 Phoneminventare und Hauptallophone

Die auffallendsten Differenzen zwischen dem Arabischen und dem Deutschen betreffen die Konsonantensysteme, welche sich nicht nur in Art und Zahl der

Phoneme, sondern auch durch phonologische Regeln unterscheiden (vgl. Kap. 4.3.1). Das Arabische besitzt ein sehr differenziertes Konsonantensystem, in dem die Konsonantenqualität und -quantität distinktiv ist. In den nachfolgenden Ausführungen wird die Konsonantenquantität aufgrund der hohen Konsonantenanzahl nicht dargelegt, da sie sich aufgrund der Gemination verdoppelt. Die große Anzahl an Konsonanten entsteht dadurch, dass lange und kurze sowie emphatische und nichtemphatische Konsonanten existieren. Das Konsonanteninventar des Arabischen ist mit sechsundzwanzig Konsonanten (ohne Approximanten), von denen fünfundzwanzig in eindeutiger Weise je einem Graphem entsprechen, reicher als das deutsche (vgl. Kästner 1981, 33; Ahmad 1995, 96; Asali 2008, 64; Seddiki et al. 2009, 126). Im Folgenden werden die Konsonantenphoneme des Arabischen nach ihren distinktiven Merkmalen ohne Angabe der Konsonantenquantität aufgezeigt:

Tab. 9: Konsonantenphoneme des Arabischen nach ihren distinktiven Merkmalen (Seddiki et al. 2009, 127)

		labial	**dental**	**dental *emphatisch***	**palatal**	**velar**	**uvul ar**	**pharyngal**	**glottal**
Plosive	**stimmlos**		t	tˠˤ		k	q		ʔ
	stimmhaft	b	d	dˠˤ	dʒ				
Frikative	**stimmlos**	f	θ s	sˠˤ	ʃ	x		ħ	h
	stimmhaft		ð z	zˠˤ		ɣ		ʕ	
Nasale		m	n						
Lateral			l						
Vibrant			r						
Approximanten		w			j				

Im Deutschen umfasst das Konsonanteninventar einundzwanzig konsonantische Phoneme, die im Folgenden nach ihren distinktiven Merkmalen tabelliert sind:

Tab. 10: Konsonantenphoneme des Deutschen nach ihren distinktiven Merkmalen (vgl. Krech et al 2009, 29)

		labial	**alveolar**	**präpalatal**	**palatal**	**velar**	**glottal**
Plosive	**fortis**	p	t			k	
	lenis	b	d			g	
Frikative	**fortis**	f	s	ʃ	ç	x	
	lenis	v	z	ʒ	ʝ	ʁ	h
Nasale		m	n			ŋ	
Lateral			l				

Trotz der Unterschiede haben die arabische und die deutsche Sprache viele wichtige Gemeinsamkeiten. Um diese Gemeinsamkeiten und Unterschiede zwischen beiden Sprachen im Bezug auf die Konsonantensysteme festzustellen, werden zunächst die Konsonanteninventare der beiden Sprachen verglichen:

Tab. 11: Der Konsonantenbestand des Arabischen und des Deutschen (vgl. Mahmood 2011, 24)

Phoneme	Arabisch	gemeinsame Phoneme	Deutsch
Konsonanten	θ ħ ð đ dʒ q ʔ ʕ ŧ ꞩ ð̶ ɣ	t k b d f ʃ s z x h m n l r	p g v ç ʒ ŋ ʁ ȷ

Die Gemeinsamkeiten der Phoneminventare bestehen darin, dass in beiden die Phoneme /t k b d f s ʃ z x h m n r l/ vorhanden sind. Das Konsonanteninventar des Arabischen umfasst „ohne Quantitätsdistinktion" sechsundzwanzig konsonantische Phoneme (vgl. Kap. 4.5). Das bedeutet, dass das arabische Konsonantensystem unter Einbeziehung der Gemination mit zweiundfünfzig Konsonanten reicher als das des Deutschen mit einundzwanzig Konsonanten ist. Dennoch ist die arabische Sprache nicht im Besitz der acht nachfolgenden deutschen Konsonanten /p g v ç ʒ ŋ ʁ ȷ/, welche arabischen Deutschlernenden oft phonetische Schwierigkeiten bereiten. So lässt sich vermuten, dass arabische Deutschlernende ihr Deutsch statt mit einundzwanzig nur mit vierzehn Konsonanten artikulieren und die zwölf „Spezialkonsonanten" teilweise nicht verwenden. Lerner versuchen, die dem Arabischen unbekannten Phoneme durch ihnen ähnliche Phoneme zu substituieren (Ahmed 1996, 100 ff.; El Nady 2006, 105). In den nächsten Tabellen sollen die konsonantischen Allophone der beiden Sprachen nach ihren artikulatorischen Merkmalen vorgestellt, mit Beispielen veranschaulicht und in ihren Eigenschaften benannt werden. In einigen arabischen Beispielwörtern wird das Akzentzeichen nicht gesetzt, da es in den arabischen Wörterbüchern meistens nicht angegeben wird.

Tab. 12: Die Konsonantenallophone des Arabischen nach ihren artikulatorischen Merkmalen ohne Quantitätsdistinktion (vgl. Lerchner 1971, 161 f.; Kästner 1981, 39–79; Ahmad 1996, 96 f.; Harrer 1993, 29–75; Asali 2008, 55 f.; Seddiki et al. 2009, 127)

Allophone	**Artikulationsmerkmale**	**Beispiele (Arab.)**		
[ʔ]	nicht emphatisch / stimmhaft / lenis / glottal / plosiv	أخذ	[ʔ'axaða]	*nehmen*
[b]	nicht empathisch / stimmhaft / lenis / labial / plosiv	كتاب	[k'ita:b]	*Buch*
[t]	nicht empathisch /stimmlos / fortis / dental / plosiv	تمر	[t'amr]	*Datteln*
[θ]	nicht emphatisch / stimmlos / fortis / interdental / frikativ	حديث	[ħ'adi:θ]	*modern*
[ħ]	emphatisch / stimmlos / fortis / pharyngal / frikativ	رحله	[r'iħla]	*Reise*
[x]	emphatisch / stimmlos / fortis / velar / frikativ	خبر	[x'abar]	*Nachricht*
[d]	nicht emphatisch / stimmhaft / lenis / dental / plosiv	بدل	[b'adala]	*ersetzen*
[ð]	nicht emphatisch / stimmhaft / lenis / interdental / frikativ	ذهب	[ð'ahaba]	*gehen*
[r]	nicht emphatisch / stimmhaft / lenis / dental / vibrant	ريف	[ri:f]	*Land*
[z]	nicht emphatisch / stimmhaft / lenis / dental / frikativ	زهر	[zahr]	*Blumen*
[s]	nicht emphatisch / stimmlos / fortis / dental / frikativ	ساعه	[s'a:ʕa]	*Stunde*
[ʃ]	nicht emphatisch / stimmlos / fortis / palatal / frikativ	شارع	[ʃ'a:riʕ]	*Straße*
[dʒ]	nicht emphatisch / stimmlos / fortis / palatal / plosiv	جدار	[dʒ'ida:r]	*Wand*
[ꞩ]	emphatisch / stimmlos / fortis / dental / frikativ	صفر	[ꞩifr]	*Null*
[đ]	emphatisch / stimmhaft / lenis / dental / plosiv	ضباب	[đ'aba:b]	*Nebel*
[ŧ]	emphatisch / stimmlos / fortis / dental / frikativ	طالب	[ŧ'a:lib]	*Student*
[ð̶]	emphatisch / stimmhaft / lenis / dental / frikativ	ظهر	[ð̶ʊhr]	*Mittag*
[ʕ]	emphatisch / stimmhaft / lenis / pharyngal / frikativ	عبر	[ʕ'abara]	*äußern*
[ɣ]	emphatisch / stimmhaft / lenis / velar / frikativ	مبلغ	[m'ablaɣ]	*Betrag*

Allophone	Artikulationsmerkmale	Beispiele (Arab.)		
[f]	nichtemphatisch / stimmlos / fortis / labial / frikativ	فندق	[fund'uq]	*Hotel*
[q]	emphatisch / stimmlos / fortis / uvular / plosiv	قال	[qa:l]	*sagen*
[k]	nicht emphatisch / stimmlos / fortis / velar / plosiv	كتاب	[k'ita:b]	*Buch*
[l]	nicht emphatisch / stimmhaft / lenis / dental / lateral	لبن	[l'aban]	*Milch*
[m]	nicht emphatisch / stimmhaft / lenis / labial / nasal	مياه	[m'ija:h]	*Gewässer*
[n]	nicht emphatisch / stimmhaft / lenis / dental / nasal	جنوب	[dʒ'anu:b]	*Süden*
[h]	nicht emphatisch / stimmhaft / lenis / glottal / frikativ	شهر	[ʃahr]	*Monat*

Tab. 13: Die Konsonantenallophone des Deutschen nach ihren artikulatorischen Merkmalen (vgl. Krech et al. 2009, 78–98; Asali 2008, 42; Hirschfeld/Stock 2011, 37 f.; Hall 2011, 5 f./62)

Allophone	Artikulationsmerkmale	Beispiele	Transkr. IPA
[f]	fortis /stimmlos / labio-dental / frikativ	*Ferien*	[f'e:ʁiən]
[v]	lenis / stimmhaft / labio-dental / frikativ	*Vase*	[v'a:zə]
[v̥]	lenis / entstimmlicht-stimmlos / labio-dental / frikativ	*zwei*	[tsv̥aɛ̯]
[s]	fortis / stimmlos / dorsal / apikal-alveolar / frikativ	*Kurs*	[kʊᵆs]
[z]	lenis / stimmhaft / dorsal / apikal-alveolar / frikativ	*Sonntag*	[z'ɔnta:k]
[z̥]	lenis / entstimmlicht-stimmlos / dorsal / apikal-alveolar / frikativ	*ratsam*	[ʁ'a:tz̥a:m]
[ʃ]	fortis / stimmlos / koronal-alveolar / präpalatal / frikativ	*Schule*	[ʃ 'u:lə]
[ʒ]	lenis / stimmhaft / koronal-alveolar / präpalatal / frikativ	*Regime*	[ʁeʒ'i:m]
[ʒ̊]	lenis / entstimmlicht-stimmlos / koronal-alveolar / präpalatal/ frikativ	*Genie*	[ʒ̊en'i:]
[ç]	fortis / stimmlos / dorsal-palatal / frikativ	*ich*	[ɪç]
[ʝ]	lenis / stimmhaft / dorsal-palatal / frikativ	*Jacke*	[ʝ'akə]
[ʝ̊]	lenis / entstimmlicht-stimmlos / dorsal-palatal / frikativ	*Schaltjahr*	[ʃ'altʝ̊a:ᵆ]
[x]	fortis /stimmlos / dorsal-velar / frikativ	*acht*	[axt]

Allophone	Artikulationsmerkmale	Beispiele	Transkr. IPA
[ʁ]	lenis / stimmhaft / dorsal-postpalatal / velar / frikativ	*Ritter*	[ʁ'ɪtɐ]
[ʶ]	lenis / stimmhaft / uvular / frikativ	*Erfurt*	['ɛʶfʊʶt]
[ʁ̥]	lenis / entstimmlicht-stimmlos / uvular / frikativ	*Aufruf*	['a̯ɔfʁ̥u:f]
[ʀ]	lenis / stimmhaft / uvular / vibrant	*Beruf*	[bəʀ'u:f]
[r]	lenis / stimmhaft / apikal-alveolar / vibrant	*wirr*	[vɪr]
[h]	lenis /stimmlos / glottal / frikativ	*Hand*	[hant]
[p]	fortis / stimmlos / bilabial / plosiv	*Post*	[pɔst]
[b]	lenis / stimmhaft / bilabial / plosiv	*Brot*	[bʁo:t]
[b̥]	lenis / entstimmlicht-stimmlos / bilabial / plosiv	*Hausbau*	[h'a̯ɔsb̥a̯ɔ]
[t]	fortis / stimmlos / koronal / dorsal-alveolar / dental / plosiv	*total*	[tot'a:l]
[d]	lenis / stimmhaft / koronal / dorsal-alveolar / dental / plosiv	*Dank*	[daŋk]
[d̥]	lenis/entstimmlicht-stimmlos/koronal/ dorsal-alveolar/dental/plosiv	*aufdrehen*	['a̯ɔfd̥ʁe:ən]
[k]	fortis / stimmlos / dorsal-postpalatal / velar / plosiv	*Koch*	[kɔx]
[g]	lenis / stimmhaft / dorsal-postpalatal / velar / plosiv	*Glut*	[glu:t]
[g̊]	fortis / entstimmlicht-stimmlos / dorsal-postpalatal / velar / plosiv	*abgießen*	['apg̊i:sn̩]
[l]	lenis / stimmhaft / koronal-alveolar / lateral	*Wahl*	[va:l]
[m]	lenis / stimmhaft / bilabial / nasal	*Maler*	[m'a:lɐ]
[n]	lenis / stimmhaft / koronal / dorsal-alveolar / nasel	*Kind*	[kɪnd]
[ŋ]	lenis / stimmhaft / dorsal-postpalatal / velar / nasal	*lange*	[l'aŋə]

4.4 Phonemverbindungen

4.4.1 Diphthonge

Anschließend an die Beschreibung der einzelnen Phoneme des Arabischen und des Deutschen sollen nun die Diphthonge erläutert werden, die wie folgt definiert werden: Ein „Diphthong [ist] eine Folge von zwei Vokalen, die einen gemeinsamen Silbenkern bilden, wovon meistens ein Teil etwas prominenter ist und vom anderen Teil begleitet wird.“ (Redecker 2010, 57). Bezüglich des phonologischen Status der Diphthonge gibt es in der Literatur einen Meinungsstreit, in dem es darum geht, ob der Diphthong eine monophonematische (ein Phonem) oder biphonematische (zwei Phoneme) Wertung besitzt (vgl. Meinhold/Stock 1981, 87; Ternes 2012, 101 f.). Diese Thematik soll im Folgenden diskutiert werden. Anschließend daran muss erörtert werden, welche Diphthonge im Arabischen vorkommen, und wie sie sich von denen des Deutschen unterscheiden lassen.

Meinhold/Stock (1980, 86 f.) beschreiben die Diphthonge des Deutschen [aɛ̯ aɔ̯ ɔœ̯ uɪ̯] als „einsilbige Verbindungen zweier Vokale und zwar kurzer Vokale“, wie in *Reis* [ʁaɛ̯s], *raus* [ʁaɔ̯s], *Reuß* [ʁɔœ̯s] und *pfui* [pfʊɪ̯] und betrachten die Kombination zweier Vokale in den Lehnwörtern wie in *Ch**ao**s, Matth**äu**s, **Ae**roport* als nicht einsilbige Verbindung. Darüber hinaus wird gemäß ihren Aussagen die einsilbige Kombination, welche aus langem Vokal und vokalisierter Variante des /ʁ/ resultiert wie in *wir, sehr, Ohr, Uhr, für* nicht den deutschen Diphthongen zugeordnet. Ebenso wird die Kombination der Vokale [ɛɐ] in den Präfixen <er->, <her>, <ver->, <zer-> nicht als Diphthong aufgefasst, da sowohl das silbische [ɐ] wie in *Versuch* [fɐzˈuːx] als auch das unsilbische [ᵄ] wie in *Kur* [kuːᵄ] als vokalisierte Varianten des Phonems /ʁ/ zu verstehen sind. Ebenso wird die durch sog. unsilbisches [i̯] (Konsonantenphonem /j/) und nachfolgenden Vokal entstehende Kombination wie in *Nation, Alliance, Familie* nicht als Diphthong betrachtet (vgl. Meinhold/Stock 1980, 86 f.; Hirschfeld/Stock 2011, 36 ff.; Krech et al. 2009, 87). Altmann/Ziegenhain (2010, 47) stützen sich auf die Darstellungen von Meinhold/Stock (1980) und charakterisieren das erste Diphthongelement als „stationär“ und das zweite als „Gleitlaut“. Das heißt, der erste Diphthongvokal ist dominanter und verfügt damit über größere Lautheit als der zweite, dessen auditive Merkmale sich schnell verändern. Ternes (2012, 102 f.) und Werner (1972, 32 ff.) sind der Ansicht, dass die Diphthongvokale des Deutschen phonetisch als zwei Phoneme zu werten sind und phonologisch als *eine* Einheit betrachtet werden. Gemäß ihrer Betrachtungsweise „erhöhen [sie] damit das Phoneminventar des Deutschen um drei Einheiten“ (Ternes

2012, 102), welches demnach zusätzlich zu den Konsonanten und Vokalen auch Diphthonge umfasst. Ihr wichtigstes Argument für die monophonematische Bewertung basiert auf der Vermeidung der phonologischen „Schwierigkeiten bei der Zuordnung des zweiten Bestandteils der Diphthonge" (ebd. 103). In der vorliegenden Arbeit wird der biphonematischen Wertung der Vorzug gegeben. Für die Diphthonge des Deutschen gibt es einen großen phonologischen Interpretationsspielraum, wie bei Altmann/Ziegenhain (2010, 47 f.), Hirschfeld/Stock (2011, 31), Pompino-Marschall (2003, 228), Redecker (2010, 57), Ternes (2012, 100 ff.) und Werner (1972, 32 ff.) verdeutlicht wird.

Im Arabischen basiert die Interpretation der Diphthonge lediglich auf der biphonematischen Wertigkeit, es existiert keine phonetische oder phonologische Betrachtungsweise für ihre monophonematische Wertung. Dies liegt darin begründet, dass die arabischen Diphthonge sowohl von arabischen als auch von deutschen sowie anderen Linguisten übereinstimmend als biphonematische Einheiten betrachtet werden, d. h. sie sind keine einsilbige Verbindung zweier Vokale, sondern entstehen durch das Vokalphonem /a/ und einen der beiden Approximanten /j/ bzw. /w/ (vgl. Kästner 1981, 93 ff.; Harrar 1993, 95 ff.; Al Matelebi 1984, 43; Asitida 2002, 231 f.), welche „eine phonologisch-semantische Doppelfunktion" erfüllen. Ihre einsilbige Verbindung ist lediglich auf den Silbenauslaut oder „die präkonsonantische Stellung" (Kästner 1981, 94) beschränkt:

- جاوب [ʒawb] *antworten* جواب [ʒawaːb] *Antwort*
- ميدان [majdaːn] *Feld* ميادين [majaːdiːn] *Felder/Bereiche*
- ليلة [lajla] *Nacht* ليال [lajaːl] *Nächte*
- قيد [qajd] *fesseln* عوى [ᵄawˈaː] *heulen*
- عين [ʕajn] *Auge* لون [lawn] *Farbe*
- عون [ʕawn] *Hilfe* كوم [kawm] *Haufen*

(Kästner 1981, 93 ff.)

Die Diphthonge des Arabischen sind dadurch gekennzeichnet, dass sie vor einer Konsonantenkombination aufgelöst werden. „Das geschieht innerhalb eines Wortes durch Ausfall des konsonantischen Segments, bei zwei mit

Bindung gesprochenen Wörtern durch Einschub eines bedingten Vokals." (Kästner 1981, 95). Dies veranschaulichen die folgenden Beispiele:

ليس [lajsa]	→	لست [lastu] (*nicht existieren*)	
مع مرافقي الوفد [maʕa muraːfiqaj lwafd]	→	[maʕa muraːfiqaji‿lwafd] (*mit den Begleitern der Delegation*)	
مع مرافقي الرئيس [maʕa muraːfiqaj rːaʔiːs]	→	[maʕa muraːfiqaji‿rːaʔiːs] (*mit den Begleitern des Präsidenten*)	

Darüber hinaus werden die arabischen Diphthonge ebenfalls in ihre Bestandteile zerlegt, wenn „das silbenschließende konsonantische Element durch Antritt eines Vokals zum silbenöffnenden, d. h. konstituierenden Bestandteil der folgenden Silbe wird" (Kästner 1981, 93) wie etwa ميدان [majdaːn] *Feld* → ميادين [majaːdiːn] *Felder/Bereiche*.

Im Arabischen ist zwischen steigenden und fallenden Diphthongen zu unterscheiden, welche nach der Modifikation der Schallfülle differenziert werden. Die steigenden Diphthonge sind dadurch gekennzeichnet, dass ihr erster Bestandteil keinen Silbengipfel bildet, während der zweite stärker hervorgehoben wird und silbisch ist. Als Beispiel für steigende Diphthonge dienen folgende Wörter: يسر [jasar] *leicht machen* bzw. *erleichtern* und وشح [waʃaħ] *schmücken*. Bei den fallenden Diphthongen ist das erste Element stärker ausgeprägt und bildet den Silbenkern, während das zweite unsilbisch ist und als ein Approximant bzw. ein kürzerer Anglitt in Erscheinung tritt. Als Beispiel für die fallenden Diphthonge stehen folgende Wörter: بيت [bajt] *Haus* und حوض [ħawđ] *Becken* bzw. *Wanne* (vgl. Al Matelebi 1984, 228 f.; Asitida 2002, 233; Eisenberg 2011, 208; Hall 2011, 257; Grassegger 2010, 58). Es lässt sich resümieren, dass das Deutsche über vier fallende Diphthonge verfügt, wobei jeder dieser Diphthonge aus zwei Vokalen besteht, während es im Arabischen fallende und steigende Diphthonge gibt, die im Gegensatz zu den deutschen aus einem Kurzvokal und einem Halbvokal bestehen.

4.4.2 Affrikaten

Der Terminus Affrikate bezieht sich auf die Konsonantenkombination, welche aus einem Plosiv und aus einem anschließenden am gleichem Artikulationsort bzw. im gleichen Artikulationsorgan entstehenden Frikativ zusammengesetzt ist (vgl. Glück 2010, 17). Solche Konsonantenverbindungen existieren im Arabischen nicht, „der Explosiv /ʤ/ [ist] nicht als Affrikate, [sondern] als Einzelkonsonant“ zu verstehen (Hirschfeld/Seddiki 2003, 9). Bezüglich der phonologischen Wertigkeit der deutschen Affrikate [pf ts] wie in *Pfad, Hopfen, stets, Rätsel* gibt es verschiedene wissenschaftliche Auffassungen. Im Meinungsstreit geht es darum, ob die Affrikate biphonematisch oder monophonematisch zu werten sind. Trubetzkoy (1989), einer der wichtigsten Vertreter der monophonematischen Wertung, ist der Ansicht, dass die Affrikate des Deutschen eine einsilbige Verbindung zweier Konsonanten und nicht als zwei Einheiten (d.h. zwei Konsonantenphoneme) zu betrachten sind (vgl. Meinhold/ Stock 1980, 128). An dieser Stelle ist auf folgendes Zitat von Trubetzkoy zu verweisen:

> „Betrachtet man die typischen Fälle der monophonematischen Wertung von Konsonantenverbindungen, so bemerkt man leicht, daß es sich dabei immer um den allmählichen Abbau eines Artikulationsgebildes handelt. Bei den „Affrikaten“ wird ein „Verschluss“ zuerst bis zu einer „Engenbildung“ erweitert, dann ganz aufgehoben. [...] in allen diesen Fällen handelt es sich um eine einheitliche, sich in derselben Richtung (und zwar in der Richtung des „Abbaues“, d. i. der Rückkehr zur Ruhelage) vollziehende Artikulationsbewegung. Dagegen kann eine Lautverbindung wie *st* niemals monophonematisch gewertet werden, weil es sich hier um den allmählichen „Aufbau“ eines [danach] „abgebauten“ (gesprengten) Verschlusses handelt. Ebenso kann eine Verbindung wie *ks* nicht monophonematisch gewertet werden, da sie zwei verschiedene Artikulationsbewegungen voraussetzt.“ (Trubetzkoy 1989, 52).

Im DUDEN-Aussprachewörterbuch (2005, 37) findet man ebenfalls einen Hinweis darauf, dass [pf ts tʃ] als Einzelphoneme anzusehen seien. Hakkarainen (1995, 85 f.), Ternes (2012, 106 f.) und Féry (2004, 86) schließen sich ebenfalls der Argumentation Trubetzkoys an, indem sie die monophonematische Deutung der deutschen Affrikaten vorziehen. An gleicher Stelle weist Ternes (2012, 107) darauf hin, „dass das Verhalten von [tʃ] (wie in [p'aɛ̯tʃə] *Peitsche*) mit dem von [pf, ts] nicht zu vergleichen ist und [tʃ] für eine monophonematische Wertung als Affrikate daher nicht in Betracht kommt.“ Hakkarainen (1995, 85) hat [tʃ] ebenfalls nicht den Affrikaten der deutschen Sprache zugeordnet. Dies liegt darin begründet, dass [tʃ] im Vergleich zu [pf ts] nachträglich entstanden ist, vgl. z. B. ahd. *diut-isk* > mhd. *diut-isch, diut-esch* > *diutsch* [dy:tʃ] > nhd. *deutsch* [dɔʏtʃ]. Die Lautzeichenkombination [tʃ] wurde aus verschiedenen Fremdsprachen übernommen und hat sich der deutschen Sprache angepasst, wie z. B. aus dem Ungarischen *Kutsche, Tscheche, Dolmetscher* ect. (vgl ebd. 85). Alle oben genannten Argumente, wonach die Affrikaten des Deutschen monophonematisch und damit als eigene Konsonantenklasse zu werten seien, sind wenig überzeugend. Die Affrikaten des Deutschen [pf ts] sind als Realisierungen von Phonemkombinationen zu begreifen, da sowohl der erste Bestandteil als auch der zweite von [pf ts] „auswechselbar“ bzw. ersetzbar sind und „distinktiv“ wirken (Meinhold/Stock 1980, 128 f.).

Beispiele für [pf]: *Pfahle*	[pfˈa:lə]	*hüpfe*	[hˈʏpfə]
Beispiele für [ts]: *Zahn*	[tsa:n]	*Witz*	[vɪts]

In den Lautstellungen, in denen [pf] und [ts] vorkommen, treten auch andere Phonemverbindungen auf, vor allem /ʃp, ʃt, sk, st, pst, ft/ (ebd., 129).

Beispiele für Morphemanlaut: [pfl] *pflanzen*, [ʃpl] *splittern*, [skl] *Sklave*, [pfʁ̥] *pfropfen*, [ʃpʁ̥] *sprießen*, [ʃtʁ̥] *streifen*

Beispiele für Morphemauslaut:[lts] *Salz,* [lst] *Geschwulst,* [ʁts] *Herz,* [ʁnst] *Ernst,* [ʁpst] *Herbst,* [nts] *Tanz,* [nst] *Gunst,* [nft] *sanft*

Zur biphonematischen Interpretation der Affrikaten des Deutschen gibt es eine umfangreiche Literatur, u. a. Krech et al. (2009, 35 f.), Lex (2011, 3), Pompino-Marschall (2003, 219), Hirschfeld/Stock (2011, 32 ff.) und Ternes (2012, 106 f.).

4.5 Graphem-Phonem-Korrespondenzen

Im folgenden Unterkapitel handelt es sich um die (Ir-)Regularitäten der Graphem-Phonem-Beziehungen, die sich im Arabischen und im Deutschen stark voneinander unterscheiden. Um die Grapheminventare beider Sprachen darzustellen, genügt es nicht, ihre Schriftsysteme lediglich durch Buchstaben zu beschreiben, da die Buchstaben im Gegensatz zu Graphemen keine feste Beziehung zu Phonemen bzw. Phonemkombinationen besitzen und nur „grafische Repräsentationen der Grapheme“ (Hirschfeld 2010a, 110) sind, die als kleinste bedeutungsunterscheidende Einheiten des Schriftsystems einer Sprache zu verstehen sind, zu denen Einzelbuchstaben und Buchstabenkombinationen zählen. Wie die Grapheme im Geschriebenen durch Buchstaben (Graphe) dargestellt werden, so werden die Phoneme im Gesprochenen durch Laute artikuliert (vgl. Eisenberg 2009, 66; Dürscheid 2012, 128/132; Hirschfeld 2010a, 110).

Das Schriftsystem des Arabischen baut auf einer Konsonantenschrift auf, deren Schreibrichtung von rechts nach links verläuft. Die arabische Schrift wird als Kursivschrift charakterisiert und entstand ca. ab dem 3. Jahrhundert n. Chr. aus der aramäischen Schrift. Dabei entwickelten sich zwei Schriftarten, zum einen die nach der Stadt *Kufa* im Irak benannte *Kufi*-Schrift und zum anderen die *Nasxi*-Schrift. Erstere zeichnet sich durch „eckig-geometrische Züge“ aus, während Zweitere durch gerundete Grapheme gekennzeichnet ist und mit ihren verschiedenen Schriftformen heutzutage in religiös-islamischen Kontexten gebraucht wird. Aus der *Kufi*-Schrift und aus der *Nasxi*-Schrift haben sich viele Schriftvarianten entwickelt, z. B. „die maghrebinische Schrift, die in Nordwest-Afrika“ verwendet wird (Bühler-Otten 2003, 178 f.). Die arabische Schrift basiert auf morphologisch-phonologischen Regeln und verfügt über sechsundzwanzig Konsonantenphoneme, von denen fünfundzwanzig je einem Graphem entsprechen. Eine Ausnahme stellt das Graphem <ا> *arab.* [alif] dar, welches zunächst dem Konsonantengraphem <ء> *arab.* [hamza] entsprach und erst im Laufe der sprachlichen Entwicklung des Arabischen zur Wiedergabe des Vokalphonems /aː/ eingesetzt wurde. Tritt das <ا> mit dem <ء> in der nach den modernen Rechtschreibregeln geschriebenen Sprache des Arabischen auf, wird es als ein Konsonantengraphem betrachtet (vgl. Harrer 1993, 27). Im arabischen Schriftbild werden nur die Konsonanten- und Langvokalgrapheme wiedergegeben, welche in kombinierter Form verwendet werden, während die Kurzvokale graphisch durch diakritische Zeichen unter oder über den Konsonantengraphemen nur im Koran und in den Schul- sowie

Kinderbüchern dargestellt werden. In Zeitungen und Büchern werden die diakritischen Zeichen nicht gesetzt, da der arabische Leser aus grammatischen, morphologischen und syntaktischen Bezügen sowie aus dem Zusammenhang heraus die Wortbedeutung erschließt (vgl. Ahmad 1996, 84 ff.; Hirschfeld/ Seddiki 2003, 9; vgl. auch 4.5.1/2).

Im Gegensatz zum Arabischen ist im Deutschen zwischen Graphem und Phonem keine 1:1- Entsprechung vorhanden. Das bedeutet, dass nicht selten mehrere Phoneme einem Graphem wie z. B. /s z ʃ/ für <s> oder mehrere Grapheme einem Phonem wie z. B. <i, ie, ieh, ih> für /iː/ entsprechen, was zu Lese- und Schreibinterferenzen führen kann (vgl. Meinhold/Stock 1980, 209 f.; Heller 1980, 84 f.; Primus 2010, 12). Zusätzlich können sich weitere Interferenzen durch die Graphem-Phonem-Beziehungen der ersten Fremdsprache Englisch ergeben. Sowohl für das arabische Alphabet als auch für das deutsche sollen hier zunächst die Vokale und anschließend daran die Konsonanten beschrieben werden.

4.5.1 Vokale

Im Schriftbild des Arabischen werden die Langvokalgrapheme wiedergegeben und wie die Konsonanten durch diakritische Zeichen vokalisiert, die als Kurzvokale bezeichnet werden. Diese werden als *fatḥa* (kurzes *a*, kleiner Schrägstrich <´> über einem Konsonanten bzw. einem Langvokal), *kasra* (kurzes *i*, kleiner Schrägstrich <ˏ> unter einem Konsonanten bzw. Langvokal) und *damma* (kurzes *u*, Häkchen in Form eines kleinen *wāw* <ُ > über im Konsonanten bzw. Langvokal) bezeichnet (vgl. Krahl et al. 1995, 24). Die folgende Tabelle ermöglicht einen Überblick über die Phonem-Graphem-Beziehungen arabischer Vokale:

Tab. 14: Phonem-Graphem-Beziehungen der arabischen Vokale (eigene Darstellung)

Phoneme	Grapheme	Beispiele		
aː	ا(Alif)	سَـار	[saːra]	*er ging*
a	´(Fatha) über einem Konsonanten	درَس	[darasa]	*er studierte*
iː	ي/ ـيـ/ي (Jah)	قديم	[qadiːm]	*alt*

Phoneme	Grapheme	Beispiele		
i	ِ(Kasra) unter einem Konsonanten	عِلم	[ʕilm]	*Wissen*
uː	و (Uau)	سلوك	[su'luːk]	*Benehmen*
u	ُ(Damma) über einem Konsonanten	سُمعة	[sumʕa]	*Ruf*

Die Grapheme des arabischen Phonems /iː/ sind positionsbedingt, sie werden zum Teil mit einem anderen Graphem verbunden, zum Teil bleiben sie unverbunden (vgl. Krahl et al. 1995, 23). Im deutschen Schriftbild hingegen werden sowohl kurze als auch lange Vokale wiedergegeben. Lang sind die Vokale, wenn in der Schrift ein Vokalgraphem + Dehnungs-h wie z. B. in *Wahl, fahren, kühl, Schuhe* oder eine Verdoppelung der Vokalgrapheme, wie z. B. in *Saal, Meer, Boot* vorkommt. Des Weiteren werden die Vokalgrapheme i. d. R. in einsilbigen unflektierbaren Wortformen nur vor einem Konsonantengraphem lang realisiert wie z. B. in *er, wer, für, vor, schon.* Zu dieser Regel existiert im Deutschen jedoch eine Vielzahl von Ausnahmen, wie z. B. *es, was, mit.* Eine weitere Möglichkeit zur Kennzeichnung der Vokallänge besteht in der Silbenstruktur des Deutschen, indem die Langvokale in einer offenen oder potenziell offenen Silbe vorkommen können, z. B. Brote [bʁ'oːtə]. Kurz sind die Vokale, wenn ein nachfolgender Konsonant mit Doppelgraphemen im Schriftbild dargestellt wird, wie z. B. in *kommen, essen.* Zudem wird ein Vokal vor <ck> oder <x> kurz realisiert, wie z. B. in *Zucker, Text.* Die Kurzvokale treten immer in geschlossenen Silben in Erscheinung (vgl. Hirschfeld/Stock 2011, 48; Krech et al. 2009, 27 f.). Dies gilt jedoch nicht für die Modifikation der Silbenstruktur bei der Verbkonjugation, wie z. B. in *fragst, rufst, sagst.* Die deutschen Vokale und Diphthonge sind in der folgenden Tabelle dargestellt:

Tab. 15: Phonem-Graphem-Beziehung der deutschen Vokale/Diphthonge (vgl. Meinhold/Stock 1980, 214 f; Krech et al. 2009, 27 f.)

Phoneme	Grapheme	Beispiele
aː	a, aa, ah, ae	*b**a**den, St**aa**t, B**ah**n, B**ae**sweiler*
a	a	*Kl**a**sse*
iː	i, ie, ih, ieh, y	*K**i**no, s**ie**ben, **ih**r, Bez**ieh**ung, Schw**y**z*
ɪ	i	*B**i**tte*

Phoneme	Grapheme	Beispiele
eː	e, ee, eh	*Weg, **Tee**, se**h**en*
ɛ	e, ä	*stellen, kr**ä**ftig*
ɛː	ä, äh	*sp**ä**t, z**äh**len*
oː	o, oo, oh, oe, oi	*Brot, **Boo**t, wo**h**nen, So**e**st, Vo**i**t*
ɔ	o	*voll*
uː	u, uh, ue	*Buch, Stu**h**l, Hu**e**ber*
ʊ	u	*Gruppe*
øː	ö, öh, oe, oey	*lösen, fr**öh**lich, G**oe**the, **Oey**nhausen*
œ	ö	*Löffel*
yː	ü, üh, y, ui	*Schüler, fr**üh**, T**y**p, D**ui**sburg*
ʏ	ü, y	*Glück, **Y**psilon*
ə	e	*beginnen*
Diphthonge		
aɛ̯	ei, ai, ey, ay	*W**ei**n, M**ai**, M**ey**er, B**ay**ern*
aɔ̯	au, ao	***Au**ge, Kak**ao***
ɔœ̯	eu, äu	***eu**te, Tr**äu**me*

Die Tabelle zeigt, dass sechzehn Vokalphonemen neunundzwanzig unterschiedliche Grapheme und drei Diphthongen acht unterschiedliche Grapheme gegenüberstehen. Dies verdeutlicht, dass im Deutschen kein eindeutiges Verhältnis zwischen der geschriebenen und gesprochenen Sprache vorhanden ist. Die Ursache dieser Differenzen zwischen Aussprache und Schreibung lässt sich unter anderem auf die historische Sprachentwicklung des Deutschen, auf die regionalen und dialektalen Einflüsse und auf die verschiedenen Kodifizierungsprobleme des Gesprochenen und des Geschriebenen zurückführen (vgl. Hirschfeld/Stock 2011, 48).

4.5.2 Konsonanten

Das arabische Schriftsystem verfügt über sechsundzwanzig Konsonantengrapheme mit verschiedenen Größen (Breite und Höhe), wobei keine Differenzierung zwischen Klein- und Großschreibung vorhanden ist. Fünf der sechsundzwanzig Konsonantengrapheme (vgl. Kap. 4.5) werden lediglich nach rechts verbunden und die anderen wie die Langvokale unterschiedlich miteinander kombiniert. Je nach Silben- und Wortgrenzen wird ihre Größe variiert. Zudem besitzt die arabische Kursivschrift gleichförmige Konsonantengrapheme, welche sich durch ein bis drei Punkte entweder unter oder über den Konsonantengraphemen unterscheiden. Dies wird in folgender Übersicht veranschaulicht:

Tab. 16: Phonem-Graphem-Beziehungen der arabischen Konsonanten (eigene Darstellung)

Phoneme		**Grapheme**					
Arab.	IPA	nach rechts verbunden		nach beiden Seiten verb.		nach links verbunden	
ب	b	ب - أبواب	*Türen*	بـ - بيني	*mein Haus*	بـ - باب	*Tür*
ت	t	ت - بيت	*Haus*	تـ - يتمرن	*Übung*	تـ - ترجمة	*Übersetzung*
ث	θ	ث - كوارث	*Katastrophen*	ثـ - يثرب	*Jathib*	ثـ - ثور	*Stier*
ج	dʒ	ج - حج	*Pilgerfahrt*	جـ - يجر	*ziehen*	جـ - جوز	*Paar*
ح	ħ	ح - يمنح	*verleihen*	حـ - يحمي	*schützen*	حـ - حديث	*Gespräch*
خ	x	خ - مخ	*Gehirn*	خـ - خلد	*verewigen*	خـ - خالد	*Khalid*
د	d	د - دب	*Bär*		–		–
ذ	ð	ذ - ذهب	*Gold*		–		–
ر	r	ر - ورد	*Blumen*		–		–
ز	z	ز - زهور	*Rosen*		–		–
س	s	س - أساس	*Fundament*	سـ - يسلم	*grüßen*	سـ - سور	*Zaun*
ش	ʃ	ش - حشيش	*Gras*	شـ - حشرة	*Insekt*	شـ - شارع	*Straße*
ص	ʂ	ص - رصاص	*Blei*	صـ - يصيح	*schreien*	صـ - صفوان	*Safuan*
ض	đ	ض - يركض	*laufen*	ضـ - يضع	*legen*	ضـ - ضرب	*schlagen*
ط	ŧ	ط - بط	*Ente*	ط - يطير	*fliegen*	ط - طبل	*Trommeln*
ظ	ð̶	ظ - حظ	*Glück*	ظ - يظبط	*fixieren*	ظ - ظابط	*Offizier*
ع	ʕ	ع - مع	*mit*	ـعـ - معين	*bestimmt*	عـ - عين	*bestimmen*
غ	ɣ	غ - أبلغ	*mitteilen*	ـغـ - مغرب	*Abenddämmerung*	غـ - غراب	*Rabe*
ف	f	ف - ريف	*Landschaft*	فـ - مفر	*Zentrale*	فـ - فار	*Maus*
ق	q	ق - بوق	*Trompete*	قـ - يقول	*sagen*	قـ - قال	*sagen*
ك	k	ك - مضحك	*Komiker*	كـ - وكيل	*Agent*	كـ - كلام	*Rede*
ل	l	ل - علل	*gründen*	لـ - يعلم	*lehren*	لـ - لدية	*er hat*
م	m	م - يم	*Meer*	مـ - ضمن	*innerhalb*	مـ - معلم	*Lehrer*
ن	n	ن - من	*von*	نـ - منجم	*Mine*	نـ - نجم	*Stern*
ه	h	ـه - حقيبة	*Tasche*	ـهـ - مهذب	*höflich*	هـ - هو	*er*

Das deutsche Alphabet setzt sich aus einundzwanzig Konsonantenphonemen zusammen, wobei im Gegensatz zum Arabischen die Unterscheidung zwischen Klein- und Großschreibung relevant ist. Die Konsonantenphoneme werden entweder durch ihre entsprechenden Grapheme oder durch doppelte Grapheme wiedergegeben. Die Verdoppelung zweier gleicher Buchstaben bedeutet im Deutschen keine Gemination, wie es im Arabischen der Fall ist, sondern bezeichnet die Kürze des vorhergehenden Vokals. Die drei Konsonantenkombinationen des Deutschen [pf ts ks] werden durch zehn unterschiedliche Grapheme <pf z zz tz ts -t(ion) x ks gs chs> wiedergegeben. Die Graphemverbindung <ch> wird nach <u o a au> wie in *Tuch, doch, Dach, Bauch* als [x] und nach weiteren Vokalen sowie nach <l n r> wie in *Tücher, welcher, durch, euch, Mädchen, manchmal, ich* als [ç] realisiert. Am Wortanlaut wird das <ch> wie in *Chemnitz, Christoph, Chronologie* und auch in der Verbindung mit <s> wie in *sechs* als [k] artikuliert. Die Konsonantengrapheme <b d g s v> wie in *Lob, Deutschland, Montag, Bus, relativ* werden am Silben- und Wortende als [p t k s f] gesprochen (vgl. Hirschfeld/Stock 2011, 48 f.; Krech et al. 2009, 29–33/76 f). Ein weiteres Merkmal der Phonem-Graphem-Beziehung des Deutschen ist die unterschiedliche Realisierung des Graphems <r>, welche von der Lautumgebung abhängig ist. Beispielsweise wird es am Silben- und Wortanlaut (auch nach Plosiven und Frikativen) wie in *Rot, fahren, Brot, sprechen* als [ʁ ʁ̥] und nach langen Vokalen wie in *Uhr, Meer, ihr* als [ᵄ] realisiert. Zudem wird das Graphem <r> in den nicht betonten Affixen <er-, her-, ver-, zer-, -er> wie in *erziehen, verkaufen, Lehrer* als vokalisiertes R [ɐ] gesprochen (vgl. ebd.). Die Phonem-Graphem-Beziehungen deutscher Konsonanten und die häufigsten Konsonantenverbindungen sehen wie folgt aus:

Tab. 17: Die Phonem-Graphem-Beziehungen deutscher Konsonanten (vgl. Krech et al. 2009, 31 f.; Manhold/Stock 1980, 216 ff.)

Phoneme	**Grapheme**	**Beispiel**
p	p, pp	*Oper, do**pp**elt*
b	b, bb	*Ober, Ro**bb**e*
t	t, tt, dt, th, tth	***T**ür, bi**tt**e, Sta**dt**, **Th**eorie, Ma**tth**ias*
d	d, dd	*re**d**en, Bo**dd**en*

Phoneme	Grapheme	Beispiel
k	k, ck, c, ch	***k**önnen, Zu**ck**er, **C**oburg, **Ch**emnitz*
g	g, gg	*lie**g**en, E**gg**e*
f	f, ff, v	***F**eld, ho**ff**en, **V**ater*
v	w, v	***W**elt, **V**isum*
s	s, ss, ß	*Hau**s**, Ta**ss**e, rei**ß**en*
z	s	*rei**s**en*
ʃ	sch, s(t), s(p)	***Sch**ule, **S**tufe, **S**piel*
ʒ	j, g	***J**ournalist, Eta**g**e*
ç	ch, g	*Li**ch**t, Leipzi**g***
ʝ	j	***J**acke, **Y**ak*
x	ch	*Bu**ch***
ʁ	r, rr, rh	***r**ot, He**rr**, **Rh**etorik*
m	m, mm	***M**ann, ko**mm**en*
n	n, nn	***N**ame, Ma**nn***
ŋ	ng, n(k)	*si**ng**en, Ba**n**k*
l	l, ll	***L**ampe, he**ll***
h	h	***H**ut*
Konsonantenverbindungen		
pf	pf	***Pf**ennig*
ts	z, tz, ts, -t(ion), zz	***Z**ahl, Pla**tz**, rech**ts**, Lek**t**ion, Pi**zz**a*
ks	x, ks, gs, chs	*Te**x**t, lin**ks**, du sa**gs**t, wa**chs**en*
kv̥	qu	***Qu**elle*

Die Orthographie des Deutschen bietet für Deutschlernende häufig keinen verlässlichen Anhaltspunkt für die Aussprache. Orthographieschwierigkeiten entstehen bei irakischen Deutschlernenden nicht nur aufgrund von Interferenzen zwischen dem Arabischen und dem Deutschen, sondern auch durch den Einfluss des Englischen als erster Fremdsprache, z. B. *sport* [spɔːt], *nation* [n'eɪʃən], *jacket* [dʒ'ækɪt] *kind* [kaɪnd], for [fɔːʳ], *lose* [luːz], *gift* [gɪft] und *die* [daɪ]. Zudem gibt es im Deutschen für gleiche Phoneme unterschiedliche bedetungsunterscheidende graphemische Realisierungen, was für Lernende verwirrend sein kann, z. B. *Saite* [z'aɛ̯tə] oder *Seite* [z'aɛ̯tə].

4.6 Silbenstrukturen

Im folgenden Abschnitt sollen der Begriff der Silbe, deren Struktur und Sonoritätshierarchie thematisiert werden. Außerdem werden die wesentlichen Aspekte der Silbenstrukturen in den beiden Sprachen näher untersucht.

4.6.1 Silbenbegriff

Die Silbe, eine aus Lauten zusammengesetzte sprachliche Einheit, ist zwischen der Wortform und dem Einzelsegment angesiedelt. Jede Wortform wird aus Silben gebildet, welche wiederum aus Segmenten bestehen. Die Gliederungsprinzipien einer Wortform in Sprech- und Sprachsilben unterscheiden sich voneinander, die Zerlegungen stimmen jedoch häufig miteinander überein. Die Gliederung einer Wortform in Sprechsilben basiert auf phonologisch-phonetischen Kriterien, während die Gliederung in Sprachsilben (Morpheme) nach semantischen Aspekten erfolgt (vgl. Eisenberg 2009, 37 f.; Bischer 2000, 503; Meinhold/Stock 1980, 172; Kessel/Reimann 2012, 94 f.). In der nachfolgenden Tabelle werden die internen Silbengrenzen (mit »-«) und die Morphemgrenzen (mit »#«) verdeutlicht:

Tab. 18: Silbengliederung und Morphemgliederung von Wortformen (Eisenberg 2009, 38)

Wortform	**Silbengliederung**	**Morphemgliederung**
Kind	*Kind*	*Kind*
Kinder	*Kin-der*	*Kind # er*
kindlich	*kind-lich*	*kind # lich*
Zettel	*Zet-tel*	*Zettel*
verzetteln	*ver-zet-teln*	*ver # zettel # n*
rufen	*rufen*	*ruf # en*
rufst	*rufst*	*ruf# st*

Eine Wortform kann eine unterschiedliche Anzahl an Morphemen und Silben aufweisen, deren Grenzen unterschiedlich sein können (vgl. Eisenberg 2009, 38). Obwohl der Begriff der Silbe in der Literatur viel diskutiert worden ist, liegt bisher keine allgemeingültige Silbendefinition vor. Die Schwierigkeit, die Silbe eindeutig zu definieren, liegt darin, dass es „keine invarianten phonetischen Korrelate zur Silbe gibt und sie von Sprache zu Sprache verschieden“ ist (Féry 2009, 94). Darüber hinaus verwendet jeder Forschungsansatz eine Silbendefinition, die dem jeweiligen Forschungs- und Interpretationsinteresse dient. Problematisch ist, wenn der Forschungsansatz von unterschiedlichen phonologischen und phonetischen Perspektiven ausgeht. Während es bei phonologischen Forschungsuntersuchungen um die funktionale und strukturelle Beschreibung der Silbenelemente geht, fokussieren sich phonetische Forschungsansätze u.a. auf physiologische, auditive und akustische Silbeninterpretationen (vgl. Bischer 2000, 503).

Die physiologische Interpretation zeigt sich in der von Abercrombie (1967, 35 f.) entwickelten Theorie, die besagt, dass die Silben durch die Bewegung der Brustkorbmuskeln gebildet werden. Abercrombie definiert die Silbe als „movement of the speech organs“ und differenziert eine akzentuierte Silbe von einer nichtakzentuierten durch die Stärke der Muskelbewegung. Er kategorisiert alle Sprachen entweder als silben- oder akzentzählend und lässt von dieser Klassifizierung keine Abweichungen zu. Jedoch gibt es Sprachen wie etwa das Arabische, das zwar zu den akzentzählenden Sprachen zählt, aber silbenzählende Merkmale aufweist (vgl. Szczepaniak 2007, 10). Des Weiteren ist es kaum möglich, das Verhältnis zwischen der Silbenbildung und der Bewegung der Brustkorbmuskeln im Redefluss festzustellen, da die Silben der Wortformen beim Sprechen ineinander verwoben werden (vgl. Bischer 2000, 504).

Andere Wissenschaftler (Eisenberg 2009, 43; Krech et al. 2009, 35) benennen anstelle der physiologischen Beschreibung auditiv-phonetische Kriterien als entscheidende Aspekte für die Silbendefinition. Nach den auditiv-phonetischen Parametern steht i. d. R. am Silbengipfel ein besser wahrnehmbarer und den Silbenkern bildender Vokal, während an den Silbenrändern unsilbische Konsonanten vorkommen. Diese Regel kann weder für alle Silbenarten bzw. -typen noch für alle Sprachen gelten (vgl. Bischer 2000, 505). Beispielsweise kann ein Konsonant sowohl dem folgenden als auch dem vorhergehenden Vokal silbisch nicht eindeutig zugeordnet werden, wie etwa das konsonantische Segment [t] im Wort *Mitte* [mˈɪtə], welches zugleich den Beginn der einen sowie das Ende der nachfolgenden Silbe darstellt. Damit gehört das [t] zu den beiden Silben [mɪt] und [tə] (vgl. Grassegger 2010, 67). Dies veranschaulicht die folgende Abbildung:

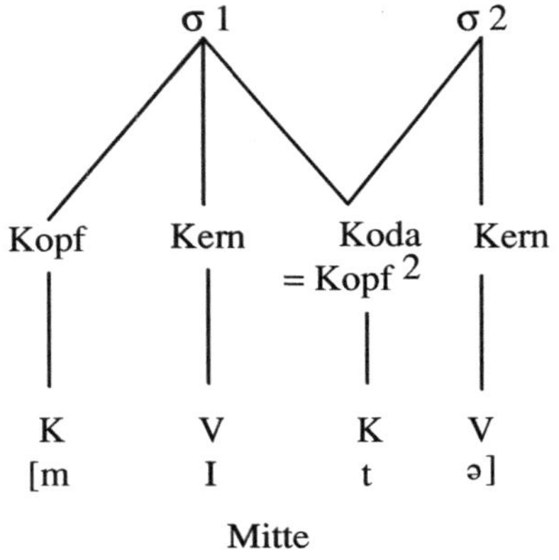

Abb. 6: Silbengelenk (Grassegger 2010, 67)

Der akustisch-phonetische Forschungsansatz nutzt als Analyseinstrumentarium die Luft-frequenz bzw. das akustische Signal und geht davon aus, dass die Vokale besser wahrnehmbar sind. Dennoch können die Grenzen zwischen den einzelnen Frequenzen beim Reden nicht immer genau festgestellt werden (vgl. Bischer 2000, 505). An dieser Stelle ist auf Grassegger zu verweisen, der sich hierzu folgendermaßen äußert:

> „Unter dem Aspekt ist die Schallsilbe zu sehen, die als Abfolge von Obstruktion und Sonorität definiert ist. In einem einsilbigen Wort wie z. B. dt. <Tat> wechselt der schallschwächere, konsonantische Silbenanfang mit dem schallstärkeren, vokalischen Silbenkern und dieser wiederum mit dem schallschwächeren, konsonantischen Silbenende.“ (Grassegger 2010, 67).

Aufgrund der terminologischen und methodischen Vielfalt ist die Silbenforschung ein sehr kompliziertes Untersuchungsfeld, daher stellt die Beschreibung und Analyse der Silbe und deren Struktur, abhängig von der Komplexität der Silbenstruktur der betreffenden Sprache, ein umfangreiches Unterfangen dar (s. Kap. 4.6.3 /4.6.4). Im Folgenden soll beispielhaft auf einige Betrachtungsweisen der Silbe eingegangen und deren Aussagefähigkeit erläutert werden: Nickel (1985, 83) betrachtet die Silbe als „eine rhythmische Einheit“. Ähnlich wie Nickel (1985) gehen Ramers und Vater (1995, 111) ebenfalls davon aus, dass die Silbe eine rhythmische Einheit ist, allerdings verstehen sie Rhythmus eher im musikalischen Sinne und begründen ihre Auffassung damit, dass bei jeder Silbe ein Takt geschlagen werden kann, was beim Segment nicht der Fall ist. Féry (2004, 145) versteht die Silbe als eine Folge von Segmenten, die eine sprachliche Einheit bilden. Glück (2010, 615) definiert die Silbe als die kleinste Einheit der Prosodie. Nach Eisenberg (2009, 40) wird die Silbe als „rhythmisch-prosodische Grundeinheit“ verstanden, deren vokalischer Kern als Träger suprasegmentaler Merkmale wie Akzent, Intonation und Rhythmus besonders relevant ist (vgl. Meinhold/Stock 1980, 173). Eine Silbe, deren letztes Segment ein Vokal ist, wird als offene Silbe bezeichnet, eine Silbe hingegen, deren letztes Segment ein Konsonant ist, als geschlossene Silbe (vgl. Glück 2010, 615). Eisenberg (2009, 39) beschreibt zwei zusätzliche Silbentypen: Eine Silbe, deren Ränder aus nur einem Laut bestehen, wird als einfache und eine Silbe, deren Silbenränder aus mehreren Konsonanten bestehen, als komplexe Silbe bezeichnet. In der vorliegenden Arbeit wird die Silbe nach Meinhold/Stock (1980, 173) und Eisenberg (2009, 40) verstanden.

4.6.2 Sonoritätshierarchie

Das wichtigste universelle phonotaktische Prinzip, mit dem sich die Bedingungen für die Abfolge der Segmente innerhalb einer Silbe darstellen lässt, ist die Sonoritätshierarchie, welche in ihrem Aufbau „auf den artikulatorischen Faktor Offenheit“ und „auf den auditiven Faktor Sonorität“ bezogen ist (Eisenberg 2009, 40). Der artikulatorische Faktor ist mit dem Verengungsgrad bei der Segmentrealisierung verbunden (vgl. Eisenberg 2009, 40; Hall 2011, 232; Meinschaefer 2003, 29), wobei durch die „Öffnungs- und Schließbewegungen“ der Artikulatoren die Intensität „des ausströmenden Luftstroms rhythmisch“ modifiziert wird (Eisenberg 2009, 40). Zur Bildung einer Silbe erfolgt im Allgemeinen exakt eine Öffnungs- und Schließbewegung. Die Öffnungsbewegung beginnt am Silbenanfang und erreicht im Silbenkern den größten

Öffnungsgrad, während am Silbenende eine Schließbewegung stattfindet (vgl. Eisenberg 2009, 40). Als rhythmisch-prosodische Einheit ist die Silbe nicht nur Basis für prosodische Eigenschaften, sondern auch für rhythmische Lautwahrnehmung. Innerhalb einer Silbe findet ein rhythmischer Lautwechsel zwischen dem Silbengipfel und den Silbenrändern statt, wobei beim Silbengipfel i. d. R. „ohne Geräuschanteil ein Vokal mit besonders deutlich wahrnehmbarem Stimmton" auftritt, während an den Silbenrändern „häufig reine Geräuschlaute (stimmlose Obstruenten)" stehen. „Wahrnehmungsmäßig zwischen den stimmlosen Obstruenten und den Vokalen liegen die stimmhaften Obstruenten und die Konsonanten, die zu den Sonoranten gehören." (Eisenberg 2009, 40). Die stimmhaften Obstruenten verfügen über einen Stimmton, dessen Geräusch in der Wahrnehmung stark ausgeprägt ist. Abgesehen vom [ʁ] enthalten die sonorantischen Konsonanten keinen Geräuschanteil, jedoch ist ihr Stimmton weniger ausgeprägt als bei den Vokalen. Diese charakteristischen Lautmerkmale werden unter dem Terminus Sonorität zusammengefasst, der für die Einordnung der Lautklassen in der Hierarchie entscheidend ist. Auf diese Weise werden die Bedingungen für die Lautreihenfolge innerhalb einer Silbe beschrieben. Diese Ordnung wird als Sonoritätshierarchie bezeichnet, die Lautklassen (Sonoritätsklassen) bildet, welche Laute der gleichen Sonorität beinhalten (vgl. Eisenberg 2009, 40; Meinschaefer 2003, 29). Im Folgenden wird eine Sonoritätshierachie mit fünf Lautklassen veranschaulicht:

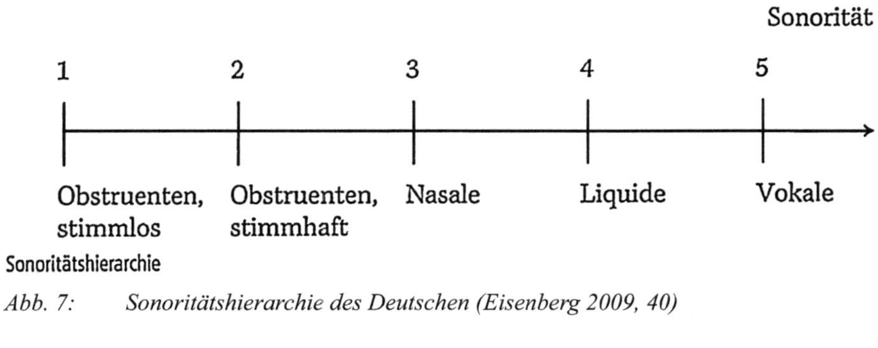

Abb. 7: Sonoritätshierarchie des Deutschen (Eisenberg 2009, 40)

Diese Skala „erfasst die meisten Silbentypen im Kernwortschatz des Deutschen" (Eisenberg 2009, 40). Die Sonoritätshierarchie in Abbildung 7 zeigt, dass „Vokale die sonorsten Segmente sind. Der Sonoritätswert der Konsonanten ist bei Liquiden am höchsten und nimmt über die Nasale bis zu den Obstruenten sukzessive ab.“ (Hall 2011, 231). Die folgende Skizze zeigt den Silbenbau anhand einiger Beispiele:

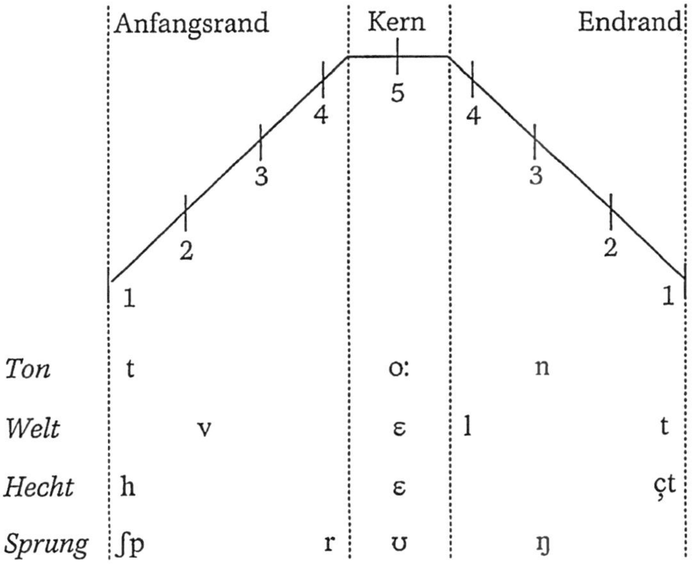

Abb. 8: Sonoritätsprofil der Silbe (Eisenberg 2009, 41)

Bei der Beschreibung der Sonoritätshierarchie des Arabischen existieren diverse Ansichten, die im Folgenden erörtert werden sollen: Der arabische Linguist Asitida (2002, 183) vertritt die Auffassung, dass die stimmhaften Konsonanten und die Langvokale /iː uː/ die sonorsten Segmente sind, gefolgt von den Kurzvokalen und den stimmlosen Konsonanten. Die Kurzvokale /a i u/ sind zwischen stimmlosen Konsonanten in der Standardaussprache des Arabischen deutlich wahrnehmbar, während sie in vielen arabischen Dialekten unter anderem im Irakisch-Arabischen kaum hörbar sind. Der Darstellung der sonorantischen Segmente von Asitida (2002) stehen die Ausführungen der arabischen Linguisten Tulimat (2000, 152), Al Ani (1983, 131 f.) und Anis (1971, 88) gegenüber, die die sprachliche

Realität näher beschreiben und die Sonorität innerhalb der arabischen Silbe mit folgender Skala erfassen:

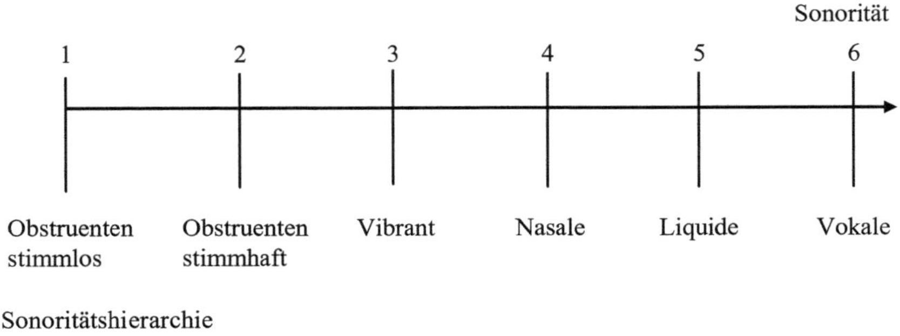

Abb. 9: *Sonoritätshierarchie des Arabischen (eigene Darstellung)*

Abschließend ist auf die Bedeutung der Beachtung der Sonoritätshierarchie im Fremdsprachenunterricht Deutsch zu verweisen. Beispielsweise werden in einem Minimalpaar zwei Segmente, welche sich nur durch ihre sonorantische Intensität unterscheiden, gegenübergestellt, das bedeutet, dem starken sonoren Segment steht ein wenig sonores Segment gegenüber (vgl. Bischer 2000, 186), z. B. [s] – [s̥] → *Sonntag* – *ratsam*. Sowohl im Arabischen als auch im Deutschen liegen viele Silbenkombinationen vor, die eine unterschiedliche Komplexität aufweisen. Im nächsten Abschnitt soll die Silbenstruktur im Arabischen näher erläutert werden.

4.6.3 Silbenstruktur im Arabischen

Im Folgenden wird die Silbenstruktur des Arabischen auf artikulatorischer, akustischer bzw. auditiver, phonologischer und morphologischer Beschreibungsebene erörtert. Artikulatorisch betrachtet entsteht eine arabische Silbe infolge der zur regelmäßigen Bewegung der Artikulationsorgane gehörenden Vorgänge „Explosion und Implosion“ (Kästner 1981, 105), die als die Silbenränder bezeichnet werden. Zwischen den Silbenrändern (Konsonanten) kann ein neutrales Silbenelement (Vokal) eingeschoben werden, welches die prosodischen Eigenschaften trägt. Jeder der drei potenziellen Silbenbestandteile kann nur durch ein einziges Segment repräsentiert werden (vgl. Kästner 1981, 105/109; Fischer 2006, 28). Das konsonantische Segment, das im Silbenkopf (Explosion) auftritt, erreicht bei seiner Realisierung durch die Koartikulation die „Öffnungsweite des [nachfolgenden] Kurzvokals" (Kästner 1981, 105). Akustisch gesehen erfolgt innerhalb einer Silbe ein rhythmischer Lautwechsel von Segmenten mit dominantem und nicht dominantem Geräuschanteil. Die arabischen Linguisten Anis (1971, 88 f.), Al Ani (1983, 132), Bischer (2000, 507) und Asitida (2002, 326 f.) vertreten die Auffassung, dass die Schallfülle für die Silbenproduktion relevant ist und dass in jeder Silbe ein Phonem den Sonoritätsgipfel bildet, dem i. d. R. *ein* Phonem vorangeht und folgt. Der Silbengipfel ist dominant und wird mit deutlichem Stimmton wahrgenommen (vgl. Kap. 4.6.2). Anders als diese arabischen Linguisten ist der deutsche Arabist Fischer der Ansicht, „daß die Schallfülle für die Silbenbildung völlig irrelevant ist, so daß Silbentheorien, die auf diesem Artikulationsmerkmal aufgebaut sind, zur Beschreibung der Silbe im Arabischen nicht verwendbar sind." (Fischer 1967, 30). Ähnlich wie Fischer (1967) betont Al Ani (1983, 133), dass der Sonoritätsgipfel im Arabischen in einer nichtakzentuierten Silbe kaum wahrnehmbar ist. Der Sonoritätsgipfel ist meiner Ansicht nach in einer unakzentuierten natürlich weniger wahrnehmbar als in einer akzentuierten Silbe. Die Silbenränder weisen eine geringere Sonorität als der Silbengipfel auf, so dass die Sonorität innerhalb der arabischen Silbe zu den Silbenrändern hin abnimmt. In den Anfangs- und Endrändern der Silbe treten sowohl stimmlose als auch stimmhafte Konsonanten auf (vgl. Al Ani 1983, 133; Anis 1971, 88).

Aus phonologischer Perspektive besteht die Silbenstruktur des Arabischen aus einem Silbenkern und Randbereichen, die als Silbenkopf und Silbenkoda bezeichnet werden. Der Silbenkern kann sich aus einem Vokal oder einem der silbischen Konsonanten [l m n r] ergeben, in denen der Stimmton weniger ausgeprägt als bei einem Vokal ist (vgl. Bischer 2000, 507; Al Ani 1983, 133; Anis 1971, 88). Laut Bischer (2000, 507) besteht die Silbe mindestens aus zwei Segmenten. In der Standardaussprache des Arabischen beginnt der Silbenkopf nur mit einem Konsonanten, vokalisch anlautende Silben kommen nicht vor. In der Silbenkoda können maximal zwei Konsonanten aufeinander folgen, aber nur, wenn der letzte Konsonant ohne „Vokalisation" (d. h. Vokalzeichen über oder unter einem Konsonanten) und / oder mit „Al-Wuquf" realisiert wird. Al-Wuquf bedeutet im Arabischen, dass der Stimmton des letzten Konsonanten am Wortende aufgrund seiner Gemination gehalten wird, wie etwa im Wort المستقر [al.mus.ta.kerr] *Angesiedeltwerden* (vgl. Bischer 2000, 507; Al Ani 1983, 132; Anis 1971, 88 ff.). Hier ist auf Kästner (1981, 106 ff.) zu verweisen, der unterschiedliche Modifikationen der Silbenstrukturen beschreibt, welche sowohl im Silbenkern als auch in der Silbenkoda auftreten können:

1) Die vokalische Realisierung des konsonantischen in der Silbenkoda stehenden Silbenelements. Die Vokalisation des in der Silbenkoda stehenden Konsonanten tritt in einem langen Vokal auf, der im Arabischen als einsilbige Kombination von Kurzvokal und Kurzkonsonant zu werten ist. Der Kurzkonsonant wird „trotz seiner vokalischen Realisierung" als Silbenkoda aufgefasst, wie z. B. in كاتب [kaː.tib] *Schreiber,* بارد [baː.rid] *kalt* (vgl. ebd., 106).
2) Die Nullrealisierung des konsonantischen in der Silbenkoda stehenden Silbenelements. Jedes konsonantische Segment besitzt zwei artikulatorische Elemente (Implosion und Explosion), welche mit den Silbenelementen (Implosion und Explosion) nicht verwechselt werden dürfen. Bei der Realisierung des nachfolgenden konsonantischen Segments wird der erste Bestandteil des Konsonanten (Implosion) „zwar artikulatorisch realisiert, kann aber phonologisch nicht" (Kästner 1981, 106) betrachtet werden, da die Implosion des Konsonanten keinen phonologischen Wert besitzt. Segmentierung eines Konsonanten in das implosive Silbenelement der vorherigen und das explosive Silbenelement der nachfolgenden Silbe ist im Arabischen nicht möglich, wie z. B. in كتب [ka.ta.ba] *er schrieb,* كافح [kaː.fa.ħa] *er kämpfte* (ebd., 106).
3) Die Nullrealisierung des vokalischen im Silbenkern stehenden Silbenelements. Infolge der Nullrealisierung des vokalischen im Silbenkern stehenden Silbenelements wird eine Silbe nur mit einem zweiten konsonantischen Element (Explosion) gebildet, was im Arabischen selten vorkommt und nur im Wortin- und -auslaut in Erscheinung tritt. Im Inlaut steht die Silbe lediglich nach einem langen Vokal bzw. Diphthong und wird als erstes Element eines geminierten Konsonanten betrachtet. Die Realisierung des zwischen zwei identischen explosiven Konsonanten stehenden Kurzvokals

ist „koartikulatorisch bedingt“, z. B. zwischen [s̲] und [s̲] wie im Wort خاصة [xaː.s̲s̲a] *besonders* oder zwischen [d] und [d] wie im Wort مادة [maː.ddaː] *Stoff* oder zwischen [b] und [b] im Wort دويبة [du.waj.bba] *Kerbtier* (vgl. Kästner (1981, 106 f). Die Nullrealisierung des Kurzvokals führt zur verzögerten Realisierung des geminierten Konsonanten, der in „einer einzigen explosiven Artikulation realisiert“ wird. Phonologisch gesehen wird daraus eine irreguläre dreigliedrige Konsonantenkombination herausgebildet, welche aus dem konsonantischen Bestandteil des Langvokals bzw. Diphthongs und den beiden identischen Bestandteilen der geminierten Konsonanten besteht. Diese unzulässige Kombination von drei konsonantischen Elementen ist in drei unterschiedliche Silben zu segmentieren, da sowohl die Implosion als auch die Explosion der Silbenelemente aufgrund der Gemination nicht artikuliert werden (vgl. ebd., 107).

Im Arabischen werden die Endsilben aufgrund der Sprechgewohnheit vor Pausen stark reduziert oder sogar elidiert wie etwa (vgl. ebd.):

- حارّ [ħaːr.run] → حار [ħaːr] *heiß*
- حادّ [ħaːd.d un] → حاد [ħaːd] *scharf*

Innerhalb einer Wortform befinden sich maximal sieben Silben, was im Arabischen jedoch selten vorkommt wie in فسيكفيكهمو [fa.sa.jak.fi.ka.hu.mu.] *jemandem genügen*. In der Regel besteht eine Wortform maximal aus vier Silben. Die virtuelle Silbenstruktur des Arabischen lässt sich mit dem kurzen Muster KVK(K) zur Darstellung bringen. Jede Silbe ist aus einem initialen Konsonanten (K), einem Vokal (V), einem Konsonanten in der Koda und einem potenziellen finalen Konsonanten zusammengesetzt. Die Silbentypen des Arabischen lassen sich mit folgenden Beispielwörtern verdeutlichen (vgl. Bischer 2000, 509 ff.; Tulimat 2000, 152 f.; Anis 1971, 92 f.):

1) kurz offene Silbe	KV	→	[da]	دَ	
2) lang offene Silbe	KV	→	[naː]	نا	
3) kurz geschlossene Silbe	KVK	→	[man]	مَنْ	(*wer*)
4) lang geschlossene Silbe	KVK	→	[baːb]	بابْ	(*Tür*)
5) kurz doppelt geschlossene Silbe	KVKK	→	[qas̲irr]	قصْرْ	(*Palast*)

Die ersten drei Silbenkombinationen gehören zu den häufigsten Silbentypen und treten in allen Silbenpositionen auf. Infolge der Sprachentwicklung des Arabischen gibt es eine Tendenz, den ersten Silbentyp innerhalb einer Wortform nicht zweimal hintereinander vorkommen zu lassen. Der zweite Silbentyp oder die Silbenkombination KVV können innerhalb einer Wortform nicht aufeinander folgen. Der dritte Silbentyp tritt häufiger als der erste und zweite Silbentyp auf. Die letzten zwei Silbenkombinationen zählen zu den weniger häufigen Silbentypen und kommen im Arabischen nur am Wortende vor, wobei der letzte Konsonant bei der Aussprache ohne Vokalisation und/oder mit Al-Wuquf ausgesprochen wird (vgl. Bischer 2000, 509 ff.; Tulimat 2000, 152 f.; Al Ani 1983, 132; Anis 1971, 92 f.). Morphologisch gesehen setzt sich eine Silbe aus einem Konsonanten (Wurzelmorphem), einem Vokal (differenzierendes Morphem) und einem optimalen Konsonanten (Wurzelmorphem) zusammen. Dies soll mit den folgenden Beispielen verdeutlicht werden (vgl. Kästner 1981, 109):

Wurzelmorphem	كتب	ktb = [katb]	*Er hat geschrieben*
differenzierendes Morphem		a	
	كتب	ktb = [ka.ta.ba]	*Er schrieb*
		aaa	
	كتب	ktb = [ku.tub]	*Bücher*
		uu	

Im Vergleich zum Arabischen weist das Deutsche komplexere Silbenstrukturen auf, die im folgenden Abschnitt erläutert werden sollen.

4.6.4 Silbenstruktur im Deutschen

Genau wie das Arabische und das Deutsche in ihren Phoneminventaren divergieren, differieren sie ebenfalls bezüglich der Regularitäten der Silbenstruktur. Im Deutschen setzt sich eine Silbe generell aus dem Silbengipfel (Nukleus) und aus zwei Silbenrändern, dem Anfangsrand (Onset) vor dem Nukleus und dem Endrand (Koda) nach dem Nukleus, zusammen. Die einzelnen Silbenpositionen sind folgendermaßen besetzt (vgl. Krech et al. 2009, 35; Ritter

2005, 82): Der Nukleus (Silbenkern) ist obligatorisch und wird generell aus einem Vokal gebildet, er kann jedoch ebenfalls aus silbischen Konsonanten bestehen wie z. B. [n] in *haben* [hˈaː.bm̩] oder [l] in *Tafel* [tˈaː.fl̩]. In fremden Wörtern kann er auch durch andere Konsonanten gebildet werden, z. B. *Brno* [bˈʁ̩.nɔː]. Eine deutsche Silbe kann lediglich aus einem einzigen Vokal bestehen, wie etwa *Abend* [ˈaː.bm̩t] (vgl. Eisenberg 2009, 43; Krech et al. 2009, 35). Onset (Silbenkopf) und Silbenkoda sind fakultativ und können leer oder durch unterschiedliche Konsonanten wie z. B. in *Theater* [te.ˈaː.tɐ], *transversale* [tʁ̥ans.v̥ɛʁ.zˈaː.lə] gebildet werden. Im Silbenkopf stehen meist andere Konsonantenkombinationen als in der Silbenkoda. Dies resultiert aus der Silbenstruktur, wonach die Sonorität im Onset zunimmt, im Nukleus ihr Maximum erreicht und in der Koda wieder abnimmt. Damit ergeben sich für die Konsonantengruppen folgende Sonoritätsabstufungen (vgl. Krech et al. 2009, 35):

1) Fortis-Frikative und Fortis-Plosive befinden sich in Konsonantenkombinationen direkt an den Silbenrändern und besitzen keine Sonorität wie z. B. in *Pracht* [pʁ̥axt], *krank* [kʁ̥aŋk].
2) Lenis-Frikative stehen innerhalb der Silbe nicht in Verbindungen mit Sonorkonsonanten, während Lenis-Plosive zwar stimmhaft sein können, verbunden mit Sonorkonsonanten (Nasale und /l/) aber an den Silbenrändern auftreten, z. B. *Grund* [gʁʊnt]. Im Deutschen werden alle Lenis-Phoneme außer [ʁ] an der Silbenkoda als Fortes artikuliert.
3) Das zum Phonem /ʁ/ gehörende Allophon [ʁ] und Sonorkonsonanten sind stimmhaft, aber ihre Intensität ist geringer als die der Vokale. In Konsonantenverbindungen treten sie direkt neben den Vokalen auf, z. B. im Silbenkopf: *Strich* [ʃtʁ̥ɪç], *blau* [blao̯], in der Silbenkoda: *alt* [alt], *Kunst* [kʊnst] (ebd.).

Die Fähigkeit einzelner Konsonanten zur Kombination und zur Bindung ist von ihrem Sonoritätsgrad, ihrer Silbenposition und von sprachspezifischen Auftretensbeschränkungen abhängig. Für den höchstens drei Konsonanten enthaltenden Silbenkopf ergeben sich folgende Möglichkeiten (vgl. Eisenberg 2009, 42 f.; Krech et al. 2009, 36):

1) Einzelkonsonanten: Im Onset kann jedes konsonantische Segment des Deutschen einzeln vorkommen. Bezüglich der Silbenposition gibt es jedoch kombinatorische Einschränkungen. Beispielsweise können [ŋ s x] nicht am Wortanfang stehen, [s x] aber silbenanlautend innerhalb eines Wortes wie in *rei-ßen, rau-chen.*
2) Zweigliedrige Konsonantenverbindung: Sie besitzt umfangreiche und stark strukturierte Kombinationsmöglichkeiten. In der Regel setzt sie sich aus einem Obstruenten (erstem Glied) und einem Sonoranten (zweitem Glied) zusammen. Im ersten Glied kommt /ʃ/ am häufigsten vor, gefolgt von /k g p f/ und den anderen Plosiven, welche am seltensten auftreten. Im zweiten Glied tritt am häufigsten /ʁ/ auf, gefolgt von /l n v/ und in je einer Verbindung /f s p t/, z. B. *Schrei* [ʃʁ̥aɛ̯], *klein* [klaɛ̯n], *Gnade* [gnˈaːdə], *Schwanz* [ʃv̥ants] (vgl. Krech et al. 2009, 36; Meinhold/Stock 1980, 182 f.; Ternes 2012, 190 f.; Eisenberg 2009, 42 f.). In der folgenden Tabelle ist der Silbenkopf mit möglichen zweigliedrigen Konsonantenverbindung dargestellt:

Tab. 19: Zweigliedrige Konsonantenverbindung im Silbenkopf (nach Eisenberg 2009, 42)

1. Pos. / 2. Pos.	p	t	k	b	d	g	f	ʃ	v	t͡s	p͡f
ʁ	+	+	+	+	+	+	+	+	+		+
l	+		+	+		+	+	+			+
n	+		+			+		+			
m								+			
v			+					+		+	

In der waagerechten Zeile stehen die Obstruenten (erstes Glied) und in der senkrechten Spalte die Sonoranten (zweites Glied). Ein + signalisiert, dass die betroffene Kombination auftritt, ein leeres Feld, dass sie nicht existiert. Als Beispiele für eine Kombination aus Obstruent und Sonorant dienen folgende Wörter: *Platz, Pracht, tragen, Knie, Dreck, Glied, Pflaume, Stadt, frei, Spitz* (vgl. Ternes 2012, 190 f.). Die stimmhaften und stimmlosen Plosive weisen sehr ähnliche Kombinationsmöglichkeiten auf. Zum Beispiel weisen [p] und [b], [t] und [d] eine identische, [k] und [g] eine fast identische Kombinatorik auf. Auch die ähnliche Lautsubstanz zwischen stimmhaften und stimmlosen

Plosiven wird dadurch zum Ausdruck gebracht. Eine Ausnahme von der obstruent-sonorant Kombinatorik bildet das [v], welches aufgrund seines lautlichen Charakteristikums an der Grenze zwischen Obstruent und Sonorant liegt und in erster Position wie in *wringen, Wrack* und in zweiter Position entstimmlicht wie in *Zwang, Schwester* auftritt (vgl. Eisenberg 2009, 42 f.). Darüber hinaus kann die zweigliedrige Konsonantenverbindung sich aus einem stimmlosen Frikativ und einem stimmlosen Plosiv zusammensetzen. Sie tritt in deutschen und eingedeutschten Wörtern in Erscheinung wie etwa [ʃt] in *Stein,* [ʃp] in *Spalt,* [sk] in *Skat* und [st] in *Story* sowie [sp] in *Speed,* [tʃ] in *Tschador* oder [dʒ] in *Dschungel* (vgl. ebd.). In diesem Zusammenhang gilt es noch darauf zu verweisen, dass der Silbenkopf lediglich aus exakt einem Sonoranten gebildet werden kann. In akzentuierten Positionen können in den deutschen Wortformen, abgesehen von [ŋ s ç] bzw. [x], alle Konsonantenphoneme in Erscheinung treten (vgl. ebd.).

3) Dreigliedrige Konsonantenverbindungen: Sie bestehen aus den Kombinationen /ts pf ʃp ʃt/, gefolgt von /ʁ l v/ als drittem Glied, z. B. *Pfropf* [pfʁ̥ɔpf], *Spreu* [ʃpʁ̥ɔœ̯], *Streich* [ʃtʁ̥ae̯ç], *Zweig* [tʃv̥ae̯k]. In eingedeutschten Wörtern treten ebenfalls die Kombinationen [skr] wie in *Skrupel, Skript* und [skl] wie in *Sklave, Sklerose* auf (vgl. Krech et al. 2009, 36; Eisenberg 2009, 42).

Für die aus höchstens fünf Konsonanten bestehende Silbenkoda ergeben sich folgende Möglichkeiten (vgl. Krech et al. 2009, 36):

1) Einzelkonsonanten: Einzeln können alle Konsonantenphoneme außer [h] auftreten. Es sei darauf hingewiesen, dass an der Silbenkoda aufgrund der Auslautverhärtung Lenis- als Fortes-Konsonanten artikuliert werden.
2) Mehrgliedrige Konsonantenverbindungen: Als erstes Glied sind /ʁ/ und /l/ sowie die Nasale am häufigsten, ihnen folgen überwiegend Fortis-Konsonanten.

Die Lautkombinationen der Silbenkoda folgen zum Teil den gleichen, zum Teil anderen Regeln als im Silbenkopf, wobei eine große Anzahl an Lautkombinationen des Silbenkopfs in der Silbenkoda in umgekehrter Reihenfolge wie [ʃm] – [mʃ] in

Schmuck – Ramsch, [kl] – [lk] in *Klang – Kalk*, [fl] – [lf] in *Flug – Wolf* vorkommen kann. Gegenüber dem Silbenkopf weist die Silbenkoda folgende Eigenschaften auf (vgl. Eisenberg 2009, 44 f.):

1) Die Silbenkoda kann mehr als einen Sonoranten enthalten. Die Liquide und die Nasale bilden in der Silbenkoda je ihre eigene Sonoritätsklasse wie in *Garn, Arm, Köln, Halm*. Innerhalb der Liquide ist /ʁ/ sonoranter als /l/ wie in *Kerl, Quirl*.
2) In der Silbenkoda befinden sich nur stimmlose Obstruenten: [bʊnt], [hɛʶpst], [ʁuːs]. Infolge dieser Restriktion entsteht die Auslautverhärtung, welche der arabischen Silbe fremd ist. So werden in der Silbenkoda die stimmhaften Konsonanten [b d g v z] stimmlos als [p t k f s] artikuliert, wobei das verlare [g] nach [i] bzw. [ɪ] nicht nur entstimmlicht, sondern auch spirantisiert wird, wie in *König* [køːnɪç].
3) Zwischen Silbenkoda und -kern besteht eine Längenkorrelation, sodass der Vokal im Silbenkern, wenn in der Silbenkoda kein Segment auftritt, betont und gespannt, d.h. lang wie in *Kuh* [kuː] und *Knie* [kniː] ist. Bei Vorhandensein von zwei oder mehr konsonantischen Segmenten in der Silbenkoda ist der Vokal ungespannt, d. h. kurz wie in *bunt* [bʊnt] und *sanft* [zanft]. Hiervon bilden beispielsweise *Mond, wüst, Obst* seltene Ausnahmen, in denen trotz komplexer Silbenkoda der Vokal lang realisiert wird. Aufgrund dieser Korrelation werden Silbenkern und -koda häufig als eine Einheit (Silbenreim) betrachtet (vgl. ebd.).

4.6.5 Silbenstrukturen im Deutschen und im Arabischen

Die Silbenkombinationen KVK und KVKK zählen zu den am häufigsten vorkommenden Silbenstrukturen im Deutschen, das über mehrteilige Konsonantenhäufungen verfügt (vgl. Meinhold/Stock 1980, 181 f.; Ternes 2012, 186), während das Arabische eine weitaus geringe Anzahl an Silbenkombinationen aufweist. Die typischen Silbenstrukturen des Arabischen und Deutschen lassen sich wie folgt zusammenfassen:

Tab. 20: Silbenstrukturen des Arabischen und des Deutschen (eigene Darstellung) (V: Vokal/Diphthong – K: Konsonant)

Arabisch		Deutsch	
KV	هو *er*	V	*Ei*
KVK	دور *Häuser*	VK	*an*
KVKK	برّ *Gutes tun*	VKK	*Ast*
		VKKK	*Obst*
		VKKKK	*Ernst*
		VKKKKK	*impfst*
		KV	*du*
		KVK	*Mal*
		KVKK	*muss*
		KVKKK	*Markt*
		KVKKKK	*Herbst*
		KKV	*froh*
		KKKV	*Streu*
		KKVK	*klar*
		KKVKK	*Brust*
		KKVKKK	*Schwulst*
		KKKVK	*Strahl*
		KKKVKK	*Strand*
		KKKVKKKK	*sprichst*
		KKKVKKKKK	*schimpfst*

Aus dem vorgenommenen Vergleich lässt sich zusammenfassen, dass die Silbenstrukturen im Deutschen viel komplexer als die im Arabischen sind. In der Standardaussprache des Arabischen kann eine Silbe nur mit einem Konsonanten beginnen. Es treten hauptsächlich die Silbenkombination KV, KVK und KVKK auf, bei denen an den äußeren Randbereichen maximal zwei Konsonanten aufeinander folgen können. In den beiden Sprachen können neben Vokalen ebenfalls silbische Konsonanten den Silbengipfel bilden, welcher durch besondere phonetische Merkmale wie stärkerer Atemdruck und insbesondere größere Sonorität gekennzeichnet ist, ein Kriterium, das für die Silbenbildung des Arabischen und des Deutschen relevant ist. Eine deutsche Silbe kann, im Gegensatz zur arabischen, aus einem Vokal bestehen, der den Silbenkern bildet, um den sich die Silbenränder gruppieren, welche einzeln oder in bestimmten Kombinationen mit bis zu drei Konsonanten vor und mit bis zu fünf Konsonanten nach dem Silbenkern auftreten können (vgl. 4.6.3/4.6.4).

4.7 Suprasegmentalia

Im nun folgenden Unterkapitel sollen Akzentuierung, Rhythmisierung und Melodisierung des Arabischen und des Deutschen beschrieben und gegenübergestellt werden. Hier ist auf Kapitel 4.1.3 zu verweisen, in dem eine Begriffsklärung sowie eine Darstellung der Funktionen und Leistungen suprasegmentaler Merkmale erfolgt.

4.7.1 Akzentuierung

In den linguistischen und anderen sprachlichen Nachschlagewerken sowie in den einführenden Werken zur Phonetik und Phonologie wird der Terminus Akzentuierung zum einen als Hervorhebung einer Silbe gegenüber anderen Silben eines Worts – im Sinne Wortakzent – und zum anderen als Hervorhebung einer akzentuierten Silbe – im Sinne Satzakzent – beschrieben (Hirschfeld/Neuber 2010, 12; Glück 2010, 24 f.; Bußmann 2008, 22 f.; Hirschfeld/Stock 2011, 41; Stock 1996, 38; Selting 1995, 109; Pompino-Marschall 2003, 233). Brindöpke et al. (1991, 137) beschreiben den Begriff Wortakzent als einen akustischen, perzeptiven, grammatischen sowie semantisch-pragmatischen Begriff. Pompino-Marschall (2003, 233) bezeichnet den Wortakzent als lexikalischen Akzent. Benkwitz (2004, 19) definiert ihn in ihrer Doktorarbeit als „die Hervorhebung einer Silbe bzw. eine hervorgehobene Silbe [...], unabhängig davon, durch welche phonetischen Mittel dieser Eindruck zustande kommt.“ Hirschfeld (1995, 56) versteht unter dem Begriff Akzentuierung „Betonung/Hervorhebung von Silben in Wörtern bzw. Wortgruppen durch Veränderung der Tonhöhe, größere Lautstärke, geringeres Sprechtempo sowie größere Spannung und damit Deutlichkeit.“ (vgl. auch Stock 1996, 38; Bußmann 2008, 22 f.; Glück 2010, 24 f). In der vorliegenden Arbeit wird der Begriff Akzentuierung nach Hirschfeld (1995) verstanden und nach drei verschiedenen Akzentarten

(Wortakzent, Wortgruppen- und Satzakzent) differenziert, welche unter kontrastivem Blickwinkel zwischen dem Arabischen und dem Deutschen beschrieben werden.

4.7.1.1 Wortakzentuierung

Das suprasegmentale Komplexmerkmal des Wortakzents wird im Arabischen als ein abstraktes lexikalisches Merkmal der Silbe bzw. eines Wortes betrachtet und als „Stress“ bzw. „Accent“ bezeichnet, welches durch Betonung bzw. phonetische Hervorhebung einer bestimmten Silbe im Vergleich zu den umliegenden nichtbetonten Silben innerhalb eines Wortes entsteht. Infolge der phonetischen Hervorhebung von Silben wird eine Wortform in der Regel in hauptakzentuierte, nebenakzentuierte und nichtakzentuierte Silben differenziert (vgl. Al-Ani 1970, 87). Für die Wortakzentuierung des Arabischen gelten folgende Regeln (vgl. Schulz 2004, 9):

1. In einer Wortform kann lediglich eine der letzten drei Silben akzentuiert werden. Bei Realisierung der „Nunation“, welche sich auf die Setzung der Genitivverbindungen (-an, -in, -un) an unbestimmten Nomina bezieht, wird diese hinzugezählt.
2. Die letzte Silbe, welche einen Langvokal besitzt, wird akzentuiert:
   - كِتاب [kit.ˈaːb] *Buch* كِاتبٌ [ki.tˈaː.bun] *ein Buch*
   - جديد [dʒa.dˈiːd] *neu* جديدٌ [dʒa.dˈiː.dun] *etwas Neues*

   Jedoch wird der auslautende Vokal am Wortende nicht akzentuiert:
   - هو [hˈu.waː] *er*
   - هنا [hˈu.naː] *hier*
   - كرسي [kˈur.siː] *Stuhl* aber كرسيّ [kur.sˈiː.yun] ein Stuhl
3. Wenn in keiner der letzten drei Silben ein Langvokal vorkommt, fällt die Wortakzentuierung auf die vorletzte Silbe, wenn es sich dabei um keine offene Silbe handelt oder ein Wort nur aus zwei Silben besteht:
   - معلم [mu.ʕ ˈal.lim] *Lehrer*
   - مترجم [mu.tˈar.dʒim] *Dolmetscher*
   - انت [ˈan.ta] *du*
   - رجل [rˈa.dʒul] *Mann*

Ansonsten wird die drittletzte Silbe – unabhängig von ihrer Struktur – akzentuiert:

- معلمة [mu.ʕ 'al.li.ma] *Lehrerin*
- مجتهدٌ [mudʒ.t'a.hi.dun] *fleißig*

4. Aufgrund der Regel des Arabischen, dass lediglich eine der letzten drei Silben akzentuiert werden kann, kommt es durch angefügte Suffixe oder durch realisierte Nunation zur Wortakzentverschiebung:
   - طالبة [t'a.li.ba] *Studentin*
   - طالبةٌ [ta.l'i.ba.tun] *eine Studentin*
   - كُتبٌ [k'u.tu.bun] *Bücher*
   - كتبنا [ku.t'u.bu.naː] *unsere Bücher*
   - معلّمٌ [mu.ʕ 'al.li.mun] *ein Lehrer*
   - معلمنا [mu.ʕal.l'i.mu.naː] *unsere Lehrer*

Im Deutschen fällt der Wortakzent auf keine festgelegte abzählbare Silbe einer Wortform, das heißt, er kann auf der ersten, der zweiten, der dritten, der vierten, der *n*-ten Silbe liegen. In der Regel hängt der Wortakzent vom Stammmorphem eines Wortes und von den Silbenstrukturen ab. Eine akzentuierte Silbe zeichnet sich durch unterschiedliche phonetische Parameter aus. So treten meist mit der Betonung auditive Erscheinungsveränderungen der Melodieführung, der Lautstärke, der Sprechgeschwindigkeit, der Lautdehnung sowie eine Erhöhung der Muskulaturspannung und Artikulationspräzision auf (vgl. Pompino-Marschall 2003, 233; Krech et al. 2009, 39/42; Hirschfeld/Stock 2011, 42; Meinhold/Stock 1980, 229f.; Hirschfeld/Neuber 2010, 15; Dieling/Hirschfeld 2000, 101). In den zusammengesetzten Wörtern erfüllt die Differenzierung in Haupt- und Nebenakzente eine semantische Unterscheidungsfunktion (vgl. Meinhold/ Stock 1980, 229). Im Gegensatz zum Arabischen ist der Wortakzent im Deutschen distinktiv und besitzt damit eine bedeutungsdifferenzierende Funktion (vgl. ebd. 229 f.; Hirschfeld/Neuber 2010, 15; Krech et al. 2009, 46):

- *August* [aɔ̯g'ʊst] *Monatsname*
- *August* ['aɔ̯gʊst] *Vorname*
- *Konsum* [k'ɔnzuːm] *Laden*
- *Konsum* [kɔnz'uːm] *Verbrauch*

- *blutarm* [blˈʊːtˀaʁm] *arm an Blut*
- *blutarm* [bl ʊːtˈ ˀaʁm] *sehr arm*
- *übersetzen* [ˈyːbɐzɛtsn̩] *überqueren eines Gewässers*
- *übersetzen* [yːbɐzˈɛtsn̩] *in eine andere Sprache übertragen*

Die Bestimmung der Wortakzentposition in deutschen und eingedeutschten Namen, Wörtern und Komposita ist von großer Bedeutung, da sowohl die Regeln als auch die Mittel der Akzentuierung unterschiedlich sind. Dies bereitet den meisten Deutschlernenden Ausspracheprobleme (vgl. Hirschfeld 2010b, 196 f.). Für die Wortakzentuierung ergeben sich folgende Regeln:

1. Wortakzent in einfachen deutschen Wörtern

Die Wortakzentuierung einfacher deutscher Wörter hängt von der morphologischen und lautlichen Struktur einer Wortform ab und basiert auf nachfolgenden Regeln (vgl. Krech et al. 2009, 46; Eisenberg 2009, 48 f.; Meinhold/Stock 1980, 299 f.):

a) in den meisten Wörtern liegt der Wortakzent auf der Stammsilbe und im zweisilbigen Stamm auf der ersten Silbe wie in *fangen, gefangen, Gefangenschaft, antworten, bearbeitet, versuchen*. Je nach der Entstehungsgeschichte bezieht sich dies ebenfalls auf Namen wie etwa *G**o**ethe, Hegel, Sch**i**ller;*
b) in den mit <ur-, -ei, -ieren> gebildeten Wörtern fällt der Akzent auf ihre Affixe wie in ***U**rsache, Fleischer**ei**, marsch**ie**ren, prob**iert**;*
c) in Substantiven, Adjektiven und auch in einigen Verben werden die Präfixe <miss-> und <wider-> akzentuiert:
   - Substantive: *M**i**sserfolg, Missvergnügen, Misstrauen; Widerrede, Widerruf, Widerstand;*
   - Adjektive: *m**i**sstrauisch, missverständlich; widerrechtlich, widerwärtig;*
   - Verben, in denen das Stammmorphem direkt nach dem Verbpräfix steht wie in *m**i**ssgestalten, m**i**ssverstehen*. Ausnahmen bilden die Verben, in denen dem Verbpräfix das Stammmorphem folgt. Beispielsweise werden die Präfixe <miss-> und <wider-> in *missgl**ü**cken, misstr**au**en, widerr**u**fen, widers**e**tzen, widerspr**e**chen* nicht betont, beim Verbpräfix <wider> liegen weitere Ausnahmen vor wie in *w**i**derhallen, w**i**derklingen;*

d) in einer Reihe von Wörtern kommt das Präfix <un-> sowohl betont als auch unbetont vor. Es wird akzentuiert, wenn es um Negation einer Wortform geht, welche „unter gleichen Bedingungen einsetzbar ist"(Krech et al. 2009, 46), wie in ***un**gekocht, **U**ntiefe, **U**ntreue.* Ausgenommen sind die Wörter *unausspr**e**chlich, uns**ä**glich* (*sprechlich* und *säglich* werden als Wörter nicht genutzt). Kommt das Präfix <un-> zum Ausdruck der Emotionalisierung und eines bereits verbalisierten oder mitgedachten Kontrasts, kann es zur Akzentverschiebung wie in *unm**ö**glich, unh**ei**mlich* kommen, ebenso: ***u**naussprechlich, **u**nsäglich;*
e) in trennbaren Verben werden Präfixe akzentuiert wie in ***a**blaufen* (*es läuft ab*), *n**a**chgeben* (*ich gebe nach*). Ausnahmefälle bilden die Verben, deren Präfixe je nach Kontext fest oder unfest vorkommen, so dass die Akzentuierung bedeutungsunterscheidend wirkt wie in *umf**a**hren* (*ich umfahre das Hindernis*) – ***u**mfahren* (*ich fahre den Pfahl um*). Solche Ausnahmefälle treten ebenfalls in anderen Wortarten wie in ***Au**gust* (Personenname) und *Aug**u**st* (Monatsname) auf. Wenn nicht unmittelbar auf das Präfix <wieder-> ein trennbares Verb oder eine Ableitung folgt, tritt keine Akzentuierungsverschiebung auf, wie in *wieder**au**fbauen, wiederh**e**rstellen, Wiederg**u**tmachung;*
f) in zweisilbigen Kurzwörtern fällt der Akzent meist auf die erste Silbe wie in *Kr**i**po, **U**no, B**a**fög, Z**i**vi*; in dreisilbigen häufig auf die zweite Silbe wie in *UN**E**SCO, Gest**a**po* (ebd.).

2. Wortakzentuierung einfacher eingedeutschter Wörter
Angesichts des breiten Spektrums der Herkunftssprachen und der jeweiligen Biografie eingedeutschter Namen und Wörter existieren für die Wortakzentuierung keine eindeutigen und vereinheitlichten Regulierungen (vgl. Krech et al. 2009, 47; Eisenberg 2009, 49):

1) Jüngere Entlehnungen
Namen und Wörter, welche in den letzten Jahrzehnten aus verschiedenen Fremdsprachen stammen, behalten meist ihren eigenen Akzent.
2) Ältere Entlehnungen
Für die aus dem Griechischen und Lateinischen stammenden Wörter und Namen wie *Demokratie, eloquent* gelten folgende Regeln:

a) Beim weitaus größten Teil der o. g. Wörter wird die letzte Silbe akzentuiert, wie in *Idee, Philatelie, analog, kompakt, Konspekt, Kostüm, Zertifikat.*
b) Die Suffixe <-al, -ität, -är, -ös> sind betont wie in *legal, Universität, konträr, generös.*
c) Die deutschen Suffixe <-isch, -ig, -haft, -keit, -reich, -voll, -ung> fixieren den Wortakzent auf der vorletzten Silbe wie in *allergisch, gnomhaft, phantasievoll.*
d) Einige Suffixe besitzen besondere Akzentuierungseigenschaften. Beispielsweise werden die fremden Suffixe <-um, -us, -os, -ak, -as, -ans, -iker> wie in *Museum, Realismus, Pathos, Kognak, Informatiker* nicht betont. Zu ihnen gehört ebenfalls <-or>, das hervorgehoben werden kann, wenn ihm eine nicht akzentuierte Silbe wie in *Doktor – Doktoren* folgt.
e) Mehr als fünfsilbige Wörter, deren Suffixe betonbar sind, weisen eine zusätzliche, schwächere Akzentuierung (Nebenakzent) der ersten Silbe auf wie in *Falsifikation, Kosmetologie* (ebd.).

3. Komposita (Zusammensetzungen)

Komposita sind zwei oder mehrgliedrige Einheiten, welche vielfältige Akzentuierungsmuster aufweisen. Im Folgenden werden ihre Akzentuierungsregeln nach Krech et al. (2009, 47 f.), Eisenberg (2009, 50) und Meinhold/Stock (1980, 229) zusammengefasst:

a) Beim „zweigliedrigen Determinativkompositum“ wie etwa *Reiseapotheke, Handapparat* wird das erste Wort hervorgehoben und zwar auf der Silbe, die bei seinem freien Vorkommen akzentuiert wird. Der Akzent des ersten Wortes wird zum dominierenden Akzent des Kompositums, welcher beim Satzakzent durch prosodische Eigenschaften zusätzlich hervorgehoben wird. Der Akzent des zweiten Bestandteils des zweigliedrigen Kompositums wird zu einem Nebenakzent reduziert.

In „zweigliedrigen Kopulativkomposita“ wie etwa *rosarot, Nordrhein-Westfalen, Meyer-Eppler* hingegen wird der Akzent des ersten Bestandteils zum Nebenakzent abgeschwächt, während der Akzent des zweiten zum

Hauptakzent des Kompositums wird. Bei Kopulativkomposita wie etwa *geistig-kulturell* werden unter Satzakzentuierung die Akzentsilben beider Einheiten durch prosodische Mittel hervorgehoben.

b) In „dreigliedrigen Komposita“ bilden in der Regel zwei der Wörter ein Kompositum. Die Zusammensetzung mit drei Einheiten weisen unterschiedliche Strukturen auf, welche im Folgenden mit Beispielen veranschaulicht werden:

(1) verfügt ein dreigliedriges Kompositum über die Struktur a + (b+c, determinativ), so wird die zweite Einheit (b) hervorgehoben wie in *Welthungerhilfe, Bundesaußenminister, Verwaltungsnebenstelle.*

Ausnahmefälle entstehen, wenn (b) und (c) eine feste Verbindung oder einen eigenen Lexikoneintrag aufweisen, in diesem Fall werden sie immer als Kompositum gebraucht wie in *Reiseaktentasche, Kinderschreibgarnitur*. Dabei fällt der Hauptakzent auf (a), Nebenakzente auf (b) und (c).

(2) Besitzt ein dreigliedriges Kompositum die Struktur (a+b, determinativ) + c, so liegt der Hauptakzent auf (a), Nebenakzente auf (b) und (c) wie in *Badewannenhalterung, Kugelschreibermine.*

(3) Hat ein dreigliedriges Kompositum die Struktur (a+b, kopulativ) + c, so fällt der Hauptakzent auf (b), Nebenakzente auf (a) und (c) → *Schwarzweiß-Malerei, Analog-digital-Wandler, Theodor-Fontane-Platz.*

(4) Besteht in einem dreigliedrigen Kompositum die Struktur (a + b + c, kopulativ) liegt der Hauptakzent auf (c), Nebenakzente auf (a) und (b) → *schwarz-rot-gold.*

In manchen Wörtern wie etwa *Betriebssportgemeinschaft* oder *Unfallversicherungsträger* kann der Hauptakzent auf den jeweils ersten oder zweiten Bestandteil des dreigliedrigen Kompositums fallen, da in solchen Fällen die Strukturbeziehungen unterschiedlich gewertet werden können (vgl. Krech et al. 2009, 47 f.; Eisenberg 2009, 50; Meinhold/Stock 1980, 229).

c) In „vier- und mehrgliedrigen Komposita“ ergibt sich die Akzentposition gleichfalls aus der Kombination und Stellung des betroffenen Kompositums in der Wortgruppe. Zudem ist die Akzentstelle ebenfalls von vielfältigen Rhythmisierungsaspekten abhängig, so dass die Positionen der Haupt- und Nebenakzente innerhalb des Kompositums auswechselbar sind. Zum Beispiel besitzt das Wort *Regenwassersammelbecken* die Struktur (a+b)+(c+d), das bedeutet, die erste zweigliedrige Zusammensetzung determiniert die zweite zweigliedrige Zusammensetzung. Der Hauptakzent sollte sohin auf (a) fallen und Nebenakzente auf (b), (c), (d). Dient er zum Ausdruck eines Kontrasts oder einer Hinweisung, so müsste der Hauptakzent auf dem (c) liegen.

d) Einen Ausnahmefall bilden die Buchstabenwörter wie etwa *DAA**D**, Gmb**H***, deren letztes Buchstabenwort hervorgehoben wird.

Kommen „die Akzentsilben zweier Konstituenten unmittelbar" (Krech et al. 2009, 48) nacheinander, so kann sich die Akzentuierung verschieben wie in *Verd**ie**nsturk**u**nde* (eigentlich *Verd**ie**nst* + ***u**rkunde*), *Mus**i**khochsch**u**le* (eigentlich: *Mus**i**k* + *h**o**chschule*), *H**au**seigent**ü**mer* (eigentlich: *H**au**s* + ***ei**gentümer*) (vgl. ebd.).

4.7.1.2 Wortgruppen- und Satzakzentuierung

In diesem Abschnitt werden die Termini Satz- und Wortgruppenakzentuierung definiert und deren Akzentuierungsregeln im Deutschen zusammengefasst sowie ihre Relevanzen im Fremdsprachenlernprozess aufgezeigt. Darüber hinaus werden die Gemeinsamkeiten und Unterschiede zwischen den beiden Sprachen auf der Ebene der Wortgruppen- und Satzakzentuierung mit Beispielen veranschaulicht. Bei Wortgruppenakzentuierung, Rhythmisierung und Melodisierung bestehen große Unterschiede zwischen freiem und reproduziertem Sprechen. Die hier beschriebenen Regularitäten beziehen sich auf das reproduzierte Sprechen.

In einer gesprochenen Äußerung werden bestimmte Einheiten, welche als besonders informativ gelten, durch auditive Erscheinungsveränderung der Tonhöhe und Lautstärke sowie durch „Dauerkontraste von den anderen Silben des Wortes und der Äußerung" (Meinhold/Stock 1980, 230) abgehoben. Diese Hervorhebungen werden als Wortgruppen- und Satzakzentuierung bezeichnet (vgl. Meinhold/Stock 1980, 230; Cohrs 2008, 41 f.;

Hirschfeld 2010a, 6). Lerchner (1971, 169) definiert die Satzakzentuierung als „die Hervorhebung eines semantisch oder expressiv wichtigen Wortes in einer Sequenz.“ Ähnlich wie Lerchner versteht Hirschfeld (2010a, 277 f.) unter Satzakzent die „Hervorhebung des sinnwichtigsten Wortes eines Satzes“ und verdeutlicht, dass es sich dabei um die Hervorhebung der Akzentsilbe oder des Akzentvokals eines Wortes im Satz handelt. Trotz häufiger Verwendung des Terminus Satzakzent zieht sie die Begriffe Äußerungsakzent bzw. Wortgruppenakzent vor, da es beim freien Sprechen schwierig ist, die Satzgrenzen zu erkennen und in längeren Sprachäußerungen häufig diverse gleichstarke Akzente vorkommen können. Zudem werden grammatische Strukturen in gesprochenen Äußerungen nicht immer in korrekter Weise eingehalten (ebd.).

Zur Satzakzentuierung lassen sich schwer einheitliche Regeln aufstellen, da die Satzakzentuierung maßgeblich kontext- und situationsabhängig ist und gesprochene Äußerungen unterschiedliche syntaktische Strukturen aufweisen (vgl. Dieling/Hirschfeld 2000, 106; El Nady 2006, 124; Hirschfeld 2010a, 278; Hirschfeld/Stock 2011, 45). Jedoch liegt innerhalb einer gesprochenen Äußerung eine Differenzierung in Haupt- und Nebenakzente vor. Im Deutschen gilt die Regel, dass der Hauptakzent oft auf der letzten betonbaren Einheit einer Wortgruppe bzw. einer lautlichen Äußerung liegt, wie z. B. in *immer am Sonntag. Heute ist Sonntag. Heute ist Sonntag, der 20. Februar*. Satz- und Wortgruppenakzentuierungen werden durch Kombination und Modifikation prosodischer Eigenschaften gestaltet (vgl. Hirschfeld 2010a, 278). Die Wortgruppenakzentuierung wird als Hervorhebung einzelner Einheiten in einer inhaltlich zusammenhängenden Wortgruppe definiert, welche eine vollständige Sprachäußerung oder ein Einschub innerhalb einer längeren Sprachäußerung sein kann (vgl. Hirschfeld et al. 2007, 29). Auf syntaktischer Ebene werden feste und unfeste Wortgruppen differenziert, deren Übergang zueinander fließend ist. Eine feste Wortgruppe ist eine aus mehreren Wörtern bestehende lexikalische Einheit, welche rhythmisch wie ein Einzelwort realisiert wird und auch wie ein solches im Gedächtnis gespeichert ist (vgl. Krech et al. 2009, 21 f.). Die Akzentuierung von Einzelwörtern in einer Wortgruppe erfolgt nach einer Abstufung in Haupt- und Nebenakzente. Die folgenden Beispiele, bei denen das erste jeweils eine feste und das zweite jeweils eine unfeste Wortgruppe darstellt, verdeutlichen dies:

a) „Jede Wortgruppe hat einen Gruppen-Hauptakzent, alle anderen autosemantischen Wörter (Substantive, Adjektive, Adverbien, Verben, Hilfsverben an der Stelle von Verben) **können** einen Gruppen-Nebenakzent erhalten: *wieder auf dem D**a**mm sein, ein B**u**ch aus der Biblioth**e**k.*
b) Wird ein Verb durch Objekte, Adverbien usw. ergänzt, so liegt der Gruppen-Hauptakzent auf der (letzten) Ergänzung: *die D**i**nge beim N**a**men nennen, ich werde m**o**rgen meinen V**a**ter besuchen.* Aber: *Er begr**ü**ßt den Gast* (von dem, wie der bestimmte Artikel zeigt, schon gesprochen wurde).
c) Wird ein Substantiv durch Objekte, Adjektive usw. ergänzt, so liegt der Gruppen-Hauptakzent auf dem letzten akzentuierbaren Wort: *ein w**ei**ßer Fl**e**ck auf der L**a**ndkarte, eine M**e**nge b**u**nter K**u**geln.*
d) In Aufzählungen erhält das letzte Glied den Gruppen-Hauptakzent: *Bl**u**t und W**a**sser, **Ei**er, M**i**lch und M**e**hl.*“ (Krech et al. 2009, 48).

Diese Regeln zu Haupt- und Nebenakzenten werden durch folgende zusätzliche Regeln ergänzt:

e) Bei einer Aussage, welche weder eine abgrenzende noch hervorhebende Absicht verfolgt, können synsemantische im Gegensatz zu autosemantischen Wörtern keinen Wortgruppenakzent tragen.
f) Beim verlangsamten Sprechtempo werden mehr Wortgruppenakzente realisiert als beim schnellen Sprechen.
g) In der Regel gibt es innerhalb einer Wortgruppe einen Hauptakzent und Nebenakzente, die sich durch Akzentstelle, die Bedeutung und Signalisierungsstärke der akzentuierten Wörter unterscheiden.
h) In der Regel gibt es innerhalb einer Wortgruppe einen Hauptakzent und Nebenakzente, die sich durch die Bedeutung, die Signalisierungsstärke und die Position der akzentuierten Wörter unterscheiden (vgl. ebd., 40).

Zwischen dem Arabischen und dem Deutschen gibt es auf Wortgruppen- und Satzakzentuierungsebene viele Gemeinsamkeiten aber auch einige Unterschiede, welche Hirschfeld/Seddiki folgendermaßen zusammenfassen:

„Unterschiede in der Satzakzentuierung betreffen weniger die hervorzuhebenden Satzteile, als vielmehr die dafür einzusetzenden phonetischen Mittel. Als Mittel der Hervorhebung dient im Arabischen eine Kombination von Intensitäts- und Tonhöhenänderung, wobei zu große Lautheit als Ausdruck des Effekts betrachtet wird. Im Deutschen werden betonte Wörter im Vergleich dazu stärker melodisch und durch größere Spannungs- und Artikulationsgenauigkeit markiert.“ (Hirschfeld/Seddiki 2003, 4).

In den beiden Sprachen erfüllt die Satzakzentuierung eine bedeutungsdifferenzierende Funktion, so ergeben sich aus einer Veränderung der Akzentstelle innerhalb einer gesprochenen Äußerung Bedeutungsveränderungen, wie folgende Beispiele veranschaulichen:

1. ***Ali** ist in die Schule gegangen.*
   (Kontrast: und *nicht Tina*)
2. *Ali ist in die **Schule** gegangen*
   (Kontrast: und *nicht in die Stadt*)
3. *Ali ist in die Schule **gegangen***
   (Kontrast: und *nicht mit der Straßenbahn gefahren*)

1. ذهب **علي** الى المدرسة
   [ðˈahaba **ali** ˈilaː l-mˈadrasa]
   (Kontrast: und *nicht sein Freund*)
2. ذهب علي الى **المدرسة**
   [ðˈahaba ali ilaː **l-mˈadrasa**]
   (Kontrast: und *nicht in die Stadt*)
3. **ذهب** علي الى المدرسة
   [**ðˈahaba** ˈali ˈilaː l-mˈadrasa]
   (Kontrast: und *nicht mit der Straßenbahn gefahren*)

Auch bei fehlerlosen Realisierungen der Laute führen Abweichungen bei der Satzakzentuierung zur Verletzung des Sprachrhythmus und erschweren somit das Verstehen und Verstandenwerden. Im Arabischen werden betonbare Wörter melodisch weicher akzentuiert, während im Deutschen starke Kontraste zwischen akzentuierten und nichtakzentuierten Wörtern bestehen. Daher müssen arabische Deutschlernende sich darum bemühen, betonbare Wörter energischer und präziser zu artikulieren und auf Besonderheiten prosodischer Eigenschaften der deutschen Sprache zu achten (vgl. El Nady 2006, 125).

4.7.2 Rhythmisierung

Vom griechischen Wort ρυθμος (rhythmós) stammend, bedeutet der Terminus Rhythmus „Gleichmaß" (Glück 2010, 569), welcher aufgrund seiner vielfältigen phonologischen und phonetischen Komponenten als einer der diffizilsten zu definierenden Begriffe der suprasegmentalen Merkmale gilt. Ausgehend von der Tatsache, dass jede Sprache über „ihren eigenen charakteristischen Rhythmus" verfügt, welcher ihren Klang mit prägt und für den Verstehensprozess nicht irrelevant ist (Cohrs 2008, 53), wird im Rahmen der vorliegenden Arbeit unter dem Begriff Rhythmus der „Sprechrhythmus" verstanden. Im Folgenden werden der Begriff Rhythmus (Sprechrhythmus) definiert und ein Vergleich des Rhythmus der deutschen Sprache mit dem der arabischen Sprache gezogen sowie seine Bedeutung für den Fremdsprachenunterricht aufgezeigt. Basis der Analyse und Beschreibung des Sprechrhythmusbegriffs und -inhalts bilden die „Zeitlichkeit", die Gliederung und der Kontrast rhythmischer Komponenten sowie das wichtige Element die Silbe (vgl. Glück 2010, 569; Reinke 2010b, 275; Benkwitz 2004, 28 f.; Fiedler 2012, 96). Diese unterschiedlichen grundlegenden phonologischen und phonetischen Einheiten weisen darauf hin, dass der Sprechrhythmus als ein sehr umfangreiches und kompliziertes Sprachphänomen gilt (vgl. Benkwitz 2004, 39; Fiedler 2012, 96).

Nach der von Glück (2010, 569) dargestellten Definition wird der Rhythmusbegriff als „Strukturelement der zeitlichen Gliederung lautsprachlicher Äußerungen" aufgefasst. Ähnlich wie Glück versteht Reinke (2010b, 275) unter dem Rhythmus „die dynamisch-temporale Gestaltung des Gesprochenen mittels Gliederung in rhythmische Gruppen, die durch ihren Silbenumfang und die Zahl und Position der Akzente charakterisiert sind." Stock (1996, 33/68) betont, dass der Rhythmus nicht lediglich eine Zerlegung lautsprachlicher Äußerungen mittels Pausen, sondern eine gleichmäßige zeitliche Gliederung mithilfe verschiedener prosodischer Mittel darstellt. Die grundlegende rhythmuskonstituierende Komponente ist „die Silbe, auf deren unterschiedlicher Schwer-Leicht-Struktur und temporalen Platzierung die Rhythmuswahrnehmung beruht" (Cohrs 2008, 53; vgl. auch Hirschfeld/Stock

2011, 42; Benkwitz 2004, 42; Stock/Veličkova 2002, 77; Krech et al. 2009, 42; Reinke 2010b, 275), wodurch lautsprachliche Äußerungen vom Hörer als gegliedert empfunden werden (vgl. Benkwitz 2004, 186). Durch den Wechsel von akzentuierten und nichtakzentuierten Silben im Sprechfluss bilden sich rhythmische Gruppen (vgl. Hirschfeld et al. 2007, 29). Stock und Veličkova (2002, 86) beschreiben die rhythmische Gruppe als „das Pendant des Syntagmas im Gesprochenen" und definieren sie „als die zentrale Einheit der Rhythmisierung." Eine rhythmische Gruppe besteht aus Gruppen von Silben und Wörtern, die als Einheit mit wenigstens einem Akzent hervorgehoben und durch Pausen voneinander abgesetzt werden (vgl. Stock 1996, 33/71; Benkwitz 2004, 22). Demzufolge enthält eine rhythmische Gruppe mindestens eine Akzentgruppe. Die Akzentgruppen sind die Komponenten der rhythmischen Gruppe, welche nicht akzentuierte Silben und Wörter sowie die wortakzent- und wortgruppenakzenttragende Silbe umfassen. Rhythmische Gruppen stellen entweder eine vollendete oder einen Teil einer lautsprachlichen Äußerung dar, welche nicht nur durch Pausen, die immer auf die Grenzen von Akzentgruppen fallen, sondern ebenfalls durch andere suprasegmentale Merkmale (insbesondere mittels Veränderung der Tonhöhen und der zeitlichen Dauer) voneinander abgegrenzt werden können (vgl. Stock 1996, 71; Reinke 2008, 249). Ferner kann die Abgrenzung einer rhythmischen Gruppe „durch die syntaktisch begründete Konstituentenstruktur und gegebenenfalls durch die Art der Einbettung als eine sprachliche Handlung in nichtsprachliche Handlungen" vorgenommen werden (Stock/Veličkova 2002, 129). Abercrombie (1967, 97) schlägt in Abhängigkeit von den Rhythmuskonstituenten (Silben) zwei unterschiedliche Rhythmustypen (silben- oder akzentzählend) vor, in die jede Sprache der Welt eingeordnet werden könne (vgl. auch Glück 2010, 569; Reinke 2010b, 275). Auer/Uhmann (1988, 218 f.) verweisen darauf, dass mehr als diese zwei Rhythmustypen möglich sind. Ebenso wie Auer/Uhmann bezieht sich Völtz (1991, 287 f.) auf die Klassifizierung in silben- und akzentzählende Sprachen von Abercrombie. Jedoch betrachtet er diese absolute Einordnung in entweder silbenzählend oder akzentzählend ebenfalls als unzureichend und bevorzugt die rhythmustypologische Einordnung in silben- und akzentzählende Sprachen anhand einzelner Merkmale, angeordnet auf einer Skala (vgl. auch Reinke 2010a, 275). Dies wird in folgendem Zitat von Völtz verdeutlicht:

> „Die Einordnung eines speziellen Sprachrhythmus auf einer Skala erfolgt durch die Addition der Teilausprägungen der einzelnen Merkmale, d. h. je häufiger Merkmale nahezu vollständig realisiert werden, desto ausgeprägter ist der Rhythmus – andererseits deuten eher ausgewogene, d. h. zwischen den Extrempolen liegende Realisierungen darauf hin, dass ein Mischtyp vorliegt." (Völtz 1991, 287 f.).

Sowohl das Deutsche als auch das Arabische gehören zu den akzentzählenden (engl. *stress-timed*) Sprachen, dennoch bestehen rhythmische Unterschiede zwischen den beiden Sprachen. Der Rhythmus des Deutschen zeichnet sich durch den großen Kontrast von betonten und unbetonten Silben aus (vgl. Dieling/Hirschfeld 2000, 115), dies „ergibt sich vor allem aus der Art, wie die Akzentuierung realisiert wird und wie daneben die akzentlosen Silben behandelt werden." (Stock 1996, 69). Die hervorgehobenen Silben werden länger, lauter, höher und gespannter ausgesprochen, während die nicht akzentuierten Silben leiser, schneller und undeutlicher realisiert werden. Die zwischen den betonten liegenden unbetonten Silben werden somit gerafft und in ihrer lautlichen Substanz geschwächt. Die zeitliche Dauer der Abstände zwischen den akzentuierten Silben wird im Sprechfluss als etwa gleich empfunden (vgl. Dieling/Hirschfeld 2000, 115 f.; Reinke 2010a, 275). Aufgrund der starken Kontraste zwischen den akzentuierten und nicht akzentuierten Silben ist das Deutsche durch einen Staccato-Rhythmus (stark hämmernd, stoßend) gekennzeichnet (vgl. Hakkarainen 1995, 151; Stock 1996, 69). Benkwitz fasst dies in ihrer Dissertation folgendermaßen zusammen:

> „Rhythmuskonstitutiv sind also die Silbenposition und die Art der Silbenrealisation *aller* Silben, unabhängig von zeitlich regelmäßiger Platzierung. Realisation und Position der Akzente werden von *sprach- sowie textsortenspezifischen, situativen* und *individuellen* Gegebenheiten bestimmt." (Benkwitz 2004, 42).

Die arabische Sprache verfügt über Eigenschaften silbenzählender Sprachen, im Gegensatz zum Deutschen ist sie weniger kontrastreich und ihr fehlen hauptsächlich die präzise Artikulation, der Wechsel der Sprechspannung und die Modifikationen des Sprechtempos. Die Erscheinungsmerkmale des deutschen Rhythmus wie unter anderem Fusionen, Raffungen und

Assimilationen nichthervorgehobener Silben und Wörter, wie z. B. Funktionswörter, Artikel sind in der arabischen Ausdrucksweise nicht in diesem Ausmaß vorhanden (vgl. Hirschfeld/Seddiki 2003, 4). Mir ist bislang kein Verfasser bekannt, der sich sowohl einer theoretischen als auch empirischen Erforschung des Rhythmusphänomens im Arabischen gewidmet hat. Für die Sprachwahrnehmung und -verarbeitung sowie den (Aus-)Spracherwerb ist der Rhythmus von grundlegender Bedeutung, da eine abweichende Realisierung des Sprechrhythmus nicht nur den muttersprachlichen Hörgewohnheiten widerspricht, sondern auch negative Auswirkungen u. a. auf die mündliche Kommunikation ausübt. Im Fremdsprachenunterricht Deutsch sollte dem Sprechrhythmus besondere Aufmerksamkeit geschenkt und mit ihm weitere bedeutende phonetische und phonologische Erscheinungen wie etwa Assimilationen, Elisionen, Reduktionen geübt werden (vgl. Völtz 1994, 102 f.; Dieling/Hirsch-feld 2000, 116; Reinke 2010a, 275), da sie „sowohl die Konsequenzen der rhythmischen Strukturierung als auch die Faktoren, die einen sprachtypischen Rhythmus bewirken“, sind (Völtz 1994, 103).

4.7.3 Melodisierung

Nach der Beschäftigung mit den Regularitäten zur Feststellung der Wort- und Satzakzentstellen und der Rhythmisierung geht es nun darum, den Terminus Sprechmelodie zu definieren und die Melodisierung beider Sprachen miteinander zu vergleichen. Interessant ist hierbei, ob die Endphasenmelodisierung der Redeeinheiten im Arabischen und im Deutschen ähnlich ist. Unter Sprechmelodie ist der Tonhöhenverlauf während des Sprechens zu verstehen und wird als Intonation im engeren Sinne definiert. Die Sprechmelodie ist neben anderen suprasegmentalen Eigenschaften wie Sprechtempo, Sprechspannung, Lautstärke, Dauer und Pausierung ein wesentliches auditives Erscheinungsmerkmal, deren Grundlage die Verteilung der Akzente in den rhythmischen Gruppen bildet. Jede rhythmische Gruppe verfügt über mindestens einen oder mehrere Wortgruppenakzente, welche den Melodieverlauf stützen (vgl. Krech et al. 2009, 43; Meinhold/Stock 1980, 237; Glück 2010, 305; Dieling/Hirschfeld 2000, 181; Hirschfeld 2010a, 145/208). In der mündlichen Kommunikation erfüllt die Sprechmelodie die satztypendifferenzierende Funktion und verdeutlicht die Sprechereinstellung als unter anderem „kontaktbetont, freundlich, sachlich oder distanzierend“ (Krech et al. 2009, 43). Daher wird die Sprechmelodie als eine der wichtigsten Voraussetzungen für die mündliche Kommunikation betrachtet (vgl. Helfrich 1985, 15; Krech et al. 2009, 43; El Nady 2006, 126; Hirschfeld/Stock 2011, 45 f.; Glück 2010, 305). Die Sprechmelodie gilt als ein individuell geprägtes Merkmal, welches sprach-, kontext- und situationsabhängig ist. Je nach Sprache und Äußerungsabsicht wird die Realisierung der Sprechmelodie unterschiedlich variiert und von der semantischen und syntaktischen Äußerungsstruktur vielfältig beeinflusst. Sie erfüllt in Kombination mit weiteren prosodischen Eigenschaften eine sinnvermittelnde Funktion (vgl. Grassegger 2010, 77 f.; Cohrs 2008, 50; Hirschfeld 2011, 12). Sowohl im Arabischen als auch im Deutschen gibt es drei verschiedene Grundformen des Melodieverlaufes, die die Bedeutung einer Äußerung modifizieren können. Diese werden als terminal (fallend), interrogativ (steigend) und progredient (gleich bleibend) bezeichnet (vgl. Stock 1996, 94; Lerchner 1971, 169; Salman 1984, 94; Hirschfeld 2010a, 208; Glück 2010, 305).

4.7.3.1 Terminale (fallende) Sprechmelodie

Die terminale Sprechmelodie dient zur Markierung der Abgeschlossenheit einer lautsprachlichen Äußerung und zur Signalisierung einer entschiedenen, sachlichen, informationsbetonten und distanzwahrenden Äußerung. In der Standardaussprache des Deutschen erreicht die fallende Sprechmelodie die untere Grenze des Sprechstimmumfangs (Lösungstiefe) und zeichnet sich durch verringerte Lautstärke und verlangsamte Sprechgeschwindigkeit aus. Sie wird in allen Satzarten eingesetzt. Ausnahmen bilden nur die Entscheidungsfragen, welche lediglich mit steigendem Melodieverlauf als solche bezeichnet werden können (vgl. Stock 1996, 101 f.; Cohrs 2008, 51; Krech, et al. 2009, 44). Ähnlich wie im Deutschen können ebenfalls im Arabischen Aussagen, Ergänzungsfragen, Aufforderungen, Ausrufe und Fragen mit Fragewort mit einer fallenden Endmelodie realisiert werden. Dies soll mit den folgenden Beispielen veranschaulicht werden (vgl. El Nady 2006, 126 f.):

- Aussage*: Das gefällt mir.*↓ *Das ist nicht richtig!* ↓

هذا يُعجِبني هذا. ↓ ليس صحيحاً! ↓

[l'i.saː s'a.ħiː.ħan] [h'a.ða yu.ʕu.dʒ'i.ba.niː]

- Ergänzungsfrage*: Was wollen Sie?* ↓ *Was möchten Sie?* ↓

ماذا تريد؟ ↓ ماذا تُحب؟ ↓

[m'a.ða tu.ħ 'iːb] [m'a.ða tu.r'iːd]

- Aufforderung*: Geh nach Hause!* ↓ *Sie kommen jetzt mit!*

أذهب الى البيت! ↓ تاتي فوراً معي! ↓

[t'a.tiː faw.r'an m'a.ʕi] [ʔi.ð'ab iːl'a al.b'ajit]

- Ausruf*: Sag die Wahrheit!* ↓ *Aber hören Sie zu!* ↓

قُول الحقيقة !↓ لكن اصغي ! ↓

[l'a.kin ʕas.kiː][qul al ħ'a.qi.qa.]

- Alternativfragen: *Willst du bleiben,*↑ *oder musst du weg?* ↓

هل تريد ان تبقى ↑ ام يجبُ عليك الذهاب؟ ↓

[ʕam y'a.dʒibu ʔ'a.li.ka ʕal.ð'aːba]

[hal tu.r'iːd an t'ab.qa]

4.7.3.2 Interrogative (steigende) Sprechmelodie

Die interrogative Sprechmelodie dient zur Kennzeichnung einer abgeschlossenen lautsprachlichen Äußerung. Sie wirkt persönlich und kontaktbetont und wird u. a. in Frage-, Aufforderungs- und (zumeist kurzen) Aussagesätzen realisiert. Gleichzeitig kann die steigende Sprechmelodie zum Ausdruck einer drohenden warnenden Äußerung genutzt werden. Bei starker Verwirklichung kann sie auch auf gesteigerte Emotionalität bzw. emotionale Akzentuierung hinweisen (vgl. Stock 1996, 109 ff.; Cohrs 2008, 51; Krech et al. 2009, 44).

Im Arabischen steigt die Sprechmelodie ähnlich wie im Deutschen bei Fragesätzen, welche nicht mit einem Fragewort eingeleitet werden, an. Dies soll im Folgenden beispielhaft verdeutlicht werden (vgl. El Nady 2006, 127 f.):

- Anrede: *Hallo!*↑ مرحبا! ↑
  [m'ar.ħa.ba]
- Entscheidungsfrage: *Schmeckt Ihnen das Getränk?* أيعجبك مذاق الشراب؟ ↑
  [ʔa.juʕ.dʒ'i.buka: m'aðaq ʔl-ʃ'a:rabu]

4.7.3.3 Progrediente (gleich bleibende, schwebende) Sprechmelodie

Die progrediente Sprechmelodie signalisiert Nichtabgeschlossenheit und wird, da sie weder eindeutig steigt noch eindeutig sinkt, als schwebend bezeichnet. Sie bleibt auf erkennbare Weise „in der Schwebe“ (vgl. Stock 1996, 114; Grassegger 2010, 77; Krech et al. 2009, 44). Die schwebende Endmelodie „steigt oder fällt in oder von der letzten Akzentsilbe an in einem kleinen Intervall; die Akzentsilbe liegt höher als die vorausgehende Silbe.“ (Krech et al. 2009, 44). Sie tritt in Haupt- und Nebensätzen, Auflistungen und nicht abgeschlossenen Äußerungen auf und wird aufgrund der Signalisierung der Unvollständigkeit der Aussage vom Sprecher meist verwendet, wenn er die Sprecherrolle beibehalten möchte (vgl. Hakkarainen 1995, 157). Die Melodieführung verfügt im Arabischen ebenfalls genau wie im Deutschen über eine gleich bleibende bzw. schwebende Sprechmelodie (vgl. El Nady 2006, 128 f.):

- Satzteil: *Ich hätte gerne →* أرغب في ←
  [ʔa.t'a.rɣ.ab fi:]
- Alternativfrage: *Trinken Sie lieber*
  Tee oder Kaffee oder → أتفضل شرب الشاى ام القهوة ام←
  [ʔa.t'u.fa.đi:l ʃurb al-ʃai am al.q'ah.wa: am]

Abschließend ist anzumerken, dass der Melodieverlauf, im Zusammenwirken mit anderen prosodischen Mitteln, eine wichtige kommunikative Funktion erfüllt. Im Fremdsprachenunterricht müssen neben den auf segmentaler Ebene auftretenden phonologischen und phonetischen Erscheinungen ebenfalls alle suprasegmentalen Merkmale thematisiert und behandelt werden. Nun folgt eine kontrastive phonologische und phonetische Analyse des Arabischen und des Deutschen.

4.7.4 Kontrastive Gegenüberstellung phonologischer und phonetischer Merkmale (Arabisch-Deutsch)

Die folgende Tabelle enthält eine zusammenfassende Darstellung der wesentlichen Übereinstimmungen und Unterschiede zwischen dem Arabischen und dem Deutschen auf der Ausspracheebene:

Tab. 21: Gemeinsamkeiten und Unterschiede zwischen dem Arabischen und Deutschen auf der Ausspracheebene [+ vorhanden – nicht vorhanden] (eigene Darstellung)

Allgemeine sprachliche Merkmale	**Arabisch**	**Deutsch**
A. Schrift		
lateinische Schrift	–	+
Schriftrichtung von links nach rechts geschrieben	–	+
B. Merkmale der Vokale		
vokalreich	–	+
gerundete Voderzungenvokale	–	+
Vokalneueinsatz	+	+
Vokallänge bedeutungsunterscheidend	+	+
C. Merkmale der Konsonanten		
konsonantenreich	+	–
Differenzierung zwischen /p/ und /b/	–	+
Differenzierung zwischen /ʃ/ und [ç]	–	+
Differenzierung zwischen /n+g/, /ŋ + g/, /ŋ/	–	+
Differenzierung zwischen /v/ und /f/	–	+
Differenzierung zwischen /s/ und /t + s/	–	+
Konsonantenhäufungen	–	+
Auslautverhärtung	–	+
D. Silbenstruktur		
Silbenbau kompliziert	–	+
offene und geschlossene Silben	+	+
E. Wortakzentuierung		
Wortakzent distinktiv	–	+
Wortakzent beweglich	+	+
Zuweisungsrichtung der Akzentuierung vom Wortende aus	+	–
F. Satzakzentuierung und Wortgruppe		
Satzakzent funktional und situativ bedingt	+	+
G. Melodie		

Allgemeine sprachliche Merkmale	**Arabisch**	**Deutsch**
fallende Sprechmelodie bei Aussagen, Fragesätzen mit Fragewort und Befehlen	+	+
steigende Sprechmelodie bei Fragen ohne Fragewort	+	+
schwebende Sprechmelodie bei der Wortführung einer Äußerung und bei Alternativfragen	+	+
H. Rhythmus		
akzentzählender Rhythmus	+	+
Tonsprache	–	–
I. Assimilation		
progressive Assimilation	–	+

5 Zu erwartende Schwierigkeiten beim Erlernen des Deutschen als Fremdsprache

Ausgehend von den im vorangegangenen Kapitel dargestellten einzelsprachlichen und sprachvergleichenden Studien, werden in diesem Kapitel Ausspracheabweichungen arabischer Deutschlernender im segmentalen und suprasegmentalen Bereich vorausgesagt.

5.1 Vorhersagbare Interferenzen im segmentalen Bereich

5.1.1 Ausspracheschwierigkeiten auf der vokalischen Ebene

In unterschiedlichen linguistischen Forschungen zum Sprachvergleich Arabisch Deutsch und in den empirischen und theoretischen Studien, welche sich mit der Phonologie und Phonetik des Arabischen befasst haben, wurde festgestellt, dass die größten Ausspracheprobleme, die arabischen Lernenden vorwiegend in der ersten Phase des Spracherwerbs des Deutschen begegnen, die korrekte Aussprache der Vokale ist (vgl. Abu Hattab 1976, 166). Die phonetischen Abweichungen, die im vokalischen Bereich auftreten, lassen sich auf folgende Ursachen zurückführen:

1. Vokalquantität
Da im Arabischen nur die lang gesprochenen Vokale geschrieben werden, kann dies dazu führen, dass arabische Deutschlernende bei der Differenzierung kurzer und langer Vokale Probleme aufweisen (vgl. El Nady 2006, 108; Abu Hatab 2004, 67; 1967, 166). Die Hauptursache dieser Differenzierungsprobleme dürfte aus phonologischer und phonetischer Sicht allerdings sein, dass die Quantität der arabischen Vokale nicht an ihre Qualität gebunden ist. Im Arabischen handelt es sich um zwei parallel aufgebaute

Teilsysteme kurzer bzw. langer Vokale, wobei die anderen distinktiven Merkmale jeweils gleich sind. Dies kann bei arabischen Muttersprachlern nicht nur Unsicherheit in „der exakten Realisierung der deutschen Vokalquantitäten", sondern auch eine „Gefährdung der qualitativen Oppositionen" verursachen (Lerchner 1971, 167). Beispiele dafür sollen im nächsten Punkt aufgeführt werden.

2. Vokalqualität
Ähnlich klingende Vokale des Deutschen können arabischen Lernenden große Ausspracheprobleme bereiten, da diese Vokale für sie besonders schwer voneinander zu unterscheiden sind, wie z. B. /ɛ/ – /ɪ/ in *Pelz – Pilz*, /eː/ – /iː/ in *leben – lieben*, /ɔ/ – /ʊ/ in *Rock – Ruck* und /oː/ – /uː/ in *Ohr – Uhr*. Dies lässt sich womöglich auf zwei Ursachen zurückführen. Die erste Ursache besteht darin, dass im Arabischen die Phoneme /ɛ eː ɔ oː ʊ/ nicht vorhanden sind, daher können sie von den Studierenden nur ungenügend differenziert werden. Die zweite Ursache kann mit dem Transfer vom Englischen ins Deutsche begründet werden. Als Beispiel dafür dienen die Vokalphoneme /e i/, die häufig fehlerhaft realisiert bzw. gleichgesetzt werden, da in der englischen Sprache das <e> meistens als [i] artikuliert wird. So wird dann von arabischen Lernenden mit Englisch als L2 zum Beispiel *wer* als *wir* ausgesprochen. Im Englischen entspricht das <ei> oft einem [iː] wie z. B. in *receive, deceive, conceive*, so wie im Deutschen das <ie> dem [iː] beispielsweise in den Wörtern *Brief, Lied, rief* entspricht. Arabische Studierende hören diese Wörter bzw. die ähnlich klingenden englischen Entsprechungen häufig von ihren Lehrern. Dies kann letztlich zur Verwechslung von <ei> und <ie> und somit nicht nur zu Rechtschreibfehlern, sondern auch zu Verständnis- und Ausspracheproblemen führen (vgl. El Nady 2006, 109 f; Dieling 1992, 69; Ramadan 1992, 80; Abu Hatab 1976, 166).

3. Der Murmelvokal /ə/
Häufig wird der Murmelvokal /ə/ im Auslaut nicht realisiert, z. B. *Hefte – Heft* oder als [ɛ ɪ a] ausgesprochen (vgl. Hirschfeld/Seddiki 2003, 11; Dieling 1992, 69). Das Weglassen des Murmelvokals /ə/ kann möglicherweise auf die folgenden vier Ursachen zurückgehen:

a) durch den Einfluss des Englischen als erster Fremdsprache wird das <e> am Wortende nicht artikuliert,

b) die fast identische Schreibweise eines Teils des englischen und deutschen Wortschatzes bei unterschiedlicher Aussprache:

Englische Aussprache		**Deutsche Aussprache**	
• *orange*	['ɔːrɪndʒ]	*Orange*	[oʁ'aŋʒə]
• *alternative*	[ɔːl'tɜːn'tɪv]	*Alternative*	[altɛʶnat'ɪːvə]
• *amplitude*	['æmplɪtjʊːd]	*Amplitude*	[amplit'ʊːdə]
• *elite*	['eɪlɪːt]	*Elite*	[el'ɪːtə]

c) ungenügend differenziert werden der Murmelvokal [ə] und das vokalisierte R [ɐ] wie etwa [ə] – [ɐ] in *eine – einer*. Solche Phänomene verursachen möglicherweise nicht nur Aussprache-, sondern auch Schreib- und Verständigungsprobleme (vgl. Abu Hatab 1976, 167; El Nady 2006, 110 f.),

d) die Apokopierung des [e] am Silben- und Wortende wird in den arabischen Umgangssprachen nicht artikuliert (vgl. El Nady 2006, 111). Kienast kommentiert diese Erscheinung folgendermaßen: „In den arabischen Dialekten, die den Abfall der kurzen Auslautvokale kennen, ist mit ähnlichen Veränderungen zu rechnen, wie in den übrigen semitischen Sprachen." (Kienast 2001, 37).

4. Die gerundeten Vorderzungenvokale

Die gerundeten Vorderzungenvokale /ϕː yː/ werden von arabischen Deutschlernenden häufig übersehen bzw. durch andere Vokale ersetzt. Somit werden statt /ϕː yː/ oft [ɔ ɔː ʊ ʊː] realisiert, z. B. *Hütte – Hutte, Tür – Tour, lösen – losen, fördern – fordern* und *Löhne – Lehne* (vgl. El Nady 2006, 111; Hirschfeld/Seddiki 2003, 10 f; Ahmad 1996, 104; Abu Hatab 2004, 64; Lerchner 1971, 167). Das Problem kann darin bestehen, dass für die deutschen Umlaute keine identischen Entsprechungen im Arabischen vorhanden sind.

5.1.2 Ausspracheschwierigkeiten auf der konsonantischen Ebene

Die im Arabischen fehlenden Konsonanten sind im Lehr- und Lernprozess für die Deutsch lernenden Araber relevant; sie bereiten irakischen und überhaupt arabischen Deutschsprechenden eventuell Ausspracheschwierigkeiten (vgl. Hirschfeld/Seddiki 2003, 11; Lerchner 1971, 164; Abu Hatab 2004, 40). Es zeigen sich folgende Fehlerquellen:

1. Das Phonem /p/

Da im Arabischen das Phonem /p/ nicht vorkommt, wird es von Deutschlernenden vorwiegend durch [b] substituiert. In einigen Fremdwörtern im Arabischen ist der Laut [p] zwar vorhanden, dies „entgeht aber dem Phonembewusstsein und bleibt deshalb ohne distinktiven Wert." (Lerchner 1971, 164). Dieser Aussprachefehler kann zu Schreib- und Verständigungsunsicherheiten führen. Die folgende Tabelle verdeutlicht dies (vgl. Lerchner 1971, 164; Ramadan 1992, 81; El Nady 2006, 105 f.):

Tab. 22: Beispiele für mögliche falsche Realisierungen des Phonems /p/

Wörter	**korrekte Realisierungen**	**falsche Realisierungen**
packen	[p'akŋ̍]	*[b'aken]
Paar	[paːʶ]	*[baːɐ]
platt	[plat]	*[blat]

2. Die Phoneme /ŋ/ vs. /n/

Arabischen Deutschlernenden kann das Nichtvorhandensein des Phonems /ŋ/ bei der Realisierung der Opposition /n/ vs. /ŋ/, insbesondere in der Sequenz <ng> große Ausspracheprobleme bereiten (vgl. Lerchner 1971, 164; El Nady 2006, 106; Blohm/El Dib 2001, 446). In diesem Zusammenhang betont Lerchner (1971, 164), dass das deutsche Phonem /n/ von irakischen Lernenden als dentaler statt velarer Nasal realisiert wird:

Tab. 23: Beispiele für mögliche falsche Realisierungen des Phonems /ŋ/

Wörter	**korrekte Realisierungen**	**falsche Realisierungen**
Ding	[dɪŋ]	*[ding]
Engel	['ɛŋl̩]	*['engəl]
lang	[laŋ]	*[lang]

3. Die Phoneme /v/ vs. /f/

Das Fehlen von /v/ im Arabischen kann den Lernenden Schwierigkeiten bei der Realisierung dieses Phonems im Deutschen bereiten. Darüber hinaus können sich auch durch das deutsche Schriftbild Probleme ergeben. Bei der Realisierung des Reibelautes [f] können Schwierigkeiten auftreten, weil [f] durch unterschiedliche Lautzeichen <f>, <ff>, <v> und <ph> repräsentiert werden kann. Bei <v> ist sowohl stimmhafte als auch stimmlose Aussprache möglich, weshalb es auch hier bei Aussprache und Schreibung zu Verwechslungen kommen kann (vgl. El Nady 2006, 106):

Tab. 24: Beispiele für mögliche falsche Realisierungen der Phoneme /v f/

Wörter	**korrekte Realisierungen**	**falsche Realisierungen**
Welt	[vɛlt]	[fɛlt]
West	[vɛst]	[fɛst]
Wein	[vae̯n]	*[fain]
Vase	[v'a:zə]	[fa:z'ə]
Volumen	[vol'u:mən]	*[f'olu:mən]
Fall	[fal]	[val]
verfahren	[fɐf'a:ʁən]	*[vɐf'a:ʁən]
entfalten	[ɛntf'altn̩]	*[ɛntv'altn̩]

4. Das Allophon [ç]

Das Arabische kennt das Allophon [ç] nicht, sondern nur den Konsonanten [ʃ]. Daher kann das [ç] von arabischen Deutschlernenden durch [ʃ] ersetzt werden. Beispielsweise wird das Wort *Kirche* [k'ɪʁçə] als [kɪrʃ'ə] fehlerhaft ausgesprochen und meistens nicht verstanden (vgl. El Nady 2006, 106). Lerchner (1971, 164) spricht in seinen Ausführungen davon, dass die Schwierigkeiten bei der mangelnden Unterscheidung zwischen dem fortis, dorso-palatal, frikativen Allophon [ç] des Phonems /x/ und dem fortis, korono-präpalatal, frikativen Allophon des deutschen Phonems /ʃ/ auftreten. Dies kann zur Realisierung des [ç] als korono-präpalataler Fortis-Frikativ statt dorso-palatalen Fortis-Frikativs führen.

5. Das Phonem /s/

Im Arabischen wird das Phonem /s/ in allen Positionen realisiert, während es im Deutschen verschiedene Ausspracheregeln besitzt, das heißt, es wird je nach seiner Position innerhalb einer Wortform unterschiedlich artikuliert: Im Silben- und Wortanlaut wird der Frikativ /s/ vor Vokalen oder nach stimmhaften Konsonanten als [z] gesprochen wie z. B. in *Amsel, Felsen.* Im Silbenanlaut wird er nach stimmlosen Konsonanten und vor Vokalen (außer vor [ə]) als [z̥] artikuliert, wie z. B. in *Absage, Aufsicht.* Nach <s ss ß>, an Wort- und Silbengrenzen, nach Präfixen sowie in Bindestrichwörtern / Komposita wird das /s/ auch als [z̥] realisiert, wie z. B. in *Aufsicht, Tagessieger, Großsegel* und *Schlusssatz.* Der Frikativ /s/ wird als [s] gesprochen, wenn er in folgenden Positionen auftritt:

- Im Silbenauslaut wie z. B. in *Haus, Islam.*
- Vor den Ableitungssilben <-bar, -chen, -haft, -heit, -lein, -lich, -ling, -los, -nis, -schaft, -tum, -wärts> wie z. B. in *lesbar, Häuschen, löslich, widerstandslos.*
- Im Silbenanlaut nach stimmlosen Konsonanten vor [ə] wie z. B. in *Erbse, Kapsel.*
- Im Silben- und Wortanlaut fremder Wörter sowie nach einem <p> in der gleichen Silbe wie z. B. in *Skandal, Psalm, Psyche.*
- In englischen und französischen Fremdwörtern wird das <c> im Deutschen als [s] gesprochen wie z. B. in *Cent, City.*
- Im Silbenan- und auslaut deutscher Wörter wird das <ß> als [s] realisiert wie z. B. in *Maßstab, beißen.*
- In einfachen deutschen Wörtern wird das <ss> als [s] artikuliert wie z. B. in *Messe, wissen.*

Diese Distributionsbeschränkungen im Deutschen können arabischen Lernenden potentielle Ausspracheprobleme bereiten (vgl. Krech et. al. 2009, 80 f.; El Nady 2006, 107; Lerchner 1971, 164; Abu Hatab 1967, 167). Darüber hinaus betont Lerchner (1971, 164), dass im Arabischen der Frikativ /s/ als dental statt alveolar ausgesprochen wird.

6. Das Phonem /h/

Der Buchstabe bzw. das Graphem, welches in der arabischen Schrift für das Konsonantenphonem /h/ steht, tritt nie als ein Vokal-Dehnungszeichen in Erscheinung, wie es in der deutschen Sprache der Fall ist, sondern ist stets ein vollwertiger Konsonant. Das arabische [h] kann in allen Positionen auftreten, während es im Deutschen nur in der Anlautposition vor einem Vokal wie z. B. in *Hammer, Hessen, hinten, Hof* realisiert wird. Die unterschiedlichen Distributionen und die Verwendung von <h> als Dehnungszeichen stellen aus diesem Grund eine potentielle Fehlerquelle dar (vgl. Lerchner 1971, 164; Abu Hatab 2004, 52/98).

7. Das Allophon [ʔ]

Im Arabischen wird der Glottisschlag /ʔ/ als ein selbständiger Konsonant angesehen und kann in allen Positionen auftreten, d. h. er wird vor und nach Vokalen realisiert. Phonologisch betrachtet kann das arabische /ʔ/ „gelängt“ werden. Im Gegensatz dazu verfügt der Glottisschlag [ˀ] im Deutschen über keinen phonematischen Wert und gilt als begleitendes Merkmal, das nur in wort- und silbenanlautenden Vokalen auftritt. Infolge dieser phonologischen und distributionellen Unterschiede zwischen den beiden Sprachen kann der Glottisschlag [ˀ] eventuell in unrichtiger Position artikuliert werden (vgl. Hirschfeld/Seddiki 2003, 9; Seddiki et al. 2009, 127; Lerchner 1971, 164; Kästner 1981, 46 f.). Folgende Beispiele verdeutlichen die möglichen Glottisschlagsrealisierungen im Arabischen:

- اسئلة [ʔasʔila] *Fragen*
- مسؤول [masʔuːl] *Verantwortlicher*
- بطء [ḅuƫʔ] *Langsamkeit*

8. Die Auslautverhärtung

Da die Auslautverhärtung dem Arabischen fremd ist, werden stimmlose Plosive und Frikative von arabischen Deutschlernenden am Silben- und Wortauslaut stimmhaft artikuliert. Würde ein silben- und wortauslautender Konsonant /d/ als [t] realisiert, so würde die Wortbedeutung im Arabischen enorm gewandelt werden (vgl. Abu Hatab 2004, 89; 1976, 167; Lerchner 1971, 164; El Nady 2006, 107):

Tab. 25: Beispiele für mögliche falsche Realisierungen der Auslautverhärtung

Wörter	**korrekte Realisierungen**	**falsche Realisierungen**
Hand	[hant]	[hand]
Sand	[zant]	[sand]
Tag	[taːk]	[taːg]
Berg	[bɛʁk]	[bɛrg]
Dieb	[diːp]	[diːb]
aktiv	[akt'ɪːf]	['aktːiv]
liest	[liːst]	[liːzt]
halb	[halp]	[halb]

5.1.3 Ausspracheschwierigkeiten auf der Ebene der Konsonantenverbindungen

Die deutsche Sprache ist wesentlich reicher an Konsonantenbündeln als die arabische Sprache, in der nur maximal zwei konsonantische Segmente innerhalb einer Silbe aufeinander folgen können, während im Deutschen bis zu fünf wie etwa in *schimpfst*, an Silben- und Wortgrenzen bis zu acht konsonantische Segmente kombiniert werden können. Deutschlernende Araber haben mit Konsonantenkombinationen mit mehr als zwei Segmenten erwartungsgemäß Ausspracheschwierigkeiten, der sie mehr oder weniger unbewusst durch die Einfügung von Sprossvokalen bzw. den Gleitvokalen wie z. B. [e] oder [i] beizukommen versuchen. Die folgende Tabelle verdeutlicht die Einfügung der Sprossvokale in allen Positionen (vgl. Blohm/El Dib 2001, 446; Abu Hatab 1976, 166 f.; Seddiki 1992, 37; Hirschfeld/Seddiki 2003, 9; Lerchner 1971, 165; El Nady 2006, 108; Fathi 1995, 145; Ramadan 1992, 81 f.; 4.6.3):

Tab. 26: Beispiele für die mögliche Einfügung von Sprossvokalen in Konsonantenverbindungen

Konsonantenverbindungen	**Wörter**	**korrekte Realisierungen**	**falsche Realisierungen**
Wortanfang	*Stein, Spiegel*	[ʃtaɛ̯n], [ʃp'iːgl̩]	*[ʃ'etaɛ̯n], *[ʃ'epiːgɛl]
Wortmitte	*Fenster, Arzt*	[f 'ɛnstɐ], [aːʁtst]	*[fɛn'estɐ], *[aːrt'est]
Wortende	*Herbst, schimpfst*	[hɛʁpst], [ʃɪmpfst]	* [hɛrb'est], *[ʃɪmpef'est]

Ein weiteres Problem bei der Realisierung der Konsonantenkombination stellt [ts] dar, das im Arabischen im Silben- und Wortauslaut nicht auftritt. Es wird von arabischen Deutschlernenden vermutlich als [s] verstanden und artikuliert (vgl. Abu Hatab 1976, 167; El Nady 2006, 107).

5.2 Vorhersagbare Interferenzen im suprasegmentalen Bereich

Zu den Ausspracheschwierigkeiten arabischer Deutschlernender liegen auf der suprasegmentalen Ebene bislang noch keine genauen empirischen Untersuchungen vor. Überhaupt sind experimental fundierte Untersuchungen arabischer Prosodie bisher so gut wie gar nicht erschienen. In den Publikationen der Autoren Asali (2008, 72), Kaltenbacher (1994, 104 f.), Salman (1984, 96 ff.) und El Nady (2006, 118–128) werden die Wort- und Satzakzentuierung im Arabischen zusammenfassend wie folgt beschrieben: Die Regelung der „Wortakzentuierung" im Arabischen ähnelt der des Deutschen. Die „Satzakzentuierung" ist in beiden Sprachen funktional und situationsbedingt. Die Sprechmelodie ist sowohl im Arabischen als auch im Deutschen in den fallenden, steigenden und schwebenden Äußerungen ähnlich. Demgemäß ist es zu erwarten, dass geringfügige Abweichungen bezüglich der Akzentposition in Einzelwörtern, in Komposita, in rhythmisch-melodischen Gruppen auftreten. In den oben genannten Publikationen wurde festgestellt, dass die Satzmelodie von den arabischen Deutschlernenden monoton realisiert wird. Der Tatsache, dass die Positionen des Wortakzents und Wortgruppenakzents (bzw. Akzentuierungen in rhythmisch-melodischen Gruppen) sowie die Mittel der Hervorhebung und Akzentuierungsregeln von Sprache zu Sprache unterschiedlich sind, muss ebenfalls Beachtung geschenkt werden (vgl. Hirschfeld/ Stock 2011, 41). Darüber hinaus besitzen irakische Deutschlernende kaum Kenntnisse über die Ausspracheregelungen des Deutschen (s. Kap. 2.1). Es ist zu erwarten, dass die Probanden prosodische Eigenschaften ihrer ersten Fremdsprache (Englisch) auf die zweite Fremdsprache (Deutsch) übertragen. Ungeachtet dessen, dass das Englische nicht im Mittelpunkt meiner Arbeit steht, sind auffällige Interferenzen aus dem Englischen innerhalb der Analyse mit einzubeziehen. Im nächsten Kapitel sollen die Ausspracheschwierigkeiten arabischer Deutschsprechender aus dem Irak auf segmentaler und suprasegmentaler Ebene mittels auditiver Analyse untersucht und dargestellt werden.

6 Analyse phonetischer Abweichungen bei irakischen Deutschlernenden

In diesem Kapitel werden die im Rahmen meines Promotionsvorhabens durchgeführten empirischen Untersuchungen erläutert, deren Ergebnisse auf einer auditiven Fehleranalyse der Tonaufnahmen basieren. Zunächst werden die Grundlagen der empirischen Arbeit erörtert, die Ziele der empirischen Untersuchungen und die Methodik der Datenerhebung verdeutlicht. Anschließend werden die Untersuchungsergebnisse vorgestellt und zusammengefasst. Am Ende des vorliegenden Kapitels werden die in der empirischen Arbeit verwendeten Methoden reflektiert.

6.1 Untersuchungsziele und Hypothesen

Das Ziel der Arbeit ist es, potentielle Interferenzfehler von arabischen Deutschlernenden aus dem Irak zu belegen. Es soll festgestellt werden, ob die aus der kontrastiven Analyse vorhergesagten systembedingten Ausspracheschwierigkeiten bei irakischen Deutschlernenden tatsächlich auftreten und welche Abweichungen die meisten Probleme verursachen. Die aus dem Sprachvergleich vorhergesagten Hypothesen werden auf realisierte Abweichungen auf segmentaler und suprasegmentaler Ebene überprüft. Demgemäß ergeben sich für die Überprüfung der Hypothesen folgende Untersuchungsschritte, die nachfolgend näher erläutert und an dieser Stelle nur genannt werden:

Hypothese 1: Im Vokalbereich werden Ausspracheprobleme bei folgenden Erscheinungen angenommen:
1.1 gespannte (geschlossene) und ungespannte (offene) Vokale
1.2 Vokalquantität
1.3 E-Vokale

1.4 I-Vokale
1.5 gerundete Vorderzungenvokale /yː ʏ øː œ/
1.6 Murmelvokal /ə/

Hypothese 2: Im Konsonantenbereich werden Ausspracheprobleme bei folgenden Erscheinungen angenommen:
2.1 Phoneme /p f v/
2.2 der velare Nasal /ŋ/
2.3 Ich-Laut
2.4 Auslautverhärtung
2.5 Stimmbeteiligung bzw. Fortis-Lenis-Korrelation
2.6 Distributionsprobleme /z/ – /s/
2.7 Sprossvokale

Hypothese 3: Im suprasegmentalen Bereich werden Ausspracheprobleme bei folgenden Erscheinungen angenommen:
3.1 Wortakzent
3.2 Satzakzent/Sprechmelodie

6.2 Untersuchungsmethoden und -ablauf

Im Folgenden werden die Probandenstruktur, der Fragebogenaufbau und das Korpus erläutert sowie der Untersuchungsablauf charakterisiert.

6.2.1 Probanden

Um einen kompetenten Nachweis über die Ausspracheschwierigkeiten irakischer Deutschlernender zu erhalten, wurden als geeignete Probandengruppe irakische Sprach- und Literaturwissenschaftdozenten und arabische Deutschstudierende gewählt. In der folgenden Tabelle sind Informationen zu Alter, Geschlecht, der Universitäts- und Fachzugehörigkeit der Probanden sowie zum methodischen Vorgehen bei den Auswertungen der Sprachaufnahmen zusammengefasst:

Tab.27: Persönliche Daten der Probandengruppe im Überblick

	irakische Dozenten	**irakische Studierende**
Probandenzahl	12	10
Alter	30–65 Jahre	20–22 Jahre
Geschlecht	2 weiblich, 10 männlich	5 weiblich, 5 männlich
Universität / Fach	Universität Bagdad: Literatur- und Sprachwissenschaft	Universität Bagdad: Germanistik
Datenerhebung	schriftliche Erhebung (Fragebogen)	Interview, Texte vorlesen

Bei der Auswahl der einzelnen Probanden wurden außerdem folgende Kriterien berücksichtigt: Interesse der Probanden an Phonetik und Phonologie, Fachwissen und vergleichbarer Bildungsstand. Die Befragung von irakischen Deutschlehrenden fand im Dezember 2009 an der Deutschabteilung der Universität Bagdad statt. Vier der insgesamt zwölf dort tätigen Deutschlehrer hatten an deutschen Universitäten in Halle (Saale), Leipzig und Rostock in den Fachbereichen Literatur- und Sprachwissenschaft promoviert. Die anderen acht Lehrer hatten ihr Studium der deutschen Literatur- und Sprachwissenschaft ausschließlich an der Universität Bagdad absolviert. Alle Lehrer wurden über ihre Erfahrungen mit eigenen Ausspracheschwierigkeiten und ihr Wissen über die deutsche Phonetik und Phonologie sowie deren Vermittlung im Deutschunterricht befragt.

An der Aussprachestudie nahmen zehn arabische Studierende teil, davon fünf Studentinnen und fünf Studenten. Um ein möglichst differenziertes Bild von der Aussprache der irakischen Deutschlernenden zu erhalten, wurden Studentinnen und Studenten vom dritten Studienjahr für die Studie ausgewählt. Die Studenten lernten zum damaligen Zeitpunkt seit vier bzw. fünf Semestern Deutsch und begannen gerade ein neues Semester. Für alle zehn ist Arabisch die Muttersprache, und sie sind in der Lage, Hocharabisch zu sprechen. Jeder der zehn Studenten hat Englisch als erste Fremdsprache gelernt. Da die englische Sprache im Irak bereits ab dem 10. Lebensjahr gelernt wird, hat diese Sprache Einfluss auf das Erlernen einer weiteren Fremdsprache. Auf diesen Einflussfaktor wird an entsprechender Stelle innerhalb der Analyse hingewiesen. Keiner der Germanistikstudenten hatte damals einen spezifischen Phonetikkurs besucht. Sie hatten im ersten und zweiten Studienjahr nur

Leseunterricht. Als Pflichtfach besuchten sie den Leseunterricht zwei Stunden wöchentlich im ersten Studienjahr und zwei Stunden wöchentlich im zweiten Studienjahr (s. Kap. 2.1). Zum Zeitpunkt der Datenerhebung waren die irakischen Studierenden 20 bis 22 Jahre alt.

6.2.2 Korpus

Hier wird das Untersuchungskorpus der vorliegenden Arbeit vorgestellt, das aus den folgenden Untersuchungsschritten besteht:

a) Fragebögen
Den zwölf irakischen Deutschlehrenden an der Universität Bagdad und neun deutschen Sprechwissenschaftlern an der Martin-Luther-Universität Halle-Wittenberg, die als Kontrollhörer fungierten, wurden zwei verschiedene Fragebögen vorgelegt. Der Fragebogen der Deutschlehrenden setzt sich aus mehreren Teilen zusammen. Im ersten Teil waren – ohne Namensangabe – persönliche Angaben zu Alter, Studienfach und Fremdsprachenkenntnissen erbeten. Im zweiten Teil wurde nach der Deutschlehreraus- und -fortbildung bezüglich der Phonetik und Phonologie gefragt. Im dritten Teil ging es um die Schwerpunkte des Fremdsprachenunterrichts Deutsch und der Unterrichtsführung. Im vierten Teil sollten die irakischen Deutschlehrenden ankreuzen, welche Aussprachefehler im Fremdsprachenunterricht Deutsch am häufigsten auftauchen. Vorgegeben waren hier als Möglichkeiten: lange und kurze Vokale, E-Laute, Schwa und vokalisiertes R, R-Laute, Ich- und Ach-Laute, Ang-Laut, Fortis- (stimmlose)/Lenis- (stimmhafte) Konsonanten, Auslautverhärtung, Konsonantenverbindungen, Wortakzentuierung, Wortgruppenakzent / Rhythmus und Melodieverlauf. Der fünfte Teil beschäftigte sich mit den Ausspracheübungen im Curriculum an der Sprachenfakultät, mit Lehrwerken und Problemen der Vermittlung, sowie den Übungsmaterialien im Ausspracheunterricht. Bei den Phonetikexperten vom Institut für Sprechwissenschaft und Phonetik an der Martin-Luther-Universität Halle-Wittenberg kam ein Analysebogen zum Einsatz, der aus drei Hauptfragen bestand. Eine Frage begann ebenfalls mit den persönlichen Angaben der Kontrollhörer. Daran

schloss sich die Frage nach dem Interesse für Fremdsprachen und nach Arabischkenntnissen an. In der dritten Frage wurden die Kontrollhörer gebeten, die Ausspracheschwierigkeiten der irakischen Probanden im segmentalen und suprasegmentalen Bereich zu markieren.

b) Tonaufnahmen
Eine möglichst große Zahl der typischen phonetischen Eigenschaften des Deutschen war das Hauptkriterium für die Auswahl der Untersuchungstexte. Die Fehleranalyse wurde anhand von zwei verschiedenen Analysetexten vorgenommen: einem Gedicht von Uwe Timm mit dem Titel „Erziehung" und der überlieferten Prosaerzählung „Die Söhne". Der Lesetext „Die Söhne" wurde unveröffentlichten vervielfältigten Seminarunterlagen vom Herder-Institut Leipzig entnommen. Dieser Lesetext enthielt nicht alle phonetischen Erscheinungen, deshalb wurde er von mir so modifiziert, dass er alle Vokale, Konsonanten und auch die verschiedenen suprasegmentalen Erscheinungen sowie unterschiedliche melodische Erscheinungen (fallende, steigende und schwebende Endmelodie) enthielt.

6.2.3 Vorgehensweise bei der Auswertung

Methodisches Vorgehen
Ausgehend von den theoretischen Überlegungen und dem Ziel der vorliegenden Studie soll für die empirische Arbeit eine Vorgehensweise erarbeitet werden, die dazu beiträgt, Ausspracheschwierigkeiten von irakischen Deutschstudierenden möglichst genau zu charakterisieren. Diese methodische Vorgehensweise bei der Datenerhebung wird durch folgende Schritte veranschaulicht:

a) Befragung von irakischen Deutschlehrenden und deutschen Sprechwissenschaftsstudenten

Die irakischen Deutschlehrenden wurden gebeten, in einem Fragebogen auf geschlossene, halb offene und offene Fragen zu antworten. Dadurch wurde ihnen die Möglichkeit gegeben, ihre Meinung frei zu äußern und ihre eigene

Sichtweise nachvollziehbar darzulegen. Daneben analysierten und bewerteten neun Phonetikexperten (s. unten) vom Seminar für Sprechwissenschaft und Phonetik der Universität Halle-Wittenberg jeweils die Aufnahmen aller zehn Sprecher mit Hilfe eines Fragebogens. Für die Bewertung der Abweichungen standen den Sprechwissenschaftlern Items mit Antwortvorgaben zur Verfügung. Im vokalischen Bereich sollte auf folgende Abweichungen geachtet werden: E-Laute, Ö/Ü-Laute, Glottisschlag, Vokalqualität und –quantität und Diphthonge. Im konsonantischen Bereich sollten die folgenden Abweichungen berücksichtigt werden: Konsonantenverbindungen, Plosive, Frikative, Aspiration der Plosive, Ang-Laut, Ich-Laut, Auslautverhärtung und Laut /kv̥/. Zudem sollten die suprasegmentalen Abweichungen hinsichtlich des Wort- und Satzakzents, der Melodie, des Rhythmus und der Pausen kenntlich gemacht werden. Die Expertengruppe bewertete für jeden Sprecher den Grad der Abweichungen im segmentalen und suprasegmentalen Bereich. Die Skala reichte von 1 (wenig abweichend) bis 4 (stark abweichend). Anschließend gab jeder Phonetikexperte jedem Sprecher eine Note nach dem deutschen Schulsystem von 1 (sehr gut) bis 6 (ungenügend). Durch die Erweiterung der auditiven Analyse um die Fragebögen wurde eine aussagekräftigere und umfassendere Darstellung der Untersuchungsergebnisse gewährleistet.

b) Auditive Analyse der Tonaufnahmen

Für die auditive Untersuchung wurden die Tonaufnahmen unter Berücksichtigung aller Abweichungen im segmentalen und suprasegmentalen Bereich transkribiert. Um eine objektive Interpretation zu gewährleisten, wurde durch die neun Phonetikexperten eine zusätzliche auditive Fehleranalyse vorgenommen. Die Gruppe der Experten setzte sich aus fünf Studierenden des Bachelorstudiengangs, drei Studierenden des Masterstudiengangs und aus einer Doktorandin zusammen. Von den Bachelorstudenten hat jeder zwei Tonaufnahmen und von den Masterstudenten haben zwei drei und einer vier Tonaufnahmen analysiert. Schließlich bewertete die Promotionsstudentin nochmals alle zehn Aufnahmen, d. h. jede Aufnahme wurde vom Autor und drei Kontrollhörern bewertet. Die im Rahmen dieser Arbeit untersuchten Tonaufnahmen wurden auditiv ausgewertet, davon ausgehend, dass sich der Fremdsprachenunterricht in der Praxis auch auf auditiver Basis vollzieht: Abweichungen im Fremdsprachenunterricht werden nur korrigiert, wenn sie vom Lehrer gehört und dem Lernenden bewusst gemacht werden (vgl. Salman 1984, 100). Für die mündliche Kommunikation ist zudem der subjektive Eindruck des Rezipienten entscheidend und nicht die objektiv-physikalische Messung (vgl. Ramers/Vater 1995, 5).

6.3 Darstellung der Ergebnisse

Im Folgenden sollen die Ergebnisse der empirischen Untersuchung zu Aussprache-schwierigkeiten von Deutsch lernenden Irakern in den segmentalen und suprasegmentalen Bereichen zusammengefasst werden.

6.3.1 Problembereich segmentale Abweichungen

6.3.1.1 Abweichungen bei den Vokalen

Der Überblick über die Vokalabweichungen zeigt deren Arten, die Abweichungszahl sowie die gesamten Realisationen des jeweiligen Vokals im Text. Die Abweichungen bei den Vokalen werden tabellarisch nach ihrer relativen Häufigkeit dargestellt:

Phonem /œ/

Tab. 28: Auswertung der Realisierungen des Phonems /œ/:

Phonem	Realisierungen	betroffene Wörter	Zahl der Abweichungen	Realisationen insgesamt
/œ/	[ɔ]	5x *plötzlich*	5	10
	[ʏ]	*plötzlich*	1	

Die hohen Abweichungsquoten bei der Realisierung des /œ/ weisen auf große Ausspracheschwierigkeiten dieses Phonems hin. Dies lässt sich durch sein Fehlen im Arabischen erklären. Arabische Deutschstudierende ersetzen das /œ/ am häufigsten durch das kurze ungespannte [ɔ].

Phonem /ʏ/

Tab. 29: Auswertung der Realisierungen des Phonems /ʏ/:

Phonem	Realisierungen	betroffene Wörter	Zahl der Abweichungen	Realisationen insgesamt
/ʏ/	[ʊ]	9x *zurück,* 4x *Rücken,* 4x *verschütteten,* 3x *entzückt*	20	50
	[y]	3x *verschütten*	3	
	[yː]	*verschütten, Rücken*	2	

Bei der Umsetzung des Phonems /ʏ/ treten ebenso große Ausspracheabweichungen auf, welche auf das Nichtvorhandensein dieses Phonems im Arabischen zurückzuführen sind. Arabische Deutschstudierende tendieren dazu, das /ʏ/ durch [ʊ] zu ersetzen. Außerdem neigen sie vorwiegend zur abweichenden Realisation des kurzen ungespannten /ʏ/.

Phonem /oː/

Tab. 30: Auswertung der Realisierungen des Phonems /oː/:

Phonem	Realisierungen	betroffene Wörter	Zahl der Abweichungen	Realisationen insgesamt
/oː/	[ɔ]	10x *holten,* 10x *Sohn,* 7x *sofort,* 3x *hol,* 2x *so, wo*	33	110
	[ɔː]	6x *Sohn, wo*	7	
	[ɔˑ]	3x *Sohn, hol, sofort*	5	
	[øː]	3x *holten*	3	
	[œ]	2x *holten, sofort*	3	
	[uː]	*wo*	1	

Das gespannte /oː/ bereitet arabischen Deutschstudierenden Ausspracheschwierigkeiten, da dieser Vokal im Arabischen nicht vorhanden ist. Das /oː/ wird durch unterschiedliche Quantitäten fehlerhaft realisiert. Die häufigste Lautersetzung ist das kurze ungespannte [ɔ]. Gelegentlich kommt es vor, dass statt des langen gespannten /oː/ ein langes gespanntes [øː], ein kurzes ungespanntes [œ] oder ein langes gespanntes [uː] realisiert wird.

Phonem /øː/

Tab. 31: Auswertung der Realisierungen des Phonems /øː/:

Phonem	Realisierungen	betroffene Wörter	Zahl der Abweichungen	Realisationen insgesamt
/øː/	[ɔ]	4x *hören,* 3x *schöne,* 2x *Söhnen*	9	50
	[œ]	6x *hören, schöne*	7	
	[ʏ]	*Söhnen,* 2x *schön*	3	
	[ɔː]	*schöne, Söhnen*	2	
	[oː]	*hören, Söhnen*	2	

Sowohl die Qualität als auch die Quantität des langen gespannten [øː] werden abweichend realisiert. Die häufigsten Abweichungen der Qualität des [øː] treten als ein ungespanntes kurzes [ɔ] auf. Darüber hinaus wird das Phonem /øː/ nicht genügend gerundet. Dies lässt sich dadurch erklären, dass dieses Phonem im Arabischen nicht existiert. Die Quantitätsabweichungen lassen sich darauf zurückführen, dass arabische Deutschstudierende Probleme in der Differenzierung der kurzen ungespannten und der langen gespannten Vokale haben.

Phonem /yː/

Tab. 32: Auswertung der Realisierungen des Phonems /yː/:

Phonem	Realisierungen	betroffene Wörter	Zahl der Abweichungen	Realisationen insgesamt
/yː/	[øː]	2x *fühlen, über*	3	20
	[ʏ]	2x *fühlen*	2	
	[ɔ]	*über, fühlen*	2	
	[œ]	*fühlen*	1	
	[aː]	*fühlen*	1	

Da es das vordere gerundete gespannte /yː/ im Arabischen nicht gibt, wird es mit unterschiedlichen Qualitäts- und Quantitätsabweichungen substituiert. Als besonders problematisch tritt die Realisierung der Vokalqualität in Erscheinung.

Phonem /eː/

Tab. 33: Auswertung der Realisierungen des Phonems /eː/:

Phonem	Realisierungen	betroffene Wörter	Zahl der Abweichungen	Realisationen insgesamt
/eː/	[ɛ]	4x *neben*, 3x *den*, 3x *entgegengelaufen*, 2x *nehmen*, *schwer*, *verstehen*, *sehe*, *her*, *er*, *weh*	18	150
	[ɛː]	4x *neben*, 3x *den*, 2x *weh*, 2x *schweren*, 2x *verstehen*, *der*, *er*, *nehmen*, *stehen*, *entgegengelaufen*	18	
	[iː]	4x *her*, 2x *der*, *wer*, *der*, *den*	9	
	[ɛˑ]	2x *sehe*, *neben*, *weh*, *den*	5	
	[a]	*entgegengelaufen*, *schweren*	2	
	[æ]	*den*, *schweren*	2	
	[ɪ]	*entgegengelaufen*	1	

Das lange gespannte [eː] wird meist durch ein kurzes ungespanntes [ɛ] oder ein langes ungespanntes [ɛː] substituiert. Teilweise wird das [eː] von den Studierenden als [iː] oder [ɪ] realisiert. Dies lässt sich durch den Einfluss des Englischen als erste Fremdsprache erklären, wo der Vokal [eː] häufig als [iː] ausgesprochen wird, z. B. *decontrol* [ˌdiːkəntrˈəʊl], *ecumenical* [ˌiːkjʊmˈɛnɪk^{ə}l].

Phonem /ʊ/

Tab. 34: Auswertung der Realisierungen des Phonems /ʊ/:

Phonem	Realisierungen	betroffene Wörter	Zahl der Abweichungen	Realisationen insgesamt
/ʊ/	[ɔ]	11x *und*, 4x *wunderbar*, 3x *muss*, 3x *Mund*, 3x *Jungen*, 2x *bewundernd*, 2x *um*, *Mutter*, *Purzel*	30	170
	[uː]	2x *und*, 2x *Mutter*, 2x *Mund*, 2x *Purzel*	8	
	[ɔˑ]	*und*	1	
	[oː]	*Purzel*	1	
	[u]	*Mund*	1	

Die häufigste Qualitätsabweichung des kurzen ungespannten /ʊ/ stellt die Substituierung durch verschiedene o-Qualitäten dar. Zudem wird das /ʊ/ durch das hintere gerundete gespannte lange [uː] oder gespannte kurze [u] ersetzt. Diese Abweichungen sind auf das Nichtvorhandensein dieses Phonems im Arabischen zurückzuführen.

Phonem /ɛ/

Tab. 35: Auswertung der Realisierungen des Phonems /ɛ/:

Phonem	Realisierungen	betroffene Wörter	Zahl der Abweichungen	Realisationen insgesamt
/ɛ/	[a]	4x *Hände,* 2x *Männchen,* 2x *denn, Quelle, entzückt, entgegengelaufen*	11	160
	[ɪ]	3x *setzte, Quelle, es, weg, nimm*	7	
	[ɛː]	*Männchen, entzückt, stell, weg,*	4	
	[e]	*denn, etwas*	2	
	[eː]	*weg, Männchen*	2	
	[ə]	*entzückt*	1	

Da es im Arabischen als Unterscheidungskriterien der Zungenhebung nur tief und hoch (vgl. Kap. 4.2.1) gibt, substituieren arabische Deutschlernende teilweise den mittleren Vorderzungenvokal [ɛ] durch den mitteltiefen Vorderzungenvokal [a].

Phonem /uː/

Tab. 36: Auswertung der Realisierungen des Phonems /uː/:

Phonem	Realisierungen	betroffene Wörter	Zahl der Abweichungen	Realisationen insgesamt
/uː/	[ʊ]	3x *nun,* 2x *schlug*	5	160
	[ɔ]	*nun, ruhig, schlug*	3	
	[ɔˑ]	3x *ruhig*	3	
	[ɔː]	2x *trug, nun*	3	
	[oː]	*trug, ruhig*	2	
	[œ]	*auszuruhen, zurück*	2	
	[yː]	2x *ruhig*	2	
	[ɔʊ̯]	*trug*	1	
	[y]	*zurück*	1	
	[ʏ]	*du*	1	

Das lange ungespannte /uː/ wird durch verschiedene Realisierungsvarianten substituiert, die unter anderem das kurze ungespannte [ʊ] sowie verschiedene o-Qualitäten betreffen. Dies kann unter anderem auf ähnlich klingende Stammvokale zurückgeführt werden, die für arabische Studierende besonders schwer voneinander zu unterscheiden sind. Im Arabischen ist die Vokalquantität zwar distinktiv, aber nicht in Verbindung mit der Qualität als strukturelles Merkmal ausgebaut, wie es im Deutschen der Fall ist (vgl. Lerchner 1971, 167). Dies betrifft ebenfalls das folgende Phonem.

Phonem /ɔ/

Tab. 37: Auswertung der Realisierungen des Phonems /ɔ/:

Phonem	**Realisierungen**	**betroffene Wörter**	**Zahl der Abweichungen**	**Realisationen insgesamt**
/ɔ/	[ɔː]	3x *abgenommen*	3	110
	[ʊ]	2x *besonders, sofort*	3	
	[œ]	*besonders*	1	
	[uː]	*sofort*	1	
	[o]	*voll*	1	

Phonem /aː/

Tab. 38: Auswertung der Realisierungen des Phonems /aː/:

Phonem	**Realisierungen**	**betroffene Wörter**	**Zahl der Abweichungen**	**Realisationen insgesamt**
/aː/	[a]	4x *kam,* 3x *tat,* 2x *sagte,* 2x *kamen, waren*	12	210
	[eː]	2x *nahmen*	2	
	[ɛ]	*tat*	1	
	[ɛː]	*nahmen*	1	

Obwohl das lange ungespannte /aː/ im Arabischen vorhanden und die Vokalquantität distinktiv ist, wird es vorwiegend durch ein kurzes ungespanntes /a/ substituiert, da die Quantität der arabischen Vokale nicht mit der Vokalqualität verbunden ist (vgl. Lerchner 1971, 167). Zudem wird das /aː/ durch verschiedene E-Laute ersetzt, was sich durch den Einfluss des

Englischen als erste Fremdsprache erklären lässt. Dies betrifft auch das folgende Phonem.

Phonem /a/

Tab. 39: Auswertung der Realisierungen des Phonems /a/:

Phonem	Realisierungen	betroffene Wörter	Zahl der Abweichungen	Realisationen insgesamt
/a/	[aː]	2x *sang, kannst, an, stark, ab, hatte*	7	500
	[ɛ]	2x *anderen, antwortete, Wasser, gewandt*	5	
	[ɪ]	*an, bald*	2	
	[ɔ]	2x *jemand*	2	
	[ə]	*jemand*	1	

Phonem /ɪ/

Tab. 40: Auswertung der Realisierungen des Phonems /ɪ/:

Phonem	Realisierungen	betroffene Wörter	Zahl der Abweichungen	Realisationen insgesamt
/ɪ/	[iː]	5x *bring,* 2x *gingen,* 2x *nicht,* 2x *Finger, sich, singt, ist, nimm*	16	460
	[a]	4x *gingen,* 2x *hinzu, flink, nimm, nichts*	9	
	[aɛ̯]	2x *trillerte, sitz, schmutzig, dritte*	5	
	[ɛ]	*sich, dritte, stimme, hin, sitz*	5	
	[ʏ]	*Stimme*	1	

Bezüglich der Vokalquantität und -qualität wird das kurze ungespannte /ɪ/ fehlerhaft realisiert. Arabische Deutschstudierende neigen dazu, das Phonem /ɪ/ durch ein langes gespanntes [iː] zu substituieren, obwohl im Arabischen die Vokalquantität distinktiv ist. Dies lässt sich durch die Graphem-Phonem-Beziehungen des Arabischen erklären, da hier nur die langen Vokale geschrieben werden. Des Weiteren wird das /ɪ/ häufig in einer geschlossenen Silbe als [a] oder [aɛ̯] fehlerhaft realisiert. Als Ursache dafür kann möglicherweise der Einfluss der konsonantischen Umgebung auf Vokalrealisation angesehen werden, da die phonetischen Varianten eines Vokals im Arabischen in Abhängigkeit von der konsonantischen Umgebung stehen (vgl. Kap. 4.3.1).

Phonem /ə/

Tab. 41: Auswertung der Realisierungen des Phonems /ə/:

Phonem	Realisierungen	betroffene Wörter	Zahl der Abweichungen	Realisationen insgesamt
/ə/	[ɛ]	3x *dritte,* 3x *Stimme,* 2x *eine,* 2x *sehe, jungen, ihre, stehen, besonderes, hatte, seine, Purzelbäume, Hände, Quelle, setzte*	20	600
	[ɪ]	2x *anderen, besonderes, bewundernd, waren, altes, Männchen, gingen*	8	
	fehlt	*eine, trillerte, antwortete, zeigte, besonderes*	5	
	[a]	*anderen*	1	
	[iː]	*besonderes*	1	

Alle Probanden setzten den Schwa-Laut mindestens einmal abweichend als ein ungespanntes [ɛ] oder ungespanntes [ɪ] um. Dies könnte an der Schwierigkeit bei der Differenzierung der deutschen e-Laute liegen. Hinzu kommt, dass der Schwa-Laut [ə] im Auslaut gelegentlich nicht gesprochen wird. Dies lässt sich auf den Einfluss des Englischen als erste Fremdsprache zurückführen, da das <e> im Englischen am Ende des Wortes oft nicht artikuliert wird.

Phonem /iː/

Tab. 42: Auswertung der Realisierungen des Phonems /iː/:

Phonem	Realisierungen	betroffene Wörter	Zahl der Abweichungen	Realisationen insgesamt
/iː/	[aɛ̯]	3x *blieben, schmier*	4	350
	[ɪ]	*schwieg, ihnen, die*	3	
	[ɛ]	*schmier*	1	
	[e]	*niemand*	1	
	[iɛ̯]	*lief*	1	
	[yː]	*wieder*	1	
	[ɛː]	*schwieg*	1	

Das Graphem <ei> wird im Englischen oft als [iː] ausgesprochen, z. B. *receive* [rɪs'iːv], *deceive* [dɪs'iːv] und *conceive* [kənsˈiːv]. Viele arabische Deutschlernende verwechseln daher beim Lesen das englische <ei> mit dem deutschen <ie>. Dies führt zu Aussprache- und Verständnisproblemen, z. B. *bleiben – blieben* oder *sie – sei*. Diese Probleme könnten auch auf die Prägung der Studierenden durch die umgekehrte Schreib- und Leserichtung der arabischen Schrift zurückzuführen sein (vgl. Kap. 5.1.1). Im Arabischen werden Buchstabenkombinationen von rechts nach links statt wie im Deutschen von links nach rechts gelesen.

Diphthonge

Da es im Arabischen keine echten Diphthonge gibt, können die abweichenden Realisierungen in den meisten Fällen durch Verwechslungen zwischen den deutschen Diphthongen erklärt werden (vgl. Kap. 5.1.1). Dies könnte unter anderem auf fehlende Aufmerksamkeit der Probanden zurückzuführen sein.

Diphthong /ɔœ̯/

Tab. 43: Auswertung der Realisierungen des Dipthongs /ɔœ̯/:

Phonem	Realisierung	betroffenes Wort	Zahl der Abweichungen	Realisationen insgesamt
/ɔœ̯/	[aɔ̯]	2x *Purzelbäume*	2	10

Diphthong /aɛ̯/

Tab. 44: Auswertung der Realisierungen des Dipthongs /aɛ̯/:

Phonem	Realisierungen	betroffene Wörter	Zahl der Abweichungen	Realisationen insgesamt
/aɛ̯/	[a]	*dabei, Eimer, zeigte, mein*	4	260
	[eː]	4x *Eimer*	4	
	[aːɪ]	*Eimer, Greis*	2	
	[ɪ]	*schrei*	1	
	[ɛɪ̯]	*Eimer*	1	
	[iː]	*sei*	1	

Diphthong /aɔ̯/

Tab. 45: Auswertung der Realisierungen des Dipthongs /aɔ̯/:

Phonem	Realisierungen	betroffene Wörter	Zahl der Abweichungen	Realisationen insgesamt
/aɔ̯/	[ɔœ̯]	3x *Frauen*	3	180

6.3.1.2 Abweichungen bei den Konsonanten

Im Folgenden soll ein Überblick über die Konsonantenabweichungen, deren Arten, Abweichungszahl sowie die gesamten Realisationen des jeweiligen Konsonanten im Text gegeben werden. Die Abweichungen bei der Realisierung der Konsonanten werden tabellarisch nach ihrer relativen Häufigkeit dargestellt:

Phonem /ç/

Tab. 46: Auswertung der Realisierungen des Phonems /ç/:

Phonem	Realisierungen	betroffene Wörter	Zahl der Abweichungen	Realisationen insgesamt
/ç/	[ç]	52x *nicht,* 20x *ruhig,* 13x *sich,* 10x *ich,* 7x *dich,* 6x *gleich,* 5x *Männchen,* 5x *nichts,* 5x *plötzlich,* 2x *schmutzig*	125	210
	[ʃ]	6x *ruhig,* 4x *dich,* 3x *nicht,* 3x *schmutzig,* 2x *ich,* 2x *gleich*	20	

Das Fehlen von /ç/ im Arabischen verursacht eine mangelnde Differenzierung zwischen dem dorsal-palatalen Frikativ /ç/ und dem koronal-alveolaren / präpalatalen Frikativ /ʃ/ (vgl. Kap. 5.1.2). Demzufolge substituieren arabische Deutschstudierende sehr oft das /ç/ durch den alveolo-palatalen Frikativ [ɕ] oder durch /ʃ/.

Konsonantenverbindung /ky̥/

Tab. 47: Auswertung der Realisierungen der Konsonantenverbindung /ky̥/:

Phonem	Realisierungen	betroffene Wörter	Zahl der Abweichungen	Realisationen insgesamt
/ky̥/	[gv]	5x *Quelle*	5	10
	[kw]	*Quelle*	1	

Die Konsonantenverbindung /ky̥/ kommt im Arabischen nicht vor. Daher wird sie vorwiegend durch [gv] substituiert.

Phonem /ŋ/

Tab. 48: Auswertung der Realisierungen des Phonems /ŋ/:

Phonem	Realisierungen	betroffene Wörter	Zahl der Abweichungen	Realisationen insgesamt
/ŋ/	[ŋg]	10x *Jungen*, 8x *gingen*, 5x *Finger*, 5x *bring*, 2x *sang*	30	100
	[ŋk]	7x *ging*, 4x *bring*, 3x *sang*, *singt*, *Finger*	16	

Da die Konsonantenverbindung <ng>, die im Deutschen als stimmhafter velarer Nasal [ŋ] zu definieren ist, im Arabischen nicht existiert, weisen arabische Deutschstudierende bei der Realisierung des Ang-Lautes große Abweichungen auf. Sie fügen dabei entweder den velaren Plosiv [k] oder [g] an ihn an, wobei am häufigsten ein [g] an das [ŋ] angehängt wird.

Phonem /f/

Tab. 49: Auswertung der Realisierungen des Phonems /f/:

Phonem	Realisierungen	betroffene Wörter	Zahl der Abweichungen	Realisationen insgesamt
/f/	[v]	28x *Frauen*, 5x *sofort*, 4x *vollen*, 3x *verschütteten*, 3x *auf*, 3x *Finger*, *fragten*, *fass*	48	270
	[y̥]	9x *Frauen*, *vollen*, *laufen*, *fühlen*	12	

Bei der Realisation des Konsonanten /f/ treten häufig Ausspracheschwierigkeiten auf. Das stimmlose /f/ wird fehlerhaft als stimmhaftes [v] gesprochen. Dies liegt daran, dass das Phonem /f/ im Deutschen durch verschiedene Grapheme (<f>, <ff>, <v> und <ph>) realisiert wird, infolgedessen treten unter Umständen Verwechslungen zwischen [f] und [v] auf (vgl. Kap. 5.1.2).

Phonem /p/

Tab. 50: Auswertung der Realisierungen des Phonems /p/:

Phonem	Realisierungen	betroffene Wörter	Zahl der Abweichungen	Realisationen insgesamt
/p/	[b]	2x *Purzelbäume,* 2x *pass, plötzlich, abgenommen*	6	50
	[b̥]	2x *pass, abgenommen, plötzlich, ab*	5	

Durch das Nichtvorhandensein des stimmlosen bilabialen Plosivs /p/ im Arabischen bereitet dieses Phonem arabischen Deutschstudierenden Ausspracheprobleme. Es wird von ihnen als stimmhafter bilabialer Plosiv [b] oder als stimmloser bilabialer Plosiv [b̥] substituiert. Im Silben- und Wortauslaut kann das arabische „[b] mit oder ohne Verschlusslösung vorkommen. Die Stimmhaftigkeit kann in Kontaktstellung mit stimmlosen Konsonanten sowie im absoluten Wortauslaut reduziert oder aufgehoben werden." (Kästner 1981, 41; auch 5.1.2).

Allophon [ɐ]

Tab. 51: Auswertung der Realisierungen des Allophons [ɐ]:

Allophon	Realisierungen	betroffene Wörter	Zahl der Abweichungen	Realisationen insgesamt
[ɐ]	[r]	9x *der,* 5x *er,* 4x *einer,* 4x *Eimer,* 3x *Mutter,* 2x *meiner,* 2x *keiner,* 2x *aber,* 2x *ihr,* 2x *nur, verstehen, wieder, wer, Wasser, wunderbar, trillerte*	41	280
	[ə]	3x *Eimer,* 3x *wieder, Finger, meiner*	8	
	[a]	2x *trillerte, bewundernd, über*	4	
	[i]	*trillerte*	1	

Das reduzierte vokalisierte [ɐ] wird überwiegend durch das arabische Zungenspitzen-[r] substituiert. Des Weiteren wird das Allophon [ɐ] sehr häufig nicht realisiert. Dies ist auf den Einfluss des Englischen als erste Fremdsprache zurückzuführen. Zudem wird es auch fehlerhaft durch ein kurzes ungespanntes [a] oder ein kurzes gespanntes [i] ersetzt.

Phonem /ʃ/

Tab. 52: Auswertung der Realisierungen des Phonems /ʃ/:

Phonem	Realisierungen	betroffene Wörter	Zahl der Abweichungen	Realisationen insgesamt
/ʃ/	[ʒ]	8x *schwieg,* 7x *schweren,* *schmutzig*	16	150

Obwohl das Phonem /ʃ/ im Arabischen vorkommt, wird es teilweise als [ʒ] realisiert, wie es in manchen arabischen Dialekten (u.a. im Südirak, Libanon, in Marokko, Algerien, Tunesien) der Fall ist.

Phonem /b/

Tab. 53: Auswertung der Realisierungen des Phonems /b/:

Phonem	Realisierungen	betroffene Wörter	Zahl der Abweichungen	Realisationen insgesamt
/b/	[v]	4x *wunderbar,* 3x *über,* 2x *Nachbarinnen,* *dabei*	10	150
	[p]	*bring, Purzelbäume, Knaben*	3	
	[w]	*über, wunderbar, dabei*	3	

Der Konsonant /b/ wird, obwohl er im Arabischen existiert, fehlerhaft als [v] realisiert. Dies ist möglicherweise auf den Einfluss des Englischen als erste Fremdsprache zurückzuführen. Arabische Deutschstudierende übertragen das englische Phonem /β/ aus dem Wort *over* auf das deutsche Wort *über* → [ˈyːβer]. Außerdem realisieren sie den Konsonanten /b/ teilweise als bilabialen Frikativ [w].

Phonem /s/

Tab. 54: Auswertung der Realisierungen des Phonems /s/:

Phonem	Realisierungen	betroffene Wörter	Zahl der Abweichungen	Realisationen insgesamt
/s/	[z]	5x *das,* 5x *was,* 3x *lass, das, fass*	15	320
	[z̥]	4x *das,* 3x *lass,* 2x *Wasser,* 2x *was, etwas, fass*	13	
	[sː]	3x *das,* 3x *was*	6	

Der stimmlose apikale-alveolare Fortis-Frikativ /s/ wird durch den stimmhaften apikal-denti-alveolaren Lenis-Frikativ [z] substituiert. Dies lässt sich durch die regressive Assimilation der Stimmhaftigkeit im Arabischen erklären. Darüber hinaus ersetzen arabische Deutschstudierende wegen der emphatischen Konsonanten des Arabischen das Phonem /s/ durch einen stimmlosen apikalen-alveolaren Lenis-Frikativ [z̥]. Zudem substituieren sie das /s/ aufgrund der Gemination als ein langes [sː].

Phonem /k/

Tab. 55: Auswertung der Realisierungen des Phonems /k/:

Phonem	Realisierungen	betroffene Wörter	Zahl der Abweichungen	Realisationen insgesamt
/k/	[ɡ̊]	13x *kann,* 4x *kannst,* 2x *kamen, keiner, Knaben*	21	280
	[ɡ]	*kann*	1	

Bei der Realisierung des Phonems /k/ wird von arabischen Deutschlernenden überwiegend das entstimmlichte [ɡ̊] substituiert, obwohl das /k/ im Hocharabischen vorhanden ist. Dies lässt sich durch den Einfluss verschiedener arabischer Dialekte im Irak erklären.

Phonem /z/

Tab. 56: Auswertung der Realisierungen des Phonems /z/:

Phonem	Realisierungen	betroffene Wörter	Zahl der Abweichungen	Realisationen insgesamt
/z/	[s]	4x *setzte*, 3x *sei*, *sofort*, *Sohn*	9	220
	[z̥]	*seine*, *sagst*, *sofort*, *Sohn*	4	
	[zː]	2x *sagst*, *sehen*	3	

Im Unterschied zum Deutschen wird im Arabischen ein <s> in initialer Position oder zwischen den Vokalen stimmlos realisiert (vgl. Kap. 4.3.1). Aus diesem Grund substituieren arabische Deutschlernende ein <s> in diesen Positionen durch ein [s]. Ein weiterer Grund dafür ist möglicherweise auf die unterschiedliche Laut-Buchstaben-Korrespondenz des <s> zurückzuführen. Aufgrund der regressiven Assimilation im Arabischen wird das <s> als [z̥] fehlerhaft realisiert. Darüber hinaus wird das Graphem durch ein [zː] substituiert. Dies lässt sich durch die Gemination des Arabischen begründen.

Phonem /v/

Tab. 57: Auswertung der Realisierungen des Phonems /v/:

Phonem	Realisierungen	betroffene Wörter	Zahl der Abweichungen	Realisationen insgesamt
/v/	[f]	*waren*, *gewandt*, *weg*	3	180
	[v̥]	*gewandt*, *wie*, *wo*	3	

Da das Phonem /v/ im Arabischen nicht vorhanden ist, wird es von arabischen Deutschstudierenden fehlerhaft als [f] realisiert. Des Weiteren substituieren irakische Deutschstudierende das /v/ durch seine Lenis-Entsprechung [v̥]. Dies lässt sich möglicherweise auf den Einfluss der arabischen Dialekte (u. a. im Irak, Libanon und in Ägypten) zurückführen. Bei den Entlehnungswörtern aus dem Englischen oder Französischen etwa *Villa*, *Veto*, *Jugoslawe* wird in diesen Dialekten das /v/ entstimmlicht (vgl. Kap. 5.1.2).

Phonem /t/

Tab. 58: Auswertung der Realisierungen des Phonems /t/:

Phonem	Realisierungen	betroffene Wörter	Zahl der Abweichungen	Realisationen insgesamt
/t/	fehlt	3x *nichts,* 2x *setzte,* 2x *schmerzten, antwortete, entzückt, hörten, kannst, singt, sofort, verschütteten*	14	720
	[d]	*bald, niemand*	2	
	[d̥]	*sind, bald*	2	

Der stimmlose Fortis-Plosiv /t/ wird aufgrund des Einflusses des Arabischen unterschiedlich abweichend realisiert. Aufgrund der einfachen Silbenstruktur des Arabischen wird das /t/ nicht artikuliert, da im Arabischen innerhalb einer Silbe nur maximal zwei Konsonanten aufeinander folgen können (vgl. Kap 4.6.3). Die fehlende Auslautverhärtung führt dazu, dass der Plosiv /t/ als stimmhaftes [d] realisiert wird. Darüber hinaus wird das /t/ als arabisches [d̥] substituiert. Diese phonetische Abweichung lässt sich dadurch begründen, dass arabische stimmhafte Explosive in der finalen Position stark reduziert oder weggelassen werden, z. B. باب [baːb̥] *Tür.*

Allophon [ʁ̥]

Tab. 59: Auswertung der Realisierungen des Allophons [ʁ̥]:

Allophon	Realisierungen	betroffene Wörter	Zahl der Abweichungen	Realisationen insgesamt
[ʁ̥]	[r]	4x *Frau,* 3x *trillerte*	7	650

Allophon [ʶ]

Tab. 60: Auswertung der Realisierungen des Allophons [ʶ]:

Allophon	Realisierungen	betroffene Wörter	Zahl der Abweichungen	Realisationen insgesamt
[ʶ]	[r]	*wunderbar, Purzel*	2	650

Die Allophone [ʁ̥] und [ʶ] werden als das arabische Zungenspitzen [r] realisiert. Dies lässt sich durch den Einfluss der Muttersprache erklären, da diese Allophone dem Arabischen fremd sind. Darüber hinaus ergeben sich ebenfalls durch das Schriftbild Probleme, da im Deutschen die verschiedenen Varianten des Phonems /r/ nur durch das Graphem <r> realisiert werden.

Phonem /d/

Tab. 61: Auswertung der Realisierungen des Phonems /d/:

Phonem	Realisierungen	betroffene Wörter	Zahl der Abweichungen	Realisationen insgesamt
/d/	[d̥]	*den*	1	480
	[t]	*dritte*	1	

Die phonetischen Abweichungen des stimmhaften Lenis-Plosivs /d/ sind sehr gering und beschränken sich auf die Ersetzung des /d/ durch seine entstimmlichte Entsprechung [d̥] oder durch [t]. Die abweichende Realisierung als [d̥] lässt sich möglicherweise durch die regressive Assimilation der Stimmhaftigkeit des Arabischen erklären. Die Substituierung durch das [t] kann eventuell auf fehlende Aufmerksamkeit beim Vorlesen zurückgeführt werden.

6.3.1.3 Weitere Abweichungen im segmentalen Bereich

Um weitere konkrete Aussagen über die Ausspracheabweichungen bei den zehn Sprechern treffen zu können, ist es erforderlich, eine weitergehende Analyse der Sprachaufnahmen durchzuführen. Die folgenden Erscheinungen sollen in den Aufnahmen untersucht werden:

- Konsonantenverbindungen und Sprossvokal
- Assimilation
- Auslautverhärtung
- Glottisschlag
- Einfluss des Englischen als erste Fremdsprache

6.3.1.3.1 Konsonantenverbindungen und Sprossvokale

Deutsch lernenden Arabern bereiten Konsonantenverbindungen häufig Schwierigkeiten. Dabei wird meistens unbewusst ein Sprossvokal eingeschoben oder ein Konsonant nicht realisiert. Die Erklärung dafür ist, dass im Arabischen maximal zwei konsonantische Segmente innerhalb einer Silbe aufeinander folgen können. Manchmal werden aufgrund der Les- und Schreibweise des Arabischen Segmente innerhalb einer Wortform verdreht. Die folgende Tabelle verdeutlicht die Einfügung von Sprossvokalen (vgl. Kap. 5.1.3):

Tab. 62: Einfügung von Sprossvokalen, Weglassen eines Konsonanten und Verdrehungen in Konsonantenverbindungen

Erscheinungen	betroffene Wörter	falsche Realisierungen	Zahl der Abweichungen
Sprossvokale	*gewandt*	*gewand[ə]t*	4
/ə/	*hinzu*	*hin[ə]zu*	3
	auszuruhen	*aus[ə]zuruhen*	2
	Nachtigall	*Nach[ə]tigall*	1
	kannst	*kann[ə]st*	1
/ɪ/	*Finger*	*Fin[ɪ]ger*	2
/ɛ/	*entzückt*	*ent[ɛ]zückt*	1
Weglassen eines Konsonanten	3x *nichts*, 2x *setzte* 2x *schmerzten, entzückt, singt, verschütteten, antwortete, sofort, hörten*	3x *nich*[ ]*s*, 2x *setz*[ ]*e*, 2x *schmerz*[ ] *en, entzück*[ ], *sing*[ ],*verschütte*[ ]*en, an*[ ]*wortete, sofor*[ ], *hör*[ ]*en*	13
Verdrehungen	*stark*	*strak*	6

6.3.1.3.2 Assimilation

Der Terminus Assimilation, welcher auf das lateinische *similis* ‚ähnlich, gleich' zurückgeht, bedeutet „Ähnlichmachung, Angleichung" und bezieht sich in der Sprachwissenschaft auf einen „Lautwandelprozess/-ergebnis bzw. phonologischen Prozess (bzw. dessen Ergebnis) der Angleichung zwischen Lautsegmenten in einer Sequenz bezüglich eines oder mehrerer Merkmale (meist im Sinne artikulatorischer Vereinfachung; Koartikulation)." (Glück 2010, 65; vgl. auch Hirschfeld 2010a, 15; Krech et al. 2009, 50). In der Forschung zum

Begriff Assimilation stehen häufig die Termini „Reduktion“ und „Elision“ in Verbindung, die oft im Spracherwerb, in der Sprechwissenschaft und zur Beschreibung historischer Lautentwicklungen verwendet werden (vgl. Hirschfeld 2010a, 15). Der Assimilationsprozess kann a) nach dem Grad und b) der Richtung der Angleichung zwischen Lautsegmenten differenziert werden:

a) Häufig beeinflusst die Koartikulation die Realisierung eines Lautes im Sinne *einer* Anpassung signifikanter, wahrnehmbarer Lauteigenschaften (partielle Assimilation) z. B. die Entstimmlichung des gesamten Segments (totale Assimilation), z. B. Angleichung an den Stamm einer Wortform und damit Wegfall von „-en“ wie in *komm mit!*.
b) Der phonologische Prozess der Anpassung von Lauten bzw. dessen Ergebnis kann nach folgenden Richtungen klassifiziert werden (vgl. Hirschfeld 2010a, 15; Krech et al. 2009, 49 f.):
   1) Progressive
   Bei der progressiven Assimilation geht es um die Auswirkung des folgenden Segments auf das nachfolgende Segment. Beispiel für progressive Assimilation ist die Entstimmlichung von Konsonanten nach stimmlosen Konsonanten, so wird [b] im Wort *Fußball* [fˈuːsb̥al] entstimmlicht.
   2) Regressive
   Bei der regressiven Assimilation handelt es sich um einen Einfluss des nachfolgenden Segments auf das vorausgehende Segment. Beispiel für regressive Assimilation ist die Realisierung eines [m] in *Senf* oder *fünf*.
   3) Reziproke
   Die reziproke Assimilation bezieht sich auf gegenseitige Beeinflussung, das heiß, die Assimilationen erfolgen in beide Richtungen gleichzeitig. Beispiel für die reziproke Assimilation sind gleichzeitige Assimilationen im Wort *Regen* [ʁˈeːgŋ̍]. So wirkt sich der Plosiv [g] auf die Artikulationsstelle und das artikulierende Organ des folgenden Nasals (progressiv) aus und zugleich beeinflusst der Nasal [ŋ] die nasale Sprengung des vorausgehenden Plosivs.

In den Ergebnissen der empirischen Untersuchung der vorliegenden Arbeit wird festgestellt, dass die Probanden bei der progressiven Assimilation unbewusst die Merkmale des nachfolgenden Segmentes auf das vorhergehende Segment übertragen, das heißt, bei den progressiven Assimilationspositionen wird fälschlicherweise eine regressive Assimilation realisiert. Dies lässt sich durch den Einfluss der Muttersprache Arabisch erklären. Die folgende Tabelle zeigt Beispiele für falsche Realisierungen:

Tab. 63: Auswertung der Realisierungen der Assimilation

betroffene Wörter	**richtige Aussprache**	**falsche Aussprache**
bald bleiben	[balt b̥l'aɛ̯bm̩]	[bald bl'aɛ̯bm̩]
was sagt	[vas z̥'aːkt]	[fas zaːkt]
auf den	[aɔ̯f d̥eːn]	[aɔ̯v deːn]
lass das	[las d̥as]	[laz̥ das]
kannst du	[k'anst d̥uː]	[k'ansd d̥uː]
das sofort	[das z̥oːf'ɔʁt]	[dazːoːf'ɔʁt]
ganz besonders	[gants b̥əz'ɔndɐs]	[ganz̥ bəz'ɔndɐs]
fass das	[fas d̥as]	[faz das]
auf seine	[aɔ̯f z̥'aɛ̯nə]	[aɔ̯v z'aɛ̯nə]
abgenommen	['apg̊ənɔmən]	['ab̥gənɔmən]

6.3.1.3.3 Auslautverhärtung

In den untersuchten Aufnahmen wurde festgestellt, dass die am Silben- und Wortende durch Auslautverhärtung entstandenen stimmlosen Plosive /p t k/ häufig als stimmhafte Plosive [b, d, g] realisiert oder nicht genug aspiriert werden. Der Grund dafür ist, dass es im Arabischen keine Auslautverhärtung gibt. Die Stimmbeteiligung ist im Arabischen in jeder Position distinktiv, so dass sich die gesamte Wortbedeutung verändern würde, wenn ein stimmhaftes Phonem im Arabischen wie zum Beispiel /d/ durch das /t/ im Silben- und Wortauslaut ersetzt würde. Dies wird von arabischen Deutschlernenden bewusst oder unbewusst auf die deutsche Aussprache übertragen (vgl. Kap. 5.1.2):

Tab. 64: Auswertung der Realisierungen der Auslautverhärtung

betroffene Wörter	richtige Aussprache	falsche Aussprache
bald	[balt]	[bald]
sagt	[z̥'a:kt]	[za:gt]
niemand	[n'i:mant]	[n'i:mand]
schwieg	[ʃv̥i:k]	[ʃv̥i:g]

6.3.1.3.4 Glottisschlag

Der Glottisschlag /ʔ/ tritt im Arabischen als Phonem in allen Positionen auf:

- اسئلة [ʔasʔila] *Fragen*
- مسؤول [masʔu:l] *Verantwortlicher*
- بطء [masʔu:l] *Langsamkeit*
- أنباء [ʔanba:ʔ] *Nachrichten*

Im Gegensatz dazu hat der Glottisschlag [ʔ] im Deutschen keinen phonologischen Wert. Er ist nur als begleitendes Merkmal an die vokalische Anlautposition gebunden. Teilweise realisieren arabische Deutschstudierende den Glottisschlag in falscher Position, wenn sie ihn entsprechend ihrer Muttersprache Arabisch auf das Deutsche übertragen, z. B. *zweit* *[ˀtsv̥aɛ̯], *Frauen* *[ˀfʁ̥'aɔ̯ən], *Alter* *[alter] und *pass auf* *[pas aɔ̯f] (vgl. Kap. 5.1.2).

6.3.1.3.5 Einfluss des Englischen als erste Fremdsprache

Bei der Beschreibung des Einflusses des Englischen in der vorliegenden empirischen Untersuchung muss von drei sehr verschiedenen Vokal- und Konsonantensystemen für das Arabische, das Englische und das Deutsche ausgegangen werden. Insbesondere in Bezug auf das Vokalsystem gibt es kaum Gemeinsamkeiten zwischen der deutschen und der englischen Sprache. Die Phonem-Graphem-Beziehungen im Englischen und im Deutschen sind sehr unterschiedlich. Deshalb kann die Tatsache, dass mit der englischen Sprache zumindest die lateinischen Schriftzeichen und die Art der Phonem-Graphem-Beziehungen für die arabischen Studierenden bekannt geworden sind, für

Interferenzen sorgen (vgl. Hirschfeld 2009, 5). Für den Bereich der Vokale können die Abweichungen folgender Phoneme aus dem Untersuchungskorpus den Einfluss des Englischen bestätigen:

Tab. 65: Einfluss des Englischen auf das Erlernen des Deutschen im vokalischen Bereich (Transkription der englischen Wörter wie in Langenscheidt Handwörterbuch Englisch 2010)

Phoneme	**Substitutionen**	**betroffene Wörter**	**Interpretation der Fehler**
/eː/	[iː]	*her, der, wer, der, den*	Im Englischen wird <e> häufig als /iː/ gesprochen: *decontrol* [ˌdiːkən'trəʊl], *ecumenical* [ˌiːkjʊ'mɛnɪkl]
/ə/	fehlt	*eine, trillerte, antwortete, zeigte, besonderes*	Im Englischen wird <e> oft am Ende des Wortes nicht artikuliert: *jade* [dʒeɪd], *life* [laɪf]
/ɪ/	[aɪ]	*trillerte, sitz, schmutzig, dritte*	<i> wird häufig im Englischen als [aɪ] gesprochen: *outsider* [ˌ aʊts'aɪdɐ], *pipeline* [p'aɪplaɪn]
/iː/	[aɛ̯]	*schrei, bleiben*	Im Englischen wird <ei> oft als [iː] realisiert: *receive* [rɪs'iːv], *deceive* [dɪs'iːv], *conceive* [kəns'iːv]

Im Konsonantenbereich ergibt sich für den Einfluss des Englischen ein ähnliches Bild:

Tab. 66: Einfluss des Englischen auf das Erlernen des Deutschen im konsonantischen Bereich (Transkription der englischen Wörter wie in Langenscheidt Handwörterbuch Englisch 2010)

Phoneme	**Substitution**	**betroffene Sprachen**	**Interpretation der Fehler**
/b/	[v]	*über, wunderbar Nachbarinnen, dabei*	Das [b] wird teilweise als [v] gesprochen. Hier ist bisweilen nicht nur ein einzelner Laut betroffen, sondern das ganze Wort, z. B. *über* → *over* ['əʊvə].
/kv̥/	[kw]	*Quelle*	[kv] wurde, wie im Englischen [kw], fehlerhaft realisiert.
/ʁ/	[ɽ]	*schmier, ruhig, auszuruhen, bring, hier*	Sowohl das Reibe-[ʁ] als auch das vokalisierte [ɐ] werden häufig retroflex [ɽ] realisiert wie im Englischen.

6.3.1.4 Zusammenfassung (Hypothesen)

Die Darstellung der Ergebnisse der empirischen Untersuchung zeigt, dass die in Bezug auf den segmentalen Bereich aufgestellten Hypothesen teilweise bestätigt wurden (s. 6.1). Es kann Folgendes festgestellt werden:

Vokale:

- Die kurzen und ungespannten Vokale werden häufig zu lang und gespannt realisiert, die langen und gespannten Vokale demgegenüber zu kurz und ungespannt.
- A-, E- und I-Laute werden bezüglich der Vokalqualität und -quantität nicht genügend differenziert.
- Die gerundeten Vorderzungenvokale [yː ʏ øː œ] werden als gerundete Hinterzungenvokale [uː ʊ oː ɔ] realisiert.
- Der Murmelvokal [ə] wird weggelassen bzw. durch [ɛ ɪ a] ersetzt.

Konsonanten:

- Die Lenis-Plosive werden generell stimmhaft realisiert und die Merkmale fortis vs. lenis werden nicht genug differenziert. /p t k/ werden oft als [b d g] gesprochen sowie nicht aspiriert und nicht gespannt genug gebildet.
- In Konsonantenverbindungen werden Sprossvokale eingefügt.
- Der Ang-Laut /ŋ/ wird entweder als [ŋg] oder [ŋk] realisiert.
- Der Ich-Laut /ç/ wird durch [ɕ] oder [ʃ] ersetzt.
- Das /f/ wird durch [v] ersetzt und umgekehrt.
- Das /t/ fehlt im Auslaut, besonders nach anderen Konsonanten.
- /s/ und /ts/ werden häufig verwechselt, besonders im Auslaut.
- Das vokalisierte [ɐ] als auch das Reibe-R werden durch ein Zungenspitzen-R ersetzt.

Einfluss des Englischen:

- Der Einfluss des Englischen als erster Fremdsprache macht sich bei einigen Studierenden bemerkbar, wovon nicht nur einzelne Laute, sondern auch ganze Wörter betroffen sind.

In den folgenden Abbildungen wird die Anzahl der Abweichungen im segmentalen Bereich verdeutlicht.

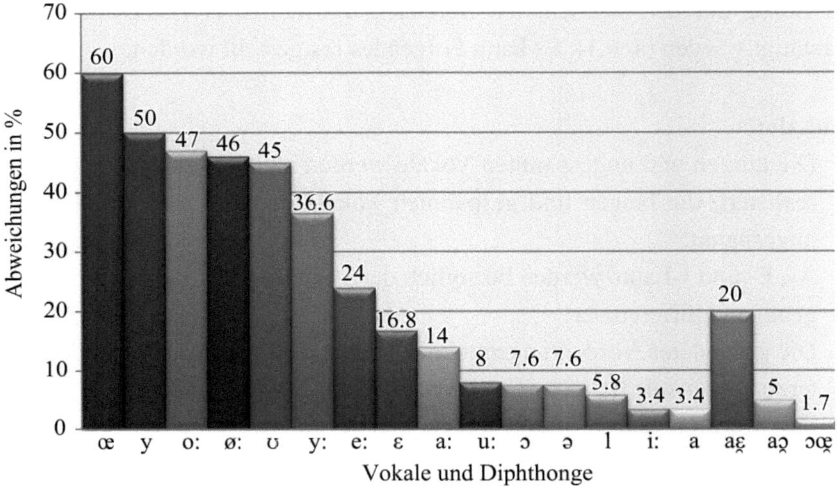

Abb. 10: *Darstellung der Vokalabweichungen*

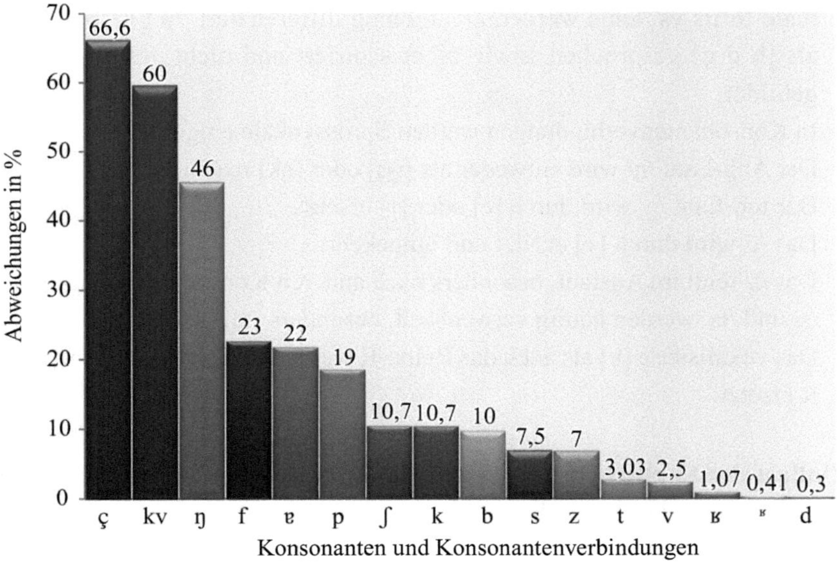

Abb. 11: Darstellung der Konsonantenabweichungen

6.3.2 Problembereich Suprasegmentalia

Im theoretischen Teil wurde durch eine kontrastive phonologische und phonetische Analyse Arabisch – Deutsch der Untersuchungsgegenstand „suprasegmentale Merkmale“ der beiden Sprachen erläutert sowie das terminologische Feld des Gegenstands erörtert (vgl. Kap. 4.1.2; 4.7). Im empirischen Teil soll versucht werden, mit einer auditiven Analyse eine Beschreibung auffälliger suprasegmentaler Abweichungen zu liefern. Dafür sollen die Hypothesen über suprasegmentale Abweichungen überprüft werden.

6.3.2.1 Abweichungen beim Wortakzent

Es wurde angenommen, dass den irakischen Deutschlernenden der Wortakzent im Deutschen nicht fremd ist, da sie ihn sowohl aus ihrer Muttersprache als auch aus dem Englischen als erste Fremdsprache kennen. Im Bereich des Wortakzents wurden kaum bzw. keine Schwierigkeiten erwartet, obwohl im Arabischen die Zuweisungsrichtung des Wortakzents vom Wortende ausgeht, der Wortakzent im Deutschen aber auf die Stammsilbe fällt (meist am Wortanfang) (Hyp. 3.1; vgl. Kap. 5.2). Im Zuge der phonetischen Bewertung des suprasegmentalen Bereiches konnte nachgewiesen werden, dass irakische Studierende nur geringfügige Abweichungen im Wortakzent aufweisen. Diese Abweichungen beschränken sich hauptsächlich auf zwei Arten:

- Falsche Betonung bei trennbaren Verben: Oft wird bei trennbaren Verben der Stamm anstatt des Verbpräfixes betont z. B. *auszuruhen, aufnehmen.*
- Falsche Realisierung der Akzente bei zusammengesetzten Wörtern: Haupt- und Nebenakzent werden gleichstark betont, z. B. *Nachtigall, Nachbarinnen.*

Die Ursache dafür könnte darin liegen, dass die irakischen Deutschlernenden nur über geringe theoretische Grundkenntnisse der deutschen Phonetik verfügen (vgl. Kap. 2.1).

6.3.2.2 Abweichungen beim Satzakzent / bei der Satzmelodie

Es wurde vermutet, dass im Arabischen die Satzmelodie monoton ist, und das Arabische durch gleichbleibende Tonhöhe gekennzeichnet ist (Hyp. 3.2;

vgl. Kap. 5.2). Diese Annahme kann durch die empirische Untersuchung der vorliegenden Arbeit nicht bestätigt werden. Die Analyse der Satzmelodie zeigt, dass diese von den irakischen Deutschlernenden bezüglich der Tonhöhe nicht monoton realisiert wird. Die Satzmelodie ist überwiegend interrogativ statt terminal. Demzufolge bleibt die Lösungstiefe am Ende des deutschen Satzes aus. Dies lässt sich durch den Einfluss der Muttersprache Arabisch erklären (vgl. Kap. 4.7.1). Die Untersuchung des Satzakzents zeigt, dass die irakischen Studierenden den Satzakzent nicht auf die Sinnwörter (Adjektive, Adverbien, Verben und Substantive), sondern auf die Funktionswörter (Artikel, Pronomen u. a.) setzen. Neben dieser falschen Akzentuierung der Funktionswörter wird fast jedes Wort im Satz stark akzentuiert, obwohl die Wortakzente meistens richtig realisiert werden. Ein Grund dafür dürfte sein, dass die irakischen Sprecher den Inhalt der Sätze nicht richtig verstanden haben.

6.3.2.3 Abweichungen beim Rhythmus

Die Untersuchungsergebnisse der empirischen Arbeit zeigen, dass irakische Studierende beim Vorlesen der deutschen Texte einen Staccato-Rhythmus realisieren. Die Probanden bilden in einem Satz viele kleinere rhythmische Gruppen, das bedeutet, dass sie zu viele Akzente und Pausen an den falschen Stellen setzen. Die Ursache hierfür könnte sein, dass irakische Studierende die Rhythmisierungsgewohnheiten ihrer Muttersprache Arabisch auf das Deutsche übertragen. Eine Verifizierung dieser Vermutung erfordert allerdings eine spezifisch empirische Untersuchung zum Rhythmus Arabisch – Deutsch (vgl. Kap. 4.7.2).

6.4 Zusammenfassung und Diskussion der Ergebnisse

Das Gesamtergebnis der empirischen Untersuchung zeigt, dass irakischen Deutschlernenden im segmentalen und suprasegmentalen Bereich Folgendes Schwierigkeiten bereitet:

6.4.1 Problembereich Segmentalia

6.4.1.1 Schwierigkeiten bei den Vokalen

Qualität: Bei der Vokalqualität ergeben sich die größten Schwierigkeiten. Dies betrifft vor allem die im Arabischen nicht vorhandenen Vokale, nämlich die Mittel- und Vorderzungenvokale /yː ʏ øː œ eː ɛ ɪ ə/ und die Hinterzungenvokale /oː ɔ/ sowie die Diphthonge /ɔœ̯ aɛ̯ aɔ̯/. Die gerundeten Vorderzungenvokale [yː ʏ øː œ] werden als gerundete Hinterzungenvokale [uː ʊ oː ɔ] realisiert. Die verschiedenen E-Laute werden untereinander und auch in Bezug auf die I-Laute ungenügend differenziert. Der Murmelvokal [ə] wird weggelassen bzw. durch [ɛ ɪ a] ersetzt. A- und E- Laute werden ebenfalls wegen des Einflusses des Englischen nicht differenziert.

Quantität: Die Vokalquantität bereitet arabischen Deutschsprechern ebenfalls große Ausspracheschwierigkeiten. Sie haben Probleme, die kurzen (ungespannten) und langen (gespannten) Vokale zu unterscheiden. Daher werden die kurzen und ungespannten Vokale häufig etwas zu lang und zu gespannt, die langen und gespannten Vokale dagegen halblang oder kurz und ungespannt gebildet. Dies lässt sich durch das Schriftbild der arabischen Vokale erklären. Im Arabischen werden nur die Langvokale geschrieben, während Kurzvokale zwar gesprochen, jedoch nicht geschrieben werden. Im Deutschen hingegen wird jeder Vokal unabhängig von seiner Länge geschrieben. Die Untersuchungsergebnisse meiner empirischen Analyse für die Vokale ergänzen und bestätigen die Untersuchungsergebnisse der theoretischen Analyse der vorliegenden Arbeit (vgl. Kap. 5.1.1; 6.1).

6.4.1.2 Schwierigkeiten bei den Konsonanten

Bei der Artikulation der Konsonanten ergeben sich ebenfalls große Ausspracheschwierigkeiten. Dies lässt sich dadurch erklären, dass bestimmte Konsonanten des Deutschen im Arabischen nicht vorhanden sind. Dies betrifft die Konsonanten /ç ʁ ɐ ŋ kv p v z/, aus diesem Grund werden sie oft fehlerhaft realisiert. Der Ich-Laut /ç/ wird häufig durch ein [ç] oder ein [ʃ] substituiert. Das Reibe-[ʁ] und das vokalisierte [ɐ] werden meist durch ein Zungenspitzen-R ersetzt. Der Ang-Laut /ŋ/ wird entweder als [ŋg] oder [ŋk] realisiert. Generell werden die Konsonantenverbindungen und die Konsonantenhäufungen nur mit großer Anstrengung artikuliert, da im Arabischen nur maximal zwei konsonantische Segmente aufeinander folgen. Infolgedessen wird ein Konsonant weggelassen oder ein Sprossvokal eingeschoben. Manchmal treten innerhalb eines Wortes Verdrehungen auf. Als ein weiteres Problem erweist sich die progressive Assimilation: Wo im Deutschen progressiv assimiliert wird, gleichen die arabischen Studierenden regressiv an, da dies im Arabischen die übliche Assimilationsform ist. Daher übertragen arabische Deutschstudierende bei den progressiven Assimilationspositionen unbewusst die Merkmale des nachfolgenden Konsonanten auf den Vorgängerkonsonanten. Außerdem werden die Lenis-Plosive /p t k/ oft nicht genügend aspiriert und auch nicht gespannt genug gebildet. Sie werden als [b d g] im Auslaut abweichend realisiert, da die Auslautverhärtung dem Arabischen fremd ist. Nicht zuletzt wirkt sich bei der Artikulation der Konsonanten auch der Einfluss des Englischen aus. Die im Bezug auf die Konsonanten aufgestellten Hypothesen (vgl. Kap. 6.1) und die Untersuchungsergebnisse der theoretischen Analyse (vgl. Kap. 5.1.2) werden durch die empirische Analyse der vorliegenden Arbeit überwiegend bestätigt.

6.4.2 Einfluss des Englischen als erste Fremdsprache

Der Einfluss des Englischen als erste Fremdsprache macht sich häufig bemerkbar, wobei nicht nur einzelne Laute bzw. Lautverbindungen, sondern auch ganze Wörter betroffen sind.

6.4.3 Problembereich Suprasegmentalia

Bezüglich der suprasegmentalen Merkmale wird in den untersuchten Aufnahmen Folgendes festgestellt: Bei der Realisierung des Wortakzents weichen die irakischen Deutschlernenden geringfügig von der Norm ab. Diese Abweichungen zeigen sich hauptsächlich in einer falschen Betonung bei trennbaren Verben und bei zusammengesetzten Substantiven. Bezüglich der Tonhöhe wird die Satzmelodie interrogativ statt terminal realisiert. Infolgedessen bleibt die Lösungstiefe am Ende des Satzes aus. Außerdem setzen die Studierenden den Satzakzent nicht auf die Sinnwörter, sondern auf die Funktionswörter. Neben dieser falschen Akzentuierung der Funktionswörter werden zu viele Wörter im Satz stark akzentuiert. Die Probanden bilden in einem Satz viele kleinere rhythmische Gruppen, demzufolge realisieren sie beim Vorlesen einen Staccato-Rhythmus. Die Untersuchungsergebnisse der theoretischen Analyse für den suprasegmentalen Bereich werden durch die empirische Analyse der vorliegenden Arbeit teilweise bestätigt (vgl. Kap. 5.2; 6.1).

6.5 Methodenreflexion

Ziel der empirischen Arbeit war es, zu analysieren, welche Schwierigkeiten bei arabischen Studierenden aus dem Irak beim Ausspracheerwerb des Deutschen in Erscheinung treten können. Hierzu wurden zehn Tonaufnahmen auf ihrer sprecherischen Ebene auditiv untersucht. Untersuchungsgegenstand waren die Ausspracheprobleme im segmentalen und suprasegmentalen Bereich. Untersuchungsgrundlage bildeten die Tonaufnahmen von fünf Studentinnen und fünf Studenten, die anhand von zwei Fehleranalysekatalogen durch neun Sprechwissenschaftsstudierende untersucht wurden. Nach der Durchführung der empirischen Untersuchung und Auswertung der Tonaufnahmen erwies sich die methodische Umsetzung zum Erreichen der oben erwähnten Ziele insgesamt als aussagekräftig. Jedoch kristallisierten sich während des Untersuchungsprozesses in Bezug auf die in der empirischen Arbeit verwendeten Methoden und auf die zum Zweck der phonetischen Fehleranalyse erarbeiteten Kataloge zusätzliche Möglichkeiten heraus. Um bei der methodischen Erstellung und Auswertung des Korpus zusätzliche Wege gehen zu können, wird im Folgenden eine Methodenreflexion der empirischen Analyse vorgenommen. Die Reflexion beruht zum einen auf meinen Erfahrungen zur empirischen Analyse der vorliegenden Arbeit und einer kritischen Betrachtung dieser. Zum anderen wurde ich durch verschiedene kontrastive Arbeiten (Fiedler 2012; Travkina 2009; Nossok 2009; Cohrs 2008 etc.) u. a. zu den Ausspracheschwierigkeiten Deutschlernender angeregt.

1) Textauswahl: Die in der empirischen Untersuchung gelesenen Texte „Die Söhne" und „Erziehung" enthalten, nach der vom Autor vorgenommenen Modifizierung des Textes „Die Söhne", alle artikulatorischen und prosodischen Merkmale des Deutschen und erwiesen sich für irakische Deutschlernende als geeignet. Dennoch gäbe es die Möglichkeit, spontansprachliche Materialien, die aus längeren Sätzen bestehen, wie beispielsweise Dialoge, zu verwenden, um vielfältigere prosodische Muster irakischer Deutschsprecher feststellen zu können.
2) Probanden: Um feststellen zu können, ob die Ausspracheschwierigkeiten irakischer Deutschlernender auf Aussprachefehler der irakischen Deutschlehrer zurückgeführt werden können, könnten neben den irakischen Germanistikstudierenden irakische Deutschlehrende an der Bagdad Universität in die empirische Untersuchung einbezogen werden. Eine solche Untersuchung wurde in der vorliegenden Arbeit nicht vorgenommen, da sie nicht dem primären Untersuchungsinteresse gedient hätte. In einer zusätzlichen Analyse könnten die Ergebnisse dennoch von Interesse sein.
3) Tonaufnahmen: An der empirischen Arbeit haben fünfunddreißig Germanistikstudierende teilgenommen, aber nicht alle Tonaufnahmen waren für die phonetische Fehleranalyse geeignet. Die wichtigsten Auswahlkriterien waren die Tonqualität der Aufnahmen und die Berücksichtigung des Geschlechts der Teilnehmer. Um die Tonqualität der Aufnahmen zu verbessern und so die Zahl der für die empirische Untersuchung geeigneten Tonaufnahmen zu erhöhen, könnten die Aufnahmen in einem Tonstudio oder mit besserer Technik durchgeführt werden. Da sich durch die kritische Sicherheitslage im Irak hierbei weitere Probleme (insbesondere für weibliche Teilnehmerinnen) und eine sehr aufwendige Organisation ergeben würde, ist ein solches Vorgehen gut abzuwägen.
4) Methodisches Verfahren der phonetischen Fehleranalyse: Neben der auditiven Analyse wäre zu überlegen, zusätzlich eine akustische Analyse durchzuführen. Hierbei muss allerdings beachtet werden, dass eine akustische Analyse allein im Fremdsprachenunterricht nicht ausreichend und aussagekräftig ist. Im Fremdsprachenunterricht werden Aussprachefehler nur korrigiert, wenn sie vom Lehrer gehört und den Lernenden bewusst gemacht werden (vgl. Kap. 6.2.3).

5) Des Weiteren gäbe es die Möglichkeit, die Wirkung phonetischer Interferenzen arabischer Deutschstudierender auf deutsche Muttersprachler zu untersuchen, um irakische Deutschlernende für mögliche Reaktionen der Muttersprachler auf ihre Ausspracheschwierigkeiten zu sensibilisieren. Störende, aus phonetischen Fehlern entstehende Wirkungen, wie etwa Gesprächsabbrüche, Fehlinterpretationen und Missverständnisse, können im Unterricht thematisiert und den Lernenden bewusst gemacht werden.

7 Einflussfaktoren auf das Lernen und Lehren von Aussprache

Ziel des nun folgenden Kapitels ist es, einen Überblick über die Besonderheiten des Ausspracheerwerbs zu geben, gleichzeitig die Ursachen für die spezifischen Ausspracheschwierigkeiten offenzulegen und die entsprechende Auswahl und die korrekte Weise der methodisch-didaktischen Durchführung der Ausspracheübungen vorzuschlagen. Der Erwerb einer fremden Aussprache verläuft individuell sehr unterschiedlich und ist nicht nur vom Alter der Lernenden, sondern auch von einem komplizierten Zusammenwirken verschiedener Faktoren abhängig, welche in lernerinterne (personenbezogene) Variablen und lernerexterne (personenunabhängige) Variablen unterteilt werden können (vgl. Apeltauer 1987, 12; Radtke 2004, 7; Hirschfeld 2007, 277). Das folgende Schema verdeutlicht die lernerinternen und -externen Einflussfaktoren:

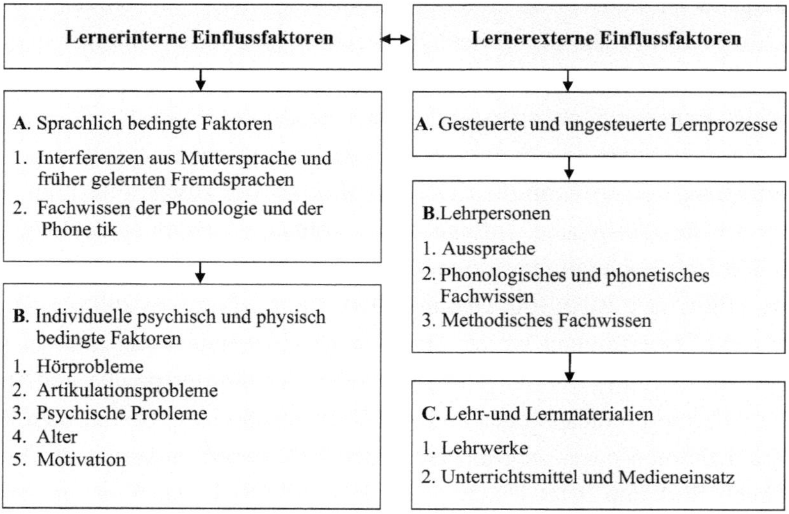

Abb.12: Einflussfaktoren auf das Lehren und Lernen (vgl. Apeltauer 2004, 11 ff.; Hirschfeld 2007, 277 f.)

7.1 Lernerinterne Einflussfaktoren

7.1.1 Sprachlich bedingte Faktoren

Angesichts großer sprachlicher Unterschiede zwischen dem Arabischen und dem Deutschen vor allem auf phonologischer und phonetischer Ebene können irakische Deutschlernende typische Klangmerkmale des Deutschen nicht erkennen und voneinander differenzieren. Neben dem Einfluss der Muttersprache Arabisch treten ebenfalls phonetische Interferenzen aus dem Englischen als erster Fremdsprache auf, welche meist größer als grammatische und lexikalische Fehler sind. Zunächst werden sprachlich bedingte Einflussfaktoren der Ausspracheschwierigkeiten diskutiert.

7.1.1.1 Interferenzen durch die Muttersprache und früher gelernte Fremdsprachen

Für die Beschreibung des Einflusses der Muttersprache und der vorher gelernten Fremdsprachen auf den Ausspracheerwerb der Zielsprache ist es notwendig, zuerst die Begriffe „Interferenz" und „Transfer" zu definieren. Daran anschließend werden die Haupthypothesen phonetischer Interferenzen im Rahmen der Spracherwerbsforschung diskutiert. Abschließend wird der Einfluss des Englischen als zuerst gelernter Fremdsprache auf das Erlernen des Deutschen erläutert. Der Begriff Interferenz beschreibt eine unbeabsichtigte Übertragung von sprachlichen Besonderheiten aus zuvor gelernten Sprachen auf die Zielsprache. Infolge dieses Vorgangs werden sprachliche Normen der Zielsprache in unterschiedlich starkem Maße verletzt (vgl. Surkamp 2010, 118; Glück 2010, 300; Demme 2010, 136 f.; Bußmann 2008, 314). Produkt dieser Übertragung ist der Transfer, welcher beim Lernprozess entweder positiv oder negativ verläuft, je nachdem, ob Muttersprache und andere zuvor gelernte Fremdsprachen und „Zielsprache an einem bestimmten Punkt [übereinstimmen oder] sich unterscheiden." (Edmondson/House 2011, 222; vgl. auch: Surkamp 2010, 118/307; Glück 2010, 118). In den Arbeiten der heutigen Sprachlehrforschung wird der „positive Transfer" als Lernerleichterung bzw. Lernstrategie benannt, durch den Lernende ihr sprachliches Wissen meist unbewusst einsetzen, um u. a. die Strukturen und Funktionen in der Zielsprache zu erwerben. Beim „negativen Transfer" handelt es sich um unbewusste Übertragung *eines* sprachlichen Merkmals aus der Muttersprache oder früher gelernten Fremdsprachen aufgrund einer funktionalen oder semantischen, realen formalen oder scheinbaren Ähnlichkeit in die Zielsprache (vgl. Surkamp 2010, 118/237; Edmondson/House 2011, 222; Bußmann 2008, 314; Demme 2010, 136; Storch 2009, 46).

Die Spracherwerbsforschung hat zwei unterschiedliche Hypothesen dazu entwickelt, in welcher Weise die Muttersprache dem Lernenden beim Erwerb einer Zweitsprache nützlich oder hinderlich sein kann. Zum einen ist es die „Kontrastivhypothese", die besagt, dass eine Fremdsprache leicht erlernt wird, wenn es keine Differenzen zwischen der Fremdsprache und der Muttersprache gibt. Bestehen Differenzen zwischen den beiden Sprachen, so führt dies zu sprachlichen Problemen bzw. zu Interferenzen (vgl. Hufeisen 1992, 24 f.; Storch 2009, 46). Edmondson/House (2011, 222) wenden jedoch ein: „Problematisch ist hierbei die genauere Bestimmung der Unterschiede und der Schwierigkeitsgrade. Ferner leidet die Hypothese darunter, dass der Grad der Unterschiede und Schwierigkeiten angeblich konstant bleibt." Darüber hinaus ist die Komplexität der Ausgangssprache im Verhältnis zur Zielsprache relevant. Andernfalls müssten deutschsprachige Lerner des Englischen die gleichen Sprachprobleme haben wie englischsprachige Lerner des Deutschen. Dies dürfte allerdings nicht ganz stimmen. Um diese Problematik in der Kontrastivhypothese überwinden zu können, wurde eine neue Version entwickelt, in der die Lernschwierigkeiten auf verschiedene Hierarchien verteilt wurden (ebd., 223). Diese erweiterte Version konnte ebenfalls „nicht lange aufrechterhalten" (Edmondson/House 2011, 224) werden. Es sei darauf hingewiesen, dass sprachliche Ähnlichkeiten zwischen der Ausgangssprache und der Zielsprache sehr interferenzanfällig sein können, da zielsprachliche Phänomene und ihre Entsprechungen in der Ausgangssprache nicht identisch sind. Das heißt, Aussprachefehler können in diesem Fall häufiger auftreten, als wenn Ausgangs- und Zielsprache ganz unterschiedlich sind. Daraus lässt sich schließen, dass mit dieser Version der Kontrastivhypothese auch „nichts erklärt wird." (Edmondson/House 2011, 224 f; vgl. auch Storch 2009, 46.;

Hufeneisen 1992, 25; Demme 2010, 137; Surkamp 2010, 119). An dieser Stelle ist auf Edmondson/House zu verweisen, die sich hierzu äußern:

> „Es müsste zum Beispiel möglich sein herauszufinden, warum in einem Fall Interferenzen auftauchen, in einem anderen dagegen nicht. Wenn ferner Fehler auftreten, die durch Interferenz erklärbar sind, muss dies andererseits nicht bedeuten, dass die Interferenz den Fehler verursacht hat." (Edmondson/House 2011, 225).

Eine zweite Richtung in der Spracherwerbsforschung hat die „Identitätshypothese" entwickelt, die besagt, dass der Lernprozess in der Zielsprache im Allgemeinen in gleicher Weise wie in der Muttersprache verläuft, d. h. „durch das Aktivieren angeborener mentaler Prozesse" (Hufeisen 1992, 25). Die Prozesse des Spracherwerbs von Erst- und Zweitsprache laufen nach der Identitätshypothese unabhängig voneinander ab. Man geht davon aus, dass sich sprachliche Probleme nicht aus dem Einfluss der Muttersprache ergeben, sondern aus der Struktur der Fremdsprache resultieren (developmental error). Die Identitätshypothese ist für den vorliegenden Untersuchungsgegenstand nicht primär von Interesse, da sie keine Verbindung von Erst- und Zweitspracheerwerb beschreibt (vgl. Hufeisen 1992, 25 f.; Surkamp 2010, 119 f.). Darüber hinaus weisen die Ergebnisse meiner empirischen Untersuchung darauf hin, dass Einflüsse sowohl der Muttersprache Arabisch als auch der ersten Fremdsprache Englisch auf das Erlernen des Deutschen nachgewiesen werden. Das Englische als erstgelernte Fremdsprache besitzt laut Hirschfeld (2009, 3 f.) zahlreiche sowohl positive als auch negative Einflussfaktoren. Zu den positiven Einflussfaktoren gehören:

- Nutzung lateinischer Schriftzeichen,
- Benutzung der Zeichen des Internationalen Phonetischen Alphabets (IPA),
- Anwendung von (Aussprache-)Wörterbüchern,
- Nutzung erworbenen metasprachlichen Wissens (Termini u. a.) und Anwendung sprachlicher Bewusstheit im Bezug auf das Wissen über die Ausgangsprache und die Zielsprache sowie über die zuvor gelernten Fremdsprachen,
- Erweiterung und Entwicklung eigener Lernmethoden zum Erwerb einer fremden Aussprache,
- Erweiterung des „Inventars an feinmotorischen Abläufen zur Realisierung" phonetischer Besonderheiten der Zielsprache,

- Erweiterung phonologischer und phonetischer Kompetenzen im differenzierenden und identifizierenden Hören,
- Erweiterung des Inventars an erworbenen und abrufbaren segmentalen und suprasegmentalen Eigenschaften.

Allerdings kann sich die englische Sprache auch negativ auf das Erlernen der deutschen Sprache als zweite Fremdsprache auswirken. Zu den negativen Einflussfaktoren zählen (ebd.):

- „falsche Freunde", vor allem in der Aussprache,
- orthografische Interferenzfehler durch die Phonem-Graphem-Korrespondenzen,
- verschiedene und schwer überschaubare Kombinations- und Distributionsregeln sowie vielfältige phonologische und phonetische Besonderheiten, welche schwer einer der zuvor gelernten Sprachen zuzuordnen sind.

Abschließend lässt sich sagen, dass die Unterschiede zwischen der Mutter- und der 1. und 2. Fremdsprache durch Gegenüberstellungen verdeutlicht werden müssen, um Interferenzen zu vermeiden. Deshalb soll der arabische Deutschlernende durch explizite Hinweise auf Ähnlichkeiten befähigt werden, relevantes sprachliches Wissen, Fähigkeiten und Fertigkeiten sowohl aus der Muttersprache Arabisch als auch aus der vorher gelernten Fremdsprache Englisch auf die Zielsprache zu übertragen (vgl. Edmondson/House 2011, 222; Hakkarainen 1995, 114 f.; Königs 2010, 328).

7.1.1.2 Fachwissen im Bereich Phonologie und Phonetik für Lernende

Kenntnisse über die Phonetik und die Phonologie ermöglichen den Fremdsprachenlernenden, ihre Aussprachefehler zu erkennen und die richtige Verwendung der suprasegmentalen Merkmale sowie die korrekte Aussprache von Vokalen und Konsonanten zu erlernen. Dabei werden die sprachlichen Kompetenzen der Lernenden insgesamt erweitert. Im Folgenden soll erläutert werden, was arabische Lernende über die Phonetik und Phonologie des

Deutschen wissen sollten. Zuerst müssten sie sich den phonetischen und phonologischen Grundlagen des Deutschen und des Arabischen zuwenden, um die in diesem Bereich vorhandenen Gemeinsamkeiten und Unterschiede zwischen den beiden Sprachen zu erkennen. Den phonetischen Unterschieden sollte große Aufmerksamkeit geschenkt werden, um Ausspracheprobleme vermeiden zu können. Bezüglich der Gemeinsamkeiten sollten die Fremdsprachenlernenden an Bekanntes anknüpfen und das Augenmerk auf den positiven Transfer legen, denn fremdsprachliches Lernen ist ein Verknüpfungsprozess (vgl. Dieling 1992, 18–24; Hakkarainen 1995, 114; Hirschfeld 1997, 30; Hirschfeld/Stock 2007, 16; Hirschfeld et al. 2007, 4; Königs 2010, 328).

„Je mehr Verbindungen zu vorhandenem Wissen hergestellt werden können, desto wahrscheinlicher und stabiler ist die Integration neuen Wissens in den vorhandenen individuellen Wissensbestand." (Königs 2010, 328). „Psychisch [betrachtet] verhalten sich die Lernenden der neuen Fremdsprache gegenüber offener", wenn Gemeinsamkeiten zwischen ihrer Muttersprache und der Fremdsprache vorhanden sind (El Nady 2006, 149).

Neben sprachlichen Gemeinsamkeiten und Unterschieden sollte irakischen Lernenden bewusst sein, dass im Deutschen viele Phoneme existieren, die über mehr als eine Variante verfügen, z. B. das Phonem /ʁ/. Des Weiteren müssten arabische Lernende Kenntnisse über die Lautbildung besitzen, d. h., wie die Vokale und die Konsonanten des Deutschen im Einzelnen realisiert bzw. gebildet werden. Dies bezieht sich besonders auf die Segmente, die den Lernenden Schwierigkeiten bereiten und zu abweichenden Realisierungen führen. Im Zuge dessen sollten arabische Deutschlernende neue Sprechbewegung wie z. B. bestimmte Lippen-, Zungen- und Kieferbewegungen lernen, die zur Realisierung neuer Laute notwendig sind. Dies führt zur Etablierung der Artikulationsbasis. Nicht zuletzt müssten arabische Studierende Kenntnisse über prosodische Merkmale des Deutschen erwerben, die zumeist unbewusst und somit unreflektiert verwendet werden. Darüber hinaus müssten sie die Transkriptionszeichen lernen, um die Ausspracheworterbücher des Deutschen anwenden zu können (vgl. Dieling 1992, 24).

7.1.2 Individuelle psychische und physische Faktoren

In diesem Abschnitt des vorliegenden Kapitels soll es um psychische und physische Schwierigkeiten gehen, die infolge individueller Ausgangslagen unterschiedlich ausgeprägt sind (vgl. Hirschfeld 2007, 277). Dies betrifft in erster Linie Hör- und Artikulations- sowie psychische Probleme. Auf die einzelnen Problemfelder soll nun eingegangen werden.

7.1.2.1 Hörprobleme

Beim Erwerb einer neuen Fremdsprache ergeben sich aus falscher auditiver Wahrnehmung phonetische Interferenzen, welche stark von muttersprachlichen Hörgewohnheiten beeinflusst werden. Die Sprachverarbeitung wirkt wie ein Filter und richtet sich nur auf muttersprachliche Lauteigenschaften bzw. Lautunterschiede. Daher können die wahrgenommenen fremdsprachlichen Laute und Lautfolgen oft nur schwer erkannt und differenziert werden. Bestimmte Laute, deren Lauteigenschaften in der Muttersprache vorkommen, können identifiziert und unterschieden werden (vgl. Storch 2009, 104; Dieling/Hirschfeld 2000, 17; Hirschfeld 2007, 277). Beispielsweise gibt es im Arabischen und im Deutschen gleiche Laute, deren phonetische Eigenschaften jedoch in der jeweiligen Sprache unterschiedlich sind. Dies lässt sich durch die Merkmale der Vokale in beiden Sprachen erklären. Das Vokalsystem des Deutschen ist dadurch charakterisiert, dass die Langvokale i. d. R. geschlossen und gespannt und die Kurzvokale offen und ungespannt sind. Dieser Parallelismus ist in der arabischen Sprache unbekannt (vgl. Krech et al. 2009, 24; Cauneau 1992, 27; Lerchner 1971, 167). Um neue angemessene fremdsprachige Hörgewohnheiten aufzubauen, bedarf es einer systematischen und gezielten Arbeit, die sowohl für Lernende als auch für Lehrende mühselig ist (vgl. Hirschfeld 1992, 17). Dabei sollte eine geeignete Lehrmethode eingesetzt werden, die Storch wie folgt beschreibt:

> „Ausspracheschulung sollte, wie immer möglich, auf einer kontrastiven Fehleranalyse beruhen, denn dadurch lassen sich Übungsgegenstände und Übungsschwerpunkte genau bestimmen. Für den Lehrer sind kontrastiv-phonetische Kenntnisse wichtig, weil sie Voraussetzung für eine kontrastive Bewusstmachung

> von Ausspracheschwierigkeiten, für Techniken der Lautbildung und eine angemessene phonetische Korrektur sind.“ (Storch 1994, zitiert nach Storch 2009, 104).

Es sollten Bedeutungsunterschiede z. B. zwischen *Kommen Sie!* und *Kommen Sie?*, zwischen *August* und *August,* zwischen *Rektor* und *Lektor* oder zwischen *Staat* und *Stadt* gezeigt werden. Darüber hinaus ist es erforderlich, die Lernenden auf verschiedene Varianten aufmerksam zu machen, sie sollten sich ebenfalls frühzeitig mit emotionalen, individuellen Situationen und mit den dialektalen Varianten wie Sächsisch oder Bairisch sowie mit den suprasegmentalen Merkmalen beschäftigen (vgl. Hirschfeld 1992, 18).

Bei Durchführung der Übungen sollten die Lehrenden die Motivation ihrer Lernenden steigern, so dass diese „Vertrauen in ihre Hörfähigkeit“ gewinnen (Hirschfeld 1992, 17; vgl. auch El Nady 2006, 260). Solmecke fasst das folgendermaßen zusammen: „Die Bearbeitung von Höraufgaben soll den Lernenden in erster Linie zeigen, was sie alles schon können und nicht das, was sie noch nicht können, soll also Erfolgserlebnisse schaffen.“ (Solmecke 1991, 293).

7.1.2.2 Artikulationsprobleme

Der folgende Abschnitt betont die Bedeutung der Aussprache für die Kommunikation und beschäftigt sich dabei mit zwei Fragen: Wie entstehen die Artikulationsprobleme? Wie sollten diese Probleme im Fremdsprachenunterricht methodisch behandelt und vermieden werden? Bei der mündlichen Kommunikation ist die Aussprache sowohl für die Verständlichkeit wie auch für die soziale Akzeptanz von großer Bedeutung. Entsprechend seiner Aussprache wird der Sprecher sozial auf- oder abgewertet, da „die Aussprache eines jeden Menschen ein wesentliches, nach außen wirksames Persönlichkeitsmerkmal ist.“ (Hirschfeld 2001, 872; vgl. auch Dieling/Hirschfeld 2000, 16; Dretzke 2009, 132 f.; Martinkėnas 2009, 36; Storch 2009, 104). Ausspracheprobleme führen beim muttersprachigen Hörer zu Irritationen und einer Abnahme der Konzentration. Diese Reaktion verursacht beim Deutschlernenden Unsicherheiten, die bis zu Sprechhemmungen führen können (vgl. Hirschfeld 2001, 872; Cohrs 2008, 100; Martinkėnas 2009, 38; Reinke 2011, 77). Der Erwerb neuer Sprechbewegungen stellt einen höheren Schwierigkeitsgrad dar als die Aneignung neuer lexikalischer, semantischer Strukturen oder neuer grammatischer Regeln, weil die syntaktischen und semantischen Strukturen der Muttersprache nur auf mentaler Ebene gefestigt sind, während beim Erwerb einer fremden Aussprache die artikulatorischen Bewegungsmuster eine große Rolle spielen, da sie instinktiv sind und somit unbewusst ablaufen (vgl. Storch 2009, 104; Hirschfeld 2011, 13).

Um phonetische Interferenzen überwinden zu können, erfordert es ein spezielles Hör- und Aussprachetraining, in dem nicht nur das Lernalter, sondern auch verschiedene andere Aspekte wie z. B. Ausgangssprache berücksichtigt werden müssen (vgl. Hirschfeld 1997, 26; 2011, 13; Dieling/Hirschfeld 2000, 17; Hirschfeld/Kelz 2003, 3; Roche 2005, 37 f.). Erlernen fremder Sprechbewegungen erfordert den Einsatz entsprechender Übungen und die Unterstützung durch den Lehrer, da eine Aneignung neuer Sprechgewohnheiten und besonders die Automatisierung dieser Bewegungsabläufe viel Zeit und Geduld benötigen. Um Monotonie zu vermeiden, sollten die phonetischen Übungen daher didaktisch abwechslungsreich aufgebaut werden. Da die rhytmisch-melodische Ausprägung der Sprecheinheit in hohem Maße die Artikulation beeinflusst, ist nicht nur die Arbeit an Lauten und Lautverbindungen, sondern auch die Arbeit an den suprasegmentalen Merkmalen notwendig (vgl. Hirschfeld 2001, 873 f.; 2011, 12; Bose/Gutenberg 2009, 209 f.).

7.1.2.3 Psychische Probleme

Für psychische Probleme, die Lernfortschritte verhindern können, gibt es verschiedene Ursachen. Zum Beispiel haben manche Lernende Hemmungen, vor einer Gruppe fremde Laute auszusprechen und ungewohnte prosodische Formen zu realisieren. Andere lehnen bewusst oder unbewusst die ungewohnte Sprechweise der Zielsprache ab, so dass sie diese in gleicher Weise wie die Muttersprache artikulieren (vgl. Hirschfeld 2001, 874; Dieling/Hirschfeld 2000, 17; Nebert 2010, 252). Hier soll darauf hingewiesen werden, dass sich dies bei Kindern und zum Teil auch bei Jugendlichen anders verhält. Sie imitieren problemlos und mit Enthusiasmus die Realisierungen phonologischer und phonetischer Eigenschaften einer Fremdsprache, während ein Großteil der erwachsenen Fremdsprachenlernenden damit Probleme hat (vgl. Martinkėnas 2009, 38). Edmondson und House (2011, 188) begründen dieses Phänomen wie folgt: „Erwachsene identifizieren sich mehr mit ihrer Muttersprache als Kinder, daher sind sie weniger bereit, eine neue Identität durch eine neue Sprache zu übernehmen." Erklärungen der Auswirkungen von psychischen Problemen sind nach Hirschfeld (1997, 27) und Martinkėnas (2009, 38) folgende:

- Psychische Probleme können sich daraus ergeben, wenn es immer wieder zu Verständigungsproblemen kommt und sich die Aussprache trotz großen Engagements nicht verbessert.
- Aufgrund des starken Akzents eines Sprechers haben Hörer grundsätzliche Zweifel an dessen intellektueller und soziokultureller Fähigkeiten und Fertigkeiten und lassen ihn dies spüren.
- Einige Aussprachepositionen kommen den meisten Erwachsenen dumm, lächerlich oder seltsam vor. Dieses Empfinden kann so weit gehen, dass einige Artikulationsarten sogar als respektlos und / oder unangenehm empfunden werden.
- Bei Erwachsenen kann es beim Sprechen einer Fremdsprache zu einer Reduzierung ihrer Persönlichkeit und Identität kommen. Die gewohnte Sprechweise ist oft stark mit der eigenen Identität verbunden, auf die viele Lernende nicht verzichten können oder wollen.

7.1.2.4 Alter

Die Untersuchung des Zusammenhangs zwischen Spracherwerb und Alter ist ein wichtiges Forschungsfeld, das sich mittlerweile in verschiedenen Arbeitsgebieten „fest etabliert" hat, wie z. B. in den Neuro- und Psychowissenschaften, den Sprachlehr- und -lernforschungen und in der internationalen Spracherwerbsforschung (Grotjahn/Schlak 2010, 253). Um die Forschung zum Faktor Alter einordnen und bewerten zu können, ist es notwendig, deren Grundkonzepte näher zu betrachten. Insbesondere ist zu klären, auf welche Altersstufen sich die einzelnen Untersuchungen beziehen. Globale Angaben wie „Kinder" oder „Erwachsene" sind sehr ungenau.

Das Alter ist beim (Aus-)Spracheerwerb von zentraler Bedeutung, da mit zunehmenden Lebensjahren bei den meisten Menschen die Wahrnehmung, die

Flexibilität, die Gedächtnisfunktion und die Reaktionsgeschwindigkeit schwächer werden und somit die Fertigkeit zum Sprachen- und Aussprachenlernen nachlässt. Dieser Prozess bezieht sich allgemein auf das Denken und Lernen und nicht nur spezifisch auf den (Aus-) Spracheerwerb. Hierfür sind Kinder, besonders im Kindergarten- und Vorschulalter, ein gutes Beispiel. In diesem Alter lernen sie viele Dinge auf spielerische Art und Weise durch ihr eigenes Handeln (vgl. Roche 2005, 37; Edmonson/House 2011, 178). Da die „neuronale Interkonnektivität einzelner Gehirnregionen“ in diesem Lebensabschnitt mit hoher Geschwindigkeit zunimmt und die Vernetzungen größtenteils „festgelegt“ werden, läuft der Erwerb der Muttersprache in diesem Alter mit hoher Geschwindigkeit ab (Marx 2005, 54; vgl. auch Roche 2005, 37). Bei der Spezialisierung der Gehirnhälften (Lateralisierung) und der „Festlegung neuronaler Netze“ nimmt die Plastizität ab, und das Lernen verläuft eher nach dem Ökonomieprinzip. Deswegen geht man davon aus, dass es bestimmte kritische Perioden für die Aneignung der Aussprache in der Muttersprache gibt (Marx 2005, 54; vgl. auch Grotjahn/Schlak 2010, 253). Diese liegt etwa im Alter zwischen 0 und 6 bzw. 7 Jahren. Die Aneignung einer fehlerfreien Grammatik kann bis zum Zeitpunkt der Pubertät erfolgen. Nach diesem Zeitraum wird es schwieriger, sich eine Fremdsprache auf dem Niveau der Muttersprache anzueignen. Diese kritische Periode umfasst allerdings nur Phonetik, Phonologie und Morphologie, aber nicht Lexik und Pragmatik (vgl. Marx 2005, 54; Edmonson/House 2011, 181 f.).

Auf Grund der „neurologischen“ Eingrenzungen kann davon ausgegangen werden, dass irakische Lernende an der Universität nie eine mutterspracheähnliche Aussprache im Deutschen erreichen und auch auf fortgeschrittenem Niveau immer wieder grammatische Fehler machen werden. Trotz allem stehen irakischen Lernenden viele Mittel und Wege offen, die deutsche (Aus-) Sprache zu erlernen. Werden allerdings allein die „physiologischen“ Gegebenheiten beachtet, kommt es zu einer verzerrten Darstellung der Lernsituation. Wenn mit fortgeschrittenem Alter eine Fremdsprache erlernt wird, kann der Fremdsprachenlernende auf bereits entwickelte intellektuelle und kognitive Fertigkeiten zurückgreifen. Besonders beim Erlernen einer zweiten oder dritten Fremdsprache können bereits vorhandene Schemata und bekannte

Vorgänge und Sachverhalte zum Fremdsprachenerwerb genutzt werden. Insgesamt besitzen erwachsene Lernende individuelle Denkmethoden und Problemlösungsverfahren, welche die jeweiligen Lernstile beeinflussen und es vereinfachen, die Außenwelt einzuordnen. Aufgrund der Lebenserfahrung eines Erwachsenen sind die Begriffswelt, das Strategienrepertoire, das kausale und logische Denken stärker als bei einem jüngeren Lernenden ausgeprägt. Dieser Sachverhalt erleichtert erwachsenen Fremdsprachenlernenden den Lernprozess (vgl. Roche 2005, 37; Marx 2005, 54 f.).

Da das Englische und das Deutsche zur gleichen Sprachfamilie gehören, können irakische Lernende somit die erste Fremdsprache Englisch als Zugang zum Erwerb des Deutschen nutzen. Am deutlichsten wird der positive Transfer vom Englischen ins Deutsche im Bereich des Wortschatzes und in der Grammatik. Problematisch hingegen sind die in beiden Sprachen voneinander abweichenden Regeln zur Phonem-Graphem-Beziehung, Akzentuierung und Melodisierung. Zusammenfassend lässt sich feststellen, dass das Alter beim (Aus-) Spracheerwerb eine nicht unwichtige Rolle spielt. Dennoch gibt es andere Kriterien, welche den (Aus-) Spracheerwerb direkt(er) beeinflussen, u. a. die „Lernmotivation, [das] Vorwissen, [die] fördernden oder hemmenden Einflüsse der zuvor erworbenen Sprachen“ und „die zur Verfügung stehende Zeit“ (Roche 2005, 39).

7.1.2.5 Motivation

Als eine der wichtigsten Voraussetzungen für die Aneignung einer fremden Aussprache gilt die Motivation der Lernenden, die als ein wesentliches Element betrachtet wird, welches den Lernprozess „vorantreibt [und] den Lerner zum Durchhalten bewegt.“ (Kirchner 2004, 1: vgl. auch Sarter 2006, 68; Riemer 2010a, 168; 2010b, 219). Der Lernprozess verläuft im Ausspracheerwerb anders als in anderen sprachlichen Bereichen. Ausspracheprobleme aus der Muttersprache bzw. aus früher gelernten Fremdsprachen haben große Auswirkungen auf die Lernmotivation und auf die Persönlichkeitsbewertungen der Lernenden, da sie nicht nur Verständigungsprobleme verursachen, sondern auch beim Hörer negative unbeabsichtigte Wirkungen auslösen. Zur Überwindung der Ausspracheprobleme ist eine erhöhte Auseinandersetzung mit der

Aussprache förderlich, da sich phonetische Interferenzen als sehr langlebig und hartnäckig erweisen (vgl. Hirschfeld 2011, 12 f.; Storch 2009, 104). Die bekannteste Unterscheidung verschiedener Motivationstypen ist die zwischen „extrinsischer" und „intrinsischer" Motivation. Extrinsische Motivation bezieht sich auf äußere „Anreize", wie etwa „Noten, Belohnungen und Erwartungen der Eltern". Es gibt vier Formen extrinsischer Verhaltensregulation, die durch zunehmende Selbstbestimmtheit gekennzeichnet sind (vgl. Surkamp 2010, 221 f.; Riemer 2010a, 168/170; 2010b, 219 f.; Glück 2010, 194):

(1) „externale Regulation (Konflikte sollen vermieden und Lob/Anerkennung gewonnen werden),
(2) introjizierte Regulation (Handeln folgt äußerem Druck und wird aus Pflichtgefühl erledigt),
(3) identifizierte Regulation (der Wert einer Lernaktivität wird erkannt und zum eigenen Nutzen erledigt),
(4) integrierte Regulation (die Lernaktivität ist als Teil der eigenen Persönlichkeit und als Ausdruck eines individuellen Bedürfnisses akzeptiert)." (Riemer 2010a, 170).

Integrierte und identifizierte Regulation werden meistens in einem Konzept zusammengefasst, da es problematisch ist, beide Konstrukte voneinander zu trennen. Intrinsische Motivation hingegen benötigt keine äußeren Anreize, sondern ergibt sich aus dem Interesse an der Aufgabe und wird durch Lernerfolge, Freude an Herausforderungen und Engagement gesteigert. Triebfedern für intrinsische Motivation sind beispielsweise Wissensdrang, Interesse, Neugier und Schaffenslust, deren maximale Entfaltung als „Flow-Erlebnis" charakterisiert wird (vgl. Surkamp 2010, 222; Glück 2010, 305; Sarter 2006, 68 f.; Riemer 2010b, 219 f.).

Die Differenzierung zwischen extrinsischer und intrinsischer Motivation scheint für den Lernprozess jedoch nicht von hoher Relevanz zu sein, da die Grenzen zwischen den beiden Motivationstypen fließend verlaufen. Das bedeutet, dass intrinsische und extrinsische Motivation nicht getrennt voneinander betrachtet werden sollen, da sie einerseits die gleichen Lernziele verfolgen, andererseits jedoch eine Steigerung der extrinsischen Motivation (Belohnung bei guten Noten) eine Minimierung der intrinsischen Motivation (Angst vor Bestrafung) zur Folge haben kann. Daraus ergibt sich, dass die intrinsische und extrinsische Motivation einander ergänzen und nicht als gegensätzlich zu betrachten sind (vgl. Sarter 2006, 69). Für den (Aus-) Spracheerwerb ist von großer Bedeutung, wie aus extrinsischer Motivation intrinsische Motivation werden kann. Dieser Vorgang kann von Lehrkräften unterstützt werden, indem sie die Zielsprache und die Kultur mit den dazugehörigen Werten und Kommunikationsformen als attraktiv darstellen. Dabei werden die Lernenden mit der fremden Sprache und Kultur vertraut gemacht, wodurch sie bereit sind, sich auf die nötigen Lernanstrengungen einzulassen. Hinzu kommt die Unterscheidung zwischen „integrativer" und „instrumenteller" Motivation. Von integrativer Motivation spricht man, wenn ein Lernender aus dem Interesse an der Zielsprachenkultur eine Fremdsprache erlernt. Bei instrumenteller Motivation wird aufgrund beruflicher und anderer Vorteile eine Fremdsprache erlernt (vgl. Surkamp 2010, 222; Riemer 2010a, 169; 2010b, 219 f.).

Wie bei extrinsischer und intrinsischer Motivation verlaufen die instrumentelle und integrative Motivation ebenfalls nicht gegensätzlich, sondern ergänzen einander, z. B. bei Bildungs-, Kontakt- und Reisemotiven. Alle Motivationstypen gelten als lernförderlich (vgl. Riemer 2010a, 169; Edmondson/ House 2011, 203; Sarter 2006, 69). Im Laufe des Lernprozesses bleibt die Motivation nicht konstant, sondern ändert sich aufgrund verschiedener Ursachen. Sie ist dynamisch, multidimensional und nicht direkt beobachtbar (vgl. Riemer 2010a, 168). Im Allgemeinen ist der Fremdsprachenunterricht durch die Dynamik des Zusammenwirkens verschiedener Faktoren charakterisiert. Die Ursache dafür ist, dass die Motivationsfaktoren in der Unterrichtspraxis nicht konstant sind. Die Gruppendynamik hängt von den jeweiligen Motivationen und Motiven jedes Beteiligten (Studierenden, Unterrichtenden) ab und entsteht demnach in jeder Lehrveranstaltung neu (vgl. Sarter 2006, 68). Die Lernmotivation umfasst den Anstrengungsgrad, das Bedürfnis, eine Fremdsprache zu erwerben sowie unterschiedliche weitere Einstellungen. Der Begriff Motivation stellt demnach einen Sammelbegriff dar, der unterschiedliche lernerinterne Faktoren bündelt, bei denen nicht festgestellt werden kann, welche letztlich ausschlaggebend für den Spracherwerb sind (vgl. Edmondson/ House 2011, 204 f.).

7.2 Lernerexterne Einflussfaktoren

Zu den lernerexternen Einflussfaktoren gehören alle Bedingungen, die unabhängig vom Lerner sind und den Ausspracheerwerb beeinflussen. Diese Bedingungen, unter denen sich Lernende eine Fremdsprache und deren Aussprache aneignen, sind sehr kompliziert. Sie können in die Kategorien „gesteuerte“ Faktoren und „ungesteuerte“ Faktoren unterteilt werden (vgl. Radtke 2004, 15 f.; Apeltauer 1997, 14; 1987, 12; Mayr 1985, 12). Sowohl unter ungesteuerten als auch unter gesteuerten Bedingungen kann Ausspracheerwerb stattfinden, aber häufig werden sich die beiden Aneignungsformen nebeneinander ereignen. Der ungesteuerte Ausspracheerwerb erfolgt dann, wenn ein Fremdsprachenlerner in das Zielsprachenland reist, und dort die Sprache lernt. Von gesteuertem Spracherwerb ist die Rede, wenn es eine Möglichkeit für den Fremdsprachenlernenden gibt, die Zielsprache in Sprachkursen zu erwerben. Einige Wissenschaftler bezeichnen den ungesteuerten Erwerb auch als „informell“ und den gesteuerten Erwerb als „formell“. Tabelle 67 fasst die wichtigsten Unterscheidungsmerkmale zusammen (vgl. Apeltauer 1997, 13 ff.; 1987, 12 f.; Radtke 2004, 7 f./15 f.; Edmondson/House 2011, 266 f.).

Tab. 67: Formen des Ausspracheerwerbs (eigene Darstellung)

ungesteuerter Ausspracheerwerb	**gesteuerter Ausspracheerwerb**
implizites Lernen	explizites Lernen
unbewusstes Lernen	bewusstes Lernen
relativ ungeplantes Lernen	geplantes Lernen
über Kontakte mit Sprechern der Zielsprache oder Selbstlernmaterialien	in Sprachkursen
Auswahl des zu erwerbenden sprachlichen Materials von keiner einzelnen steuernden Instanz, sondern lediglich von den Eigenschaften der Sprechergemeinschaft abhängig, in der sich der Lerner befindet	Auswahl des zu erwerbenden sprachlichen Materials im Rahmen didaktischer Konzepte und in begrenzter Menge
Konzentration auf Inhalte und den Kommunikationsprozess, um das, was man sagen will, auch anzubringen	Vermittlung von Wissen *über* die Sprache und von praktischen kommunikativen Fertigkeiten

Es muss hier allerdings betont werden, dass die internen Einflussfaktoren mit den externen in Wechselwirkung stehen (s. Abb. 12).

7.2.1 Lehrpersonen

In diesem Abschnitt wird zunächst die Sprache des Lehrers als einer der bedeutendsten Einflussfaktoren beim Ausspracheerwerb behandelt. Außerdem wird auf das phonologische und phonetische Fachwissen des Lehrers eingegangen. Abschließend werden Materialien und Unterrichtsmittel für den Ausspracheunterricht näher betrachtet.

7.2.1.1 Aussprache

Viele Forschungen, die sich mit dem Thema Aussprache befasst haben, kamen zu dem Ergebnis, dass die Aussprache der Lehrenden einen großen Einfluss auf die Aussprache der Lernenden hat. Sie ist ein wichtiger Orientierungspunkt und oftmals die erste sowie in den Bildungsanstalten einiger Länder wie z. B. des Irak fast die einzige Möglichkeit, die den Studierenden für den Ausspracheerwerb „zur Verfügung steht“ (Dieling/Hirschfeld 2000, 20). Damit dient die Lehreraussprache als Aussprachevorbild, was den Lehrenden bewusst sein sollte. Die Lerner richten sich bewusst bzw. unbewusst nach der Lehreraussprache. Fremdsprachenlehrer, deren Muttersprache nicht Deutsch ist, sollten sich darum bemühen, so gut wie möglich akzentfrei zu sprechen, Muttersprachler sollten ihren eigenen Dialekt überwinden. Im Unterricht muss eine überregional akzeptierte standardnahe Aussprache verwendet werden. Falls die Aussprache des Lehrers von der Standardaussprache abweicht, sollten die Lernenden darauf aufmerksam gemacht werden. Es ist zu empfehlen, Medien, die eine korrekte und authentische Aussprache bieten, im Fremdsprachenunterricht einzusetzen (vgl. Dieling 1992, 18 ff.; Dieling/Hirschfeld 2000, 17/20; Radtke 2004, 18 f.; Edmondson/House 2011, 252/267).

7.2.1.2 Phonologisches und phonetisches Fachwissen

Das phonologische und phonetische Fachwissen des Lehrenden bildet die Basis eines gelungen Aussprachetrainings. Er sollte „mit der Phonetik und Phonologie der Zielsprache vertraut sein und alle Möglichkeiten wahrnehmen, sich auch mit der Phonetik und Phonologie der Ausgangssprache [seiner]

Lernenden zu beschäftigen." (Dieling 1992, 18). Die phonetisch-phonologischen Kenntnisse in der Ausgangs- und Zielsprache ermöglichen es ihm, zum einen die speziellen Sprachprobleme „der einzelnen Lernenden zu verstehen und ihnen zu begegnen" (Dieling 1992, 18) und zum anderen geeignete Ausspracheübungen für seine Lernergruppe auszuwählen und zu erstellen. Auf diese Weise kann der Ausspracheunterricht methodisch und didaktisch sinnvoll gestaltet werden (vgl. Hirschfeld 2007, 277 f.; Dieling 1992, 18 f.; Dieling/Hirschfeld 2000, 16 f.; Radtke 2004, 18).

7.2.1.3 Methodisches Fachwissen

Im Mittelpunkt der Beobachtungen und Untersuchungen zu den lernerexternen Einflussfaktoren steht das methodische Fachwissen für ein Aussprachetraining. Im nächsten Kapitel findet man nicht nur Vorschläge dafür, was im Ausspracheunterricht geübt werden soll, sondern auch methodisch-didaktische Prinzipien dafür, wie man an bestimmten phonologischen und phonetischen Schwerpunkten arbeiten kann. Hierzu ist auf Hirschfeld zu verweisen:

> „Es ist für die Lernenden wichtig, dass gezielt und systematisch an der Entwicklung ihrer Hör- und Aussprachefertigkeiten gearbeitet wird. Spontane Korrekturen reichen meist nicht aus, um stabile Grundlagen zu schaffen. Ein guter Unterricht bietet besonders am Anfang ausreichend Übungen an, die es ermöglichen, Interferenzfehlern wirkungsvoll zu begegnen. Damit Ausspracheübungen zum gewünschten Erfolg führen, sollten didaktisch-methodische Empfehlungen berücksichtigt werden." (Hirschfeld 2007, 278).

Da die methodisch-didaktischen Grundlagen für phonetische Übungen zum Hören und zur Aussprache ausführlich und systematisch in 8.2 dargestellt und in 8.3 den irakischen Deutschlehrenden und -lernenden Anregungen und Empfehlungen für den Ausspracheunterricht gegeben werden, wird in diesem Abschnitt nicht näher darauf eingegangen.

7.2.2 Lehr- und Lernmittel

„Lehr- und Lernmittel sind Materialien" (Schröder 2001, 211), die den Lehrprozess didaktisch-methodisch unterstützen und den Lernvorgang begünstigen (vgl. ebd.). Die Qualität eines Ausspracheunterrichts und damit verbunden der mittelbare Erfolg der Lernenden beim Ausspracherwerb sind nicht allein vom phonologisch-phonetischen Fachwissen abhängig, sondern auch von den speziellen didaktischen Mitteln, die in der Unterrichtsplanung berücksichtigt werden müssen, damit gezielter und effektiver an der Aussprache gearbeitet werden kann (vgl. Dieling 1992, 18 f.). In den folgenden Ausführungen werden nach einer knappen Literaturübersicht (7.2.2.1) die Begriffe „Lehrwerk" und „Lehrbuch" erläutert. Daran anschließend wird die Bedeutung des Lehrwerks im fremdsprachlichen Unterricht aufgezeigt. Des Weiteren werden die Begriffe „Unterrichtsmittel" und „Medieneinsatz" (7.2.2.2) definiert und die Arten der zu verwendenden Unterrichtsmittel vorgestellt und ihre Funktion beschrieben. Das heißt, es wird geklärt, welche akustischen und visuellen Mittel im Ausspracheunterricht verfügbar sind und wie Ziele und Prinzipien der Unterrichtsarbeit im Bereich der Aussprache besser realisiert werden können.

7.2.2.1 Lehrwerke

Die systematische wissenschaftliche und praxisorientierte Beschäftigung mit Lehrwerken hat eine lange Tradition. Bereits im Jahre 1658 stellte Johann Amos Comenius in seiner „Didactica Magna" folgende Ansprüche an ein Lehrwerk:

- „Zeitökonomie und Effizienz",
- das Potential, selbstständig mit ihm zu lernen,
- „Angebote für gemeinschaftliches Üben der Lernenden untereinander,
- Übersichtlichkeit und
- Orientierung für die Lernenden in ihrem Lernprozess." (Decke-Cornill/ Küster 2010, 98).

Comenius' Forderungen sind auch heute noch aktuell. In der Fachliteratur der Gegenwart differenziert man zwischen Lehrbuch und Lehrwerk. Ersteres ist eine in „sich abgeschlossene [Einheit, welcher eine bestimmte] didaktische und methodische Konzeption (Zielsetzung, Lernstoffprogression, Unterrichtsverfahren)" (Neuner 1995, 292) zugrunde liegt. Im Vergleich dazu ist das Lehrwerk umfangreicher und kann aus verschiedenen Teilen bestehen, u. a. aus:

- Lehrbuch/Kursbuch
- Arbeitsheft/Arbeitsbuch/Übungsbuch
- Glossar/Wörterheft
- grammatischem Beiheft
- Testheft
- Zusatzlesetexten
- auditiven Medien/Audio-CDs
- visuellen Medien
- Lehrerhandreichungen/Lehrerhandbuch/Lehrerheft
- Computer- und Online-Übungen.

Infolgedessen betrachtet man den Begriff Lehrbuch mittlerweile als unzureichend und bevorzugt den Begriff Lehrwerk, denn im fremdsprachlichen Unterricht soll nicht nur mit schriftlichen Texten gearbeitet werden, sondern u. a. auch mit CDs, Übungs- und Arbeitsbüchern sowie mit Computer- und Online-Übungen (vgl. Neuner 1995, 292). Online-Übungen können für Lernende Folgendes leisten:

- „Motivieren zum selbständigen Üben,
- Auswahlmöglichkeiten je nach individuellem Lernproblem, Schwierigkeitsgrad und Progressionswunsch,
- Anbieten von auditiven (und visuellen) Referenzmustern,
- (teilweise) Verknüpfung mit anderen Teilfertigkeiten,
- Üben des selbstkritischen und funktionalen Hörens,
- Kontrollmöglichkeiten bei Hörübungen,
- Automatisierung der Aussprache,
- Vermittlung von Regelkenntnissen." (Reinke 2010a, 6 ff.).

Folgendes kann durch Online-Übungen nicht geleistet werden:

- „Anbahnung neuer Artikulationsmuster und prosodischer Muster,
- gezielte Fehlerkorrektur,
- Berücksichtigung der Individualität der Lernerperson,
- Verbinden mit Körperlichkeit,
- Einbetten in die kommunikative Realität (nur eingeschränkt möglich)." (ebd., 8).

Durch die „offene didaktische und methodische“ Konzeption des Lehrwerks kann der Ausspracheunterricht nach den „Interessen und Bedürfnissen der jeweiligen Lerngruppe“ gestaltet werden. Ein Lehrwerk ist vor allem mit der Verwendung von „Medienträgern“ verbunden (Neuner 1995, 292) und kann dadurch den Mangel an mündlicher Kommunikation teilweise kompensieren, indem es durch seine Aufgabenstellung die Interaktion im Fremdsprachenunterricht anregt. Außerdem bietet das Lehrwerk eine bedeutende Orientierungshilfe bei der Unterrichtsplanung und gibt sowohl den Unterrichtenden als auch den Studierenden eine Übersicht über Lerninhalte und -fortschritte. Die Lehrenden sollten sich mit dem eingesetzten Lehrwerk sorgfältig auseinandersetzen und überlegen, wie der Unterricht durch zusätzlich verwendetes Lehrmaterial effizient gestaltet werden kann (vgl. Leupold 2007, 49).

Es erweist sich als förderlich, wenn ein Lehrwerk den Bedürfnissen der Zielgruppe angepasst ist und von Anfang an entsprechend didaktisch fundiert aufgebaut ist. Obwohl das Lehrwerk zahlreiche Einsatzmöglichkeiten (s. o.) bietet, kann es visuelle Elemente der Lehrersprache wie etwa Mundbewegungen, Mimik, Gestik und seine phonologischen, phonetischen und andere sprachlichen Kompetenzen im Unterricht nicht ersetzen (vgl. Dieling 1992, 18; Storch 2009, 104; Dieling/Hirschfeld 2000, 20; Radtke 2004, 19).

7.2.2.2 Unterrichtsmittel und Medieneinsatz

In der Überschrift des folgenden Abschnitts werden die Termini „Medien“ und „Unterrichtsmittel“ gleichgesetzt, die aufgrund ihrer terminologischen Vielfalt keine klare begriffliche Abgrenzung darstellen. In älteren Werken zur Methodik des Fremdsprachenunterrichts finden sich zahlreiche Begriffsbezeichnungen wie z. B. Lehrmittel, Lernmittel, Arbeitsmittel, Anschauungshilfen, Hilfsmittel oder Unterrichtshilfe, die einerseits synonym verwendet und andererseits voneinander abweichend definiert werden. Infolge der Entwicklung „pädagogischer Technologien [wurde] in den sechziger Jahren“ der Begriff „Medien“ für Lehr- und Lernmittel sowie für unterrichtliche Zwecke eingeführt, der zunächst lediglich für technische Geräte wie zum Beispiel das Radio, Tonband- und Kassettengeräte sowie das Fernsehen und Videoaufnahmen verwendet wurde. Heutzutage bezieht sich der Begriff „Medium“ auf herkömmliche und moderne Medien, also letztlich auf alles, „was eine vermittelnde Funktion" im Fremdsprachenunterricht erfüllt (Freudenstein 1995, 288; vgl. auch 2007, 395).

Unter herkömmlichen Medien versteht man die Verwendung von „Lehrbüchern, Tafeln oder Landkarten", während mit modernen Medien der Einsatz von „audiovisuellen Lernprogrammen oder Computerarbeit" gemeint ist (vgl. ebd.). „Das breite Spektrum" der Unterrichtsmittel kann unter unterschiedlichen Aspekten differenziert und klassifiziert werden. Daraus ergibt sich „eine sehr globale Einteilungsmöglichkeit" (Freudenstein 1995, 288; vgl. auch 2007, 395), die sich in „personale und apersonale" Medien gliedert. Der Begriff „Personale Medien" bezieht sich auf alle am Unterrichtsprozess beteiligten Personen, während den apersonalen Medien „nichttechnische" und „technische" Unterrichtsmittel zugeordnet werden. Zu den nichttechnischen Unterrichtsmitteln zählen unter anderem Wandbilder oder Lektüren. Unter den technischen Unterrichtsmitteln versteht man alle elektronisch gesteuerten oder elektrisch betriebenen Geräte, z. B. Diaprojektoren, Lautsprecher oder Taschenrechner. Ein zweiter terminologischer Begriff ist die Verwendung der „auditiven", „visuellen" und „audiovisuellen" Medien, die i. d. R. mit technischen Medien verbunden werden (vgl. Freudenstein 2007, 288, Mainka 2002, 20 f.; Decke-Cornill/Küster 2010, 97 f.). Die folgende Abbildung stellt die eben genannten unterschiedlichen Medien im Fremdsprachenunterricht in einer Übersicht dar:

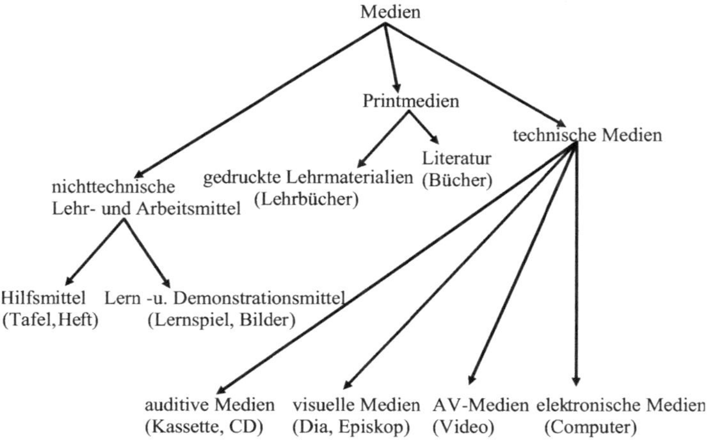

Abb. 13: Medien im Fremdsprachenunterricht (vgl. Mainka 2002, 20)

Im Fremdsprachenunterricht kann der Medieneinsatz zahlreiche sprachliche Funktionen erfüllen, die wie folgt zusammengefasst werden (vgl. Tschirner 1999, 232–236; Freudenstein 1995, 288 f.; 2007, 396 f.):

- Durch Einsatz von Multimediamaterialien können viele fremde Wörter über Realien und Bilder erlernt werden.
- Durch Medieneinsatz kann die auditive Wahrnehmung (mündlicher Input) gefördert, wiederholt und verlangsamt sowie spezifische Besonderheiten des mündlichen Inputs hervorgehoben werden.
- Multimediamaterialien bieten authentischen Input und lassen die sprachlichen Konstruktionen der Zielsprache in Handlungszusammenhängen deutlich wahrnehmbar werden. Auf diese Weise werden alle wichtigen paraverbalen, situativen und verbalen Elemente sowohl in ihren einzelnen als auch ihren ganzheitlichen Zusammenhängen gut hörbar und schnell erlernbar.
- Durch Verwendung verschiedener Multimediamaterialien kann der Lernanreiz erhöht und damit die Motivation der Studierenden zum Lernen gestärkt und aufrechterhalten werden, z. B. „das Zeigen eines Films, das Vorspielen eines Songs, die gemeinsame Erarbeitung eines Posters oder die Gruppenarbeit am Computer“ (Freudenstein 1995, 289)
- Der Medieneinsatz kann zur Aktivierung kognitiver und emotionaler Wahrnehmungsebenen führen und damit die Aufmerksamkeit der Lernenden erregen.
- Durch Einsatz audiovisueller Medien werden mündliche kommunikative Situationen im Fremdsprachenunterricht wirklichkeitsnah dargestellt.
- Medieneinsatz ermöglicht im Fremdsprachenunterricht die Wiedergabe der Standardaussprache sowie verschiedene Varianten und Dialekte der Zielsprache, z. B. österreichisches Deutsch, schweizerisches Deutsch oder sächsische und bayerische Dialekte in Deutschland.

7.3 Zusammenfassung

In diesem Kapitel wurde eine gezielte Auswahl von Studien zum Ausspracheerwerb diskutiert. Verschiedene Einflussfaktoren für das Lehren und Lernen von Aussprache wurden analysiert und beschrieben. Es wurde aufgezeigt, dass der Ausspracheerwerb individuell sehr unterschiedlich ist und von einem komplizierten Zusammenwirken vieler verschiedener Faktoren beeinflusst wird, die in lernerinterne und -externe Variablen unterteilt werden.

Die lernerinternen Faktoren üben einen außerordentlichen großen Einfluss aus, sie sind sprachlich und individuell (psychisch und physisch) bedingt. Die lernerexternen Einflussfaktoren beziehen sich auf alle unabhängig vom Lerner existierenden Bedingungen und lassen sich in gesteuerte und ungesteuerte Faktoren unterteilen, die den Ausspracheerwerb beeinflussen. Es ist darauf hinzuweisen, dass die internen Einflussfaktoren mit den externen in Wechselwirkung stehen. Aus dem vorstehenden Kapitel über die Einflussfaktoren auf den Ausspracheerwerb kommen wir zu didaktischen Empfehlungen.

8 Methodische Überlegungen zum Ausspracheunterricht

Im Folgenden werden Didaktisierungsvorschläge unterbreitet, welche auf der Befragung von irakischen Dozenten und ihren Ergebnissen sowie auf der phonetischen Fehleranalyse der untersuchten Aufnahmen basieren. Es handelt sich dabei um eine mögliche praktische Verwendung von phonetischen Übungen für die irakische Unterrichtspraxis. Im ersten Schritt dieses Kapitels wird der Gemeinsame europäische Referenzrahmen beschrieben. Im zweiten werden allgemeingültige fachdidaktische und fachwissenschaftliche Kriterien des Aussprachetrainings vorgestellt. Dabei wird die Relevanz von rezeptiven und produktiven Fertigkeiten im Ausspracheunterricht aufgezeigt. Des Weiteren werden verschiedene Formen von Aussprache- und Hörübungen dargelegt. Im dritten Schritt werden inhaltliche Schwerpunkte und methodische Prinzipien des Ausspracheunterrichts für irakische Deutschlernende im Einzelnen betrachtet.

8.1 Gemeinsamer europäischer Referenzrahmen für Sprachen (GeR)

Der Gemeinsame europäische Referenzrahmen, der für den Fremdsprachenunterricht in Europa als „einflussreichste Sammlung“ (Roche 2005, 184) von Lehr- und Lernzielen gilt, bildet eine gemeinsame Grundlage, nach der zielsprachliche Lehrpläne, curriculare Richtlinien, Tests, Lehrwerke etc. miteinander verglichen und entwickelt werden (vgl. GeR 2009, 14; Roche 2005, 184). Dadurch entstehen „relevante fachliche Konzepte in systematischen Zusammenhängen“, deren wesentliche Aspekte die sechs Referenzniveaus (A1 bis C2) sind (Quetz 2010, 101). Die Niveaus sind als Stufen in Skalen mit Kann-Bestimmungen beschrieben, „was Lernende zu tun lernen müssen, um eine Sprache für kommunikative Zwecke zu benutzen, und welche Kenntnisse und Fertigkeiten sie entwickeln müssen, um in der Lage zu sein, kommunikativ erfolgreich zu handeln." (GeR 2009, 14). Dazu müssen allgemeine Fähigkeiten und eine „spezifisch sprachbezogene kommunikative Kompetenz" eingesetzt werden, welche aus folgenden Komponenten zusammengesetzt ist (ebd. 109):

- linguistische Kompetenzen,
- pragmatische Kompetenzen,
- soziolinguistische Kompetenzen.

Diese Sprachkompetenzen kennzeichnen sich durch unterschiedliche kommunikative Sprachaktivitäten, zu denen Interaktion, Rezeption, Produktion und Sprachmittlung (Dolmetschen und Übersetzen) zählen. In der mündlichen Kommunikation sind Rezeption und Produktion die zentralen Sprachaktivitäten, die Lernende entwickeln müssen. Die rezeptive Sprachaktivität basiert auf den phonetischen, linguistischen, semantischen und kognitiven Fertigkeiten. Die produktive Sprachaktivität setzt ebenso kognitive, linguistische und phonetische Fertigkeiten voraus. Die phonetischen Fertigkeiten sind von den phonologischen und phonetischen Kompetenzen abhängig (vgl. Hirschfeld 2011, 12 f.). Die phonologische Kompetenz umfasst „Kenntnisse und Fertigkeiten der Wahrnehmung und der Produktion in Bezug auf:" (ebd. 13)

- „die lautlichen Einheiten (Phoneme) der Sprache und ihre Realisierung in bestimmten Kontexten (Allophone),
- die phonetischen Merkmale, die Phoneme voneinander unterscheiden (distinktive Merkmale, z. B. stimmhaft, gerundet, nasal, plosiv),
- die phonetische Zusammensetzung von Wörtern (*Silbenstruktur*, Phonemfolge, Wortakzent, Wortton),
- Satzphonetik (*Prosodie*):
  - Satzakzent und Satzrhythmus
  - Intonation
- phonetische Reduktion:
  - Vokalabschwächung
  - starke und schwache Formen
  - Assimilation
  - Elision" (GeR 2009, 117).

Diese phonologischen und phonetischen Grundlagen sind bei der mündlichen Kommunikation von Bedeutung, da sie bei mangelhafter Beherrschung die Verständlichkeit erschweren und andere unbeabsichtigte „emotionale Wirkungen" auslösen können, wie z. B. Irritationen und falsche Reaktionen (Hirschfeld 2011, 12; vgl. auch Reinke 2011, 53). Für Rede und Gespräch werden noch weitere Kompetenzen, welche über die Ausspracheebene hinausgehen, benötigt. Die Lernenden müssen „planen und organisieren", wie sie eine Mitteilung sprachlich „formulieren" und „artikulieren" können (Hirschfeld 2011, 12; vgl. auch GeR 2009, 93;).

8.2 Die Entwicklung von rezeptiven und produktiven Fertigkeiten

Rezeptive und produktive Fertigkeiten sind „Thema jeder kommunikationsorientierten Fremdsprachendidaktik und [beziehen sich auf] die globalen Fertigkeiten des Hörens, Sprechens, Lesens und Schreibens." (Portmann 1993, 96). Die kommunikative Fremdsprachendidaktik – gestützt auf die Spracherwerbsforschung – weist darauf hin, dass rezeptive und produktive Fertigkeiten sowohl in der Muttersprache als auch in der Fremdsprache nur durch ihre Verwendung erworben werden können. Dementsprechend müssen die Aktivitäten des Sprechens, Hörens, Lesens und Schreibens im Unterricht ihrem kommunikativen Charakter gemäß eingebracht werden. Dafür muss man vor allem Strategien entwerfen und einsetzen, die der Lösung sprachlicher Probleme dienen (vgl. Portmann 1993, 96; Dieling/Hirschfeld 2000, 48). Im Rahmen der vorliegenden Arbeit wird das Augenmerk auf Hör- und Ausssprachestrategien gerichtet. Die Bereiche der Aussprache- und Hörübungen werden lediglich aus systematischen Gründen getrennt behandelt. Im Unterricht können alle Hörübungen zugleich auch Ausspracheübungen sein und alle Ausspracheübungen als Hörübungen verwendet werden, dies hängt von der entsprechenden Übungsanweisung ab. Eine Verbindung von Sprechen und Hören ist sogar sehr empfehlenswert, weil das in den Hörübungen Gelernte in den Ausspracheübungen rekurriert und automatisiert werden kann (vgl. Hirschfeld/Dieling 2000, 48).

8.2.1 Rezeptive Fertigkeiten

Neben Leseverstehen, Schreiben und Sprechen ist die rezeptive Fertigkeit des Hörens eine der vier bedeutenden Kommunikationstätigkeiten, welche sich auf „den durch einen auditiven Input ausgelösten Rezeptionsprozess [bezieht], durch den der mündliche Textinhalt erschlossen wird." (Stahl 2010, 119). Ein gelungener Rezeptionsprozess besteht aus vier Phasen, wobei die rezeptive Seite, der Hörer, über folgende Fertigkeiten verfügen muss (vgl. Faistauer 2010, 309):

1. auditive phonetische und visuelle Fertigkeiten,
2. linguistische und orthographische Fertigkeiten,
3. semantische Fertigkeiten,
4. kognitive Fertigkeiten.

Die Begriffsbezeichnungen Hören, Hörverstehen und rezeptive Fähigkeit werden in der Fachliteratur oft synonym verwendet (vgl. Stahl 2010, 118 f.). In den folgenden Darstellungen sollen die Ziele des Hörtrainings im Aussprachenunterricht näher betrachtet und anschließend Hörübungsformen vorgestellt werden.

8.2.1.1 Ziele des Hörtrainings

Der Erwerb einer guten Aussprache bedarf eines speziellen Hörtrainings mit dem Aufbau neuer Hörmuster und der Sensibilisierung des Ohrs für phonetische Besonderheiten der Zielsprache, da sich die Sprachwahrnehmung der Lernenden an prägenden Hörmustern der Ausgangssprache orientiert, die wie ein Filter wirken: Nur gespeicherte „Klänge [der Muttersprache] werden durchgelassen", während die „fremdsprachigen Klänge" durch den muttersprachlichen Filter aufgenommen und verarbeitet werden (Dieling/Hirschfeld 2000, 48). Hierbei kann es zur Unterdifferenzierung kommen: Distinktive phonologische und phonetische Eigenschaften des Deutschen werden von arabischen Lernenden als irrelevant betrachtet, da sie im Arabischen nicht distinktiv sind, z. B. Wortakzent, Vokalqualität. Es kann aber auch zur Überdifferenzierung führen: Nicht distinktive Eigenschaften des Deutschen können aufgrund ihrer Relevanz im Arabischen als relevant betrachtet werden, z. B. Konsonantenlänge, Glottisschlag (vgl. Hirschfeld 2001, 873; 2007, 277; Storch 2009, 104; Dieling/Hirschfeld 2000, 48; Hirschfeld/Kelz 2003, 3; Dretzke 2009, 134; Edmondson/House 2011, 182/185).

8.2.1.2 Hörübungsformen

In den folgenden Abschnitten sollen Beispiele für Hörübungen gegeben und auf Probleme aufmerksam gemacht werden, die bei Deutschlernenden auftreten können (vgl. Hirschfeld 2007, 279; Dieling/Hirschfeld 2000, 48–55; Radtke 2004, 29–32):

a) vorbereitende Hörübungen
b) kontrollierbare Hörübungen zur Diskrimination
c) kontrollierbare Hörübungen zur Identifikation
d) angewandte Hörübungen

a) vorbereitende Hörübungen
Vorbereitende Hörübungen sind „eine spezielle Art von Eintauchübungen" (Dieling/Hirschfeld 2000, 49), in denen Texte, Dialoge, Wort- und Sprachspiele vorgespielt oder vorgetragen werden. Die Textinhalte müssen nicht vollständig erfasst werden. Besonders geeignet für die vorbereitenden Hörübungen sind Texte, deren Inhalte die Studierenden bereits in ihrer Muttersprache kennen und jetzt in der Fremdsprache neu hören. Solche Übungen zum vorbereitenden Hören gelten in der Fremdsprachendidaktik als erster Einstieg in phonetische Themen. Irakische Studierende lernen u. a. mit Hilfe solcher Übungen die prosodischen Merkmale des Deutschen zu erkennen wie z. B. Rhythmus, Sprechmelodie und Sprechtempo (vgl. Dieling 1992, 37; Dieling/Hirschfeld 2000, 49). Für die Übungen zum vorbereitenden Hören sollen nun Beispiele vorgestellt werden, und zwar zwei irakisch-arabische Texte. Der erste Text ist ein Gedicht „Die neuen Zehn Gebote" von Fadhil Al Azzawi (2005) (Internet 5). Im zweiten Text handelt es sich um eine Prosaerzählung, die von Adolf Denz und Dietz Otto Edzard ins Deutsche übersetzt und unter dem Titel „Iraq-arabische Texte nach Tonaufnahmen aus Hilla, al-ʿAfač und al-Basra" in der Zeitschrift der Deutschen Morgenländischen Gesellschaft (1966, 78 ff.) veröffentlicht wurden. Es handelt sich um eine Anekdote über den „bāğilla-Verkäufer" (Bohnenverkäufer), die den irakischen Schülern und Studierenden bekannt sein dürfte. Die von Denz/Edzard wörtlich übersetzten Texte spiegeln die mündliche Erzählsituation im Original wider und enthalten außerdem einige typische Arabismen. Sie

wurden hier trotzdem nur leicht modifiziert. Wird der Text lebendig und natürlich vorgetragen, können gerade durch die zahlreichen Dialoge und inneren Monologe auch suprasegmentale Merkmale der deutschen Aussprache demonstriert werden.

Hörbeispielübung 1
Übungsanweisung:
Hören Sie das Gedicht von Fadhil Al-Azzawi an und beschreiben Sie, wie die deutsche Sprache klingt!

Die neuen Zehn Gebote	***الوصايا العشر الجديدة***
Du sollst nicht im Walde Feuer machen Denn der Vogel fürchtet das Feuer!	*لا تُشعلْ كبريتاً في غابة* *فالعصفورُ يهابُ النار!*
Du sollst nicht die Sonne löschen Denn jemand wird die Wärme brauchen!	*لا تجلسْ في طلعةِ شمسٍ* *إذ ثمة من يبحثُ عن ضوء!*
Du sollst vor dem Wind keine Mauern errichten Denn womöglich wird er uns Regen bringen!	*لا تُوقفْ ريحاً في صحراء* *قد تجلِبُ أمطاراً للبدو!*
Du sollst dich nicht im Spiegel betrachten Denn du wirst dort vielleicht einem anderen begegnen!	*لا تنظرْ في مرآةٍ* *فلعلك صرتَ سواك!*
Du sollst nicht in den bitteren Brunnen spucken Denn auch du wirst vielleicht aus ihm trinken!	*لا تَنْبصُقْ في بئرٍ مُرّة* *قد تشربُ منها عَطِشاً يوما!*
Du sollst nicht nur eine Frau lieben Denn deine Liebe reicht aus für alle Frauen der Welt!	*لا تَسْكُنْ في امرأةٍ عاقر* *قد تُنْجِبُ منها طفلاً بالصُدفة!*
Du sollst nicht nachts die Stimme heben Denn so wirst du die bösen Geister wecken!	*لا ترفعْ صوتَكَ في ليلٍ داجٍ* *بيتَك من فرطِ الوحدة!* *قد تسمعُك الأشباحُ فتدخلَ*
Du sollst nicht mit dem Henker scherzen Denn er wird dich sonst lachend hängen!	*لا تمزحْ بالحبلِ مع الجلاّد* *فلعله يقتادُك للشنق!*

Du sollst keine Maske tragen vor dem Gesicht	لا تكبتْ أَفراحَك خلف قناعٍ
Denn ich mag dich so wie du bist!	قد ترفعُه الريحُ وأنت تُغنّي في الريح!
Du sollst nicht diese Gebote allzu wichtig nehmen	لا تدخلْ تاريخاً لم تصنعْهُ يداك
Denn du kannst auch mit eigenen glücklich leben!	فلعلك تسقطُ تحت قطارِهِ وهو يسير!

(Übersetzung des Autors Fadhil Al-Azzawi 2005, Internet 5)

Hörbeispielübung 2

Übungsanweisung:

Hören Sie den Text und achten Sie auf den Klang der deutschen Sprache! Klingt die deutsche Sprache anders als die arabische? Was fällt Ihnen dabei besonders auf?

Bohnenverkäufer

Es war einmal ein Mann, ein Bohnenverkäufer, der musste jeden Tag dicke Bohnen essen – morgens Bohnen, mittags Bohnen, abends Bohnen. Eines Tages sagte dieser Mann:„Jetzt kann ich aber keine Bohnen mehr essen, mein Bauch stinkt ja schon". Den Tag machte er also keine Bohnen. Er zog sich um, machte sich fein und ging in ein Restaurant. Als er die Speisekarte gesehen hatte, sagte der Kellner zu ihm: „Na Onkel, was willst du essen?" Er sagte: „Was habt ihr denn?" Der Kellner sagte:„Sieh auf dieser Karte nach!" Als er nun nachsah – dabei konnte er weder lesen noch schreiben – fiel sein Blick auf das längste Wort, das auf dem Blatt stand, und das zeigte er dem Kellner. Der ging und holte ihm einen großen Teller dicke Bohnen. Als er sah, dass ihm der Kellner dicke Bohnen brachte, wunderte er sich und sagte: „Jetzt habe ich meine Arbeit liegen lassen, Tag für Tag esse ich dreimal dicke Bohnen, und hier dies lange Wort, das sind auch wieder Bohnen, die du da gebracht hast?" Er sah sich immerhin gezwungen, die Bohnen zu essen. Was sollte er denn machen? Konnte er sie etwa dem Wirt zurückgeben? So aß er die Bohnen schließlich und wurde satt. Als er aufgegessen hatte, sah er hinter sich einen Engländer, sah, wie der ein Hühnchen aß. Der aß das Hühnchen auf, und dann, als der Kellner kam, sagte er zu ihm: „Gib ‚again'!" Da glaubte der Bohnenverkäufer „again" bedeute Hühnchen. Der Kellner kam, er sagte:

„Mein Lieber, ich auch ‚again'". Der Kellner ging, und als er wieder kam, sagte er: „again." Da brachte er ihm doch tatsächlich einen zweiten Teller dicke Bohnen!" Da sagte ihm der Bohnenverkäufer: „Wie geht das zu? Bei mir bedeutet das ‚again' dicke Bohnen, und bei dem Engländer bedeutet das ‚again' Hühnchen?!" (Denz/Edzard 1966, 79 f.).

Die arabische Fassung:

باع الباقلاء

في احدالايام كان رجل يبيع باقلاء وكان ياكلُ كل يوما في صباح وغداء ومساء فقط باقلاء. ذات يوم قال هذا الرجل «لن استطيع بعد اليوم اكل الباقلاء, لقد امتلت بطني منها». وفي ذلك اليوم لم يطبخ باقلاء بل ارتدى افضل الملابس وذهب الى مطعم. بينما كان ينظر باع الباقلاء في قائمة الطعام, جاء النادل وسالةُ ياعم ماذا تحب ان تطلب؟ اجابه الرجل وماذا يوجد عندكم؟ قال النادل انظر فى قائمة الطعام! عندما بداء ينظر في قائمة الطعام وقع نظرهُ على كلمة طويلة فاشار اليها لانه لا يستطيع القراءة. وبعدها ذهب النادل وجلب لهُ طبق كبير من الباقلاء. عندما لاحظ بان النادل قد جلب لهُ باقلاء تعجب و قال: تركتُ عملي وجاءت الى هنا و يوما اكلُ ثلاث مرات باقلاء و هذه الكلمه الطويلة وفي نهاية الامر تجلبُ لي ايضا باقلاء. على اي حال كان مجبر على اكل الباقلاء. ماذا كان عليه ان يفعل؟ اكان علية ان يرجعُ ماطلبه مرة اخرى ؟ ونهاية الامر اكل الباقلاء وشبع. و بعدما انتهى من الطعام راى رجلا انكليزي يجلس خلفه وشاهده وهو ياكل الدجاج وكما ينتهى من اكل دجاجة يجلب له النادل دجاجة اخرى عندما يقول كلمة اكين هنا تصور باع الباقلاء بان هذه كلمة تعني دجاجة عندما جاء النادل قال له باع الباقلاء: حسنا ياعزيزي ذهب النادل ورجع مرة اخرى حينها فقال له ايضا اكين اكين بعدها احضر النادل له طبقين كبيرين من الباقلاءعندها اندهش باع الباقلاء من الامر و سال النادل: كيف تعني كلمة اكين عندي باقلاء و عند الانكليزي دجاج؟

(eigene Übersetzung)

b) Kontrollierbare Hörübungen zur Diskrimination

Mit kontrollierbaren Hörübungen zur Diskrimination wird die Fähigkeit der Studierenden, fremdsprachige Klänge und Segmente akustisch voneinander zu differenzieren, gefördert. Bei den Diskriminationsübungen wird „die Methode der Kontrastierung" (Dieling/Hirschfeld 2000, 49) verwendet, die die phonetischen Unterschiede wahrnehmbar werden lässt. Diese Methode kann sowohl im segmentalen Bereich als auch im suprasegmentalen Bereich eingesetzt werden. Bei den Diskriminationsübungen spielt die Hörkontrolle eine wichtige Rolle.

Im segmentalen Bereich wird die Sprachkompetenz der Studierenden trainiert, lautähnliche Wortformen zu differenzieren (vgl. Storch 2009, 106 f.; Dieling/Hirschfeld 2000, 49 f.). Namen für solche Zwecke zu nutzen, hat viele Vorteile: Sie sind ein sensibler phonetischer Bereich, da auch vermeintlich „minimale phonetische Unterschiede" von Bedeutung sind. Ein weiterer Vorteil für den Einsatz von Namen ist, dass sie zu keinen „Semantisierungs-problemen" führen. Wenn man bei „echten" Wörtern nach Minimalpaaren sucht, können leicht Beispiele auftreten, die nicht zum Lernwortschatz gehören (vgl. Dieling/Hirschfeld 2000, 50 f.; Häussermann/Piepho 1996, 54 f.). Im suprasegmentalen Bereich können für Hör-Diskriminationsübungen ebenfalls Sätze eingesetzt werden, welche nur in ein oder zwei Segmenten verschieden sind (vgl. Storch 2009, 107):

Du liebst Bücher – Du liest Bücher.
Du gießt Blumen – Du gibst Blumen.

Die in den Hör-Diskriminationsübungen verwendeten Sätze sollten allerdings nicht kompliziert sein. Es genügt, einfache ähnliche Sätze zu bilden, deren syntaktische und phonetische Strukturen die Unterschiede zwischen den kritischen Segmenten hervortreten lassen. Dabei handelt es sich darum, den Wortakzent, Satzakzent, die Sprechmelodie und den Rhythmus und andere prosodische Merkmale des Deutschen festzustellen und anzuwenden (vgl. Storch 2009, 107).

Hörbeispielübung 3

Übungsanweisung:

Übung 2: Familiennamen

Die Schüler hören die Vokalpaare und vergleichen. Sie erkennen, dass der erste Name einen langen, der zweite einen kurzen Akzentvokal hat. Sie wiederholen die Paare. Dabei zeigen sie die Vokallänge, indem sie die Hände ganz weit auseinander und ganz eng zusammennehmen.

1.	Fräulein Dahler	–	Fräulein Daller
2.	Frau Hebel	–	Frau Hebbel
3.	Frau Schiefer	–	Frau Schiffer
4.	Herr Loome	–	Herr Lomme
5.	Frau Schmuhler	–	Frau Schmuller

Sie werden gefragt, ob sie lange und kurze Vokale in der Schrift erkennen.
Sie ergänzen die Regeln:

Dieling/Hirschfeld (2000, 120)

Hörbeispielübung 4

Übungsanweisung:

Hören Sie bitte Hörbeispiel 28. Lösen Sie die Testaufgaben a) – c) und überlegen Sie, welche Testformen Sie bei Ihren Schülern einsetzen würden.

Test a)

Sie hören einen der beiden Namen. Unterstreichen Sie ihn.

1. Frau Mühler – Frau Müller
2. Frau Mühler – Frau Möhler
3. Frau Möhler – Frau Möller
4. Frau Müller – Frau Möller

Test b)

Sie hören vier Paare von Familiennamen. Sind die beiden Namen jeweils gleich (=) oder ungleich (≠) ?

1. ______ *2.* ______ *3.* ______ *4.* ______

Test c)

Sie hören immer drei Namen. Zwei sind gleich, einer ist anders. Markieren Sie, an welcher Position (1, 2, 3) der ungleiche Name steht.

	1	*2*	*3*
1.			
2.			
3.			
4.			

Dieling/Hirschfeld (2000, 50)

c) Kontrollierbare Hörübungen zur Identifikation

Kontrollierbare Hörübungen zur Identifikation sind Übungen zum Erkennen von Lauten und prosodischen Mustern der Fremdsprache. Bei derartigen Hörübungen wird die Fähigkeit der Studierenden trainiert, Laute und Klänge zu identifizieren. Daher „empfiehlt es sich, beim Üben die Reihenfolge Diskriminieren – Identifizieren möglichst einzuhalten." (Dieling/Hirschfeld 2000, 52; vgl. auch Hirschfeld 2007, 279; Dretzke 2009, 134). Im Folgenden werden Beispiele für Identifikationsübungen aufgezeigt:

Hörbeispielübung 5

Übungsanweisung:

[x] oder [ç]? Hören Sie, sprechen Sie nach und markieren Sie.

	[x]	[ç]		[x]	[ç]		[x]	[ç]		[x]	[ç]
machen	X		Woche			möchten			euch		
Licht		X	sprechen			Küche			Brötchen		
lachen	X		Würstchen			Kuchen			brauchen		
richtig			suchen			Bäuche			manchmal		
Koch			Gespräch			gleich			Milch		
König			Griechenland			Bauch			durch		

Dallapiazza et al. (2005, 64/97)

Anmerkung: In den oben vorgestellten Hörübungen ist die methodische Reihenfolge nicht korrekt, die Übungsanweisung muss „erst hören, dann markieren und nachsprechen“ sein.

Hörbeispielübung 6
Übungsanweisung:

a Hören Sie die Sätze. Was hören Sie: ↗ oder ↘? Kreuzen Sie an.

1. Guten Tag.	[a] ↗	[X] ↘
2. Hallo, wie geht's?	[a] ↗	[b] ↘
3. Gut, und dir?	[a] ↗	[b] ↘
4. Wie heißt du?	[a] ↗	[b] ↘
5. Ich heiße Michael.	[a] ↗	[b] ↘
6. Bist du Lisa?	[a] ↗	[b] ↘
7. Nein, ich bin Olga.	[a] ↗	[b] ↘
8. Das ist Anne.	[a] ↗	[b] ↘
9. Wohnst du in Mannheim?	[a] ↗	[b] ↘
10. Ja, ich wohne in Mannheim.	[a] ↗	[b] ↘

Braun (2011, 17)

d) Angewandte Hörübungen
Im Vergleich zu den Diskriminations- und Identifikationsübungen sind die angewandten bzw. kontextualisierten Hörübungen umfangreicher. Sie beziehen sich auf mehr als einen phonetischen Schwerpunkt, der vorher durch Diskrimination und Identifikation geübt wurde. Gleichzeitig führen solche Übungen zum Hörverstehen hin, d. h. angewandte Hörübungen verfügen in ihren Übungsanweisungen über globalere Aufgaben und sind nicht speziell auf das Üben eines phonologischen/phonetischen Phänomens ausgerichtet. Die Schwierigkeit beim Erstellen von angewandten Hörübungen liegt in erster Linie beim Finden eines geeigneten Inhalts. Daher eignen sich die angewandten Hörübungen ausgezeichnet für die selbstständige (CD- oder multimediagestützte) individuelle Arbeit (vgl. Dieling/Hirschfeld 2000, 54 f.; Hirschfeld 2007, 279).

8.2.2 Produktive Fertigkeiten

Produktive Fertigkeiten sind das Vermögen des Fremdsprachenlerners, sprachliche Äußerungen so hervorzubringen, dass die Verständlichkeit gewährleistet ist. Diese Fähigkeit ist eine der wichtigsten Grundlagen der sprachlichen

Fertigkeiten. Sie beinhalten „alle kognitiven und motorischen Prozesse, mit denen phonetische Segmente und suprasegmentale“ Merkmale einer Fremdsprache realisiert werden (vgl. Börner 1995, 226). Im Folgenden sollen die Bedeutung des Aussprachetrainings im Fremdsprachenunterricht dargestellt und entsprechende Übungsformen aufgeführt werden.

8.2.2.1 Ziele des Aussprachetrainings

Phonetische Abweichungen aus der Ausgangsprache und den zuvor gelernten Fremdsprachen bei der Aneignung der Zielsprache sind nicht vermeidbar, da phonologische und phonetische Eigenschaften und syntaktische Strukturen aus der Ausgangssprache in die Zielsprache übertragen werden. Perzeptive und produktive Fertigkeiten der Muttersprache sind so automatisiert und schwer beeinflussbar, dass sie sich fast immer mehr oder weniger beim Sprechen in der Fremdsprache bemerkbar machen. Es ist nicht einfach, neue Hörmuster aufzubauen, sich neue Sprechbewegungen bewusst zu machen und sie schließlich zu automatisieren. Durch ein intensives und spezielles Aussprachetraining ist es allerdings möglich, sich auf die Artikulationsabläufe und prosodischen Merkmale der zu erlernenden Sprache einzustellen (vgl. Storch 2009, 104; Hirschfeld/Kelz 2003, 3; Hirschfeld 2011, 12).

8.2.2.2 Ausspracheübungsformen

In den folgenden Abschnitten sollen Beispiele für (Aus-)Sprechübungen gegeben und auf Probleme aufmerksam gemacht werden, die bei Deutschlernenden auftreten (vgl. Hirschfeld 2007, 279):

a) reproduktive Übungen
b) produktive Übungen
c) angewandte Übungen

a) Reproduktive Übungen

Reproduktive Übungen sind einfache Nachsprechübungen. Der Lehrer spricht vor oder der Hörtext wird von CD, Video oder Computer abgespielt und die Studierenden wiederholen das Gehörte. Auf diese Weise können die Studierenden die Aussprache der Zielsprache erwerben, wenn sie sie schon über das Hören kennengelernt haben. Bei der Auswahl des Übungsmusters sollte der Lehrer mehrere phonetische und phonologische Phänomen beachten und nicht auf beliebige Themen eingehen. Er sollte möglichst schwierige und nicht bekannte Wortformen verwenden, welche den Studierenden Schwierigkeiten bereiten könnten. Das Nachsprechen ist nur möglich, wenn die Lernenden in der Lage sind, die neuen Laute und prosodischen Muster in der Fremdsprache wahrnehmen zu können. Für reproduktive Übungen gibt es mehrere Methoden. Neben der individuellen Nachsprechübung wird hier auf zwei Übungsmethoden eingegangen: auf das Chorsprechen und auf das synchrone Mitsprechen (vgl. Börner 1995, 228; Dieling/Hirschfeld 2000, 56 f.).

Die erste Methode (Nachsprechen im Chor) ermöglicht, die Sprechhemmungen der Studierenden zu überwinden, erlaubt aber nur wenig diagnostische Kontrolle und Korrektur. Die zweite Methode ist das synchrone (halblaute) Mitsprechen mit dem Mustersprecher. Diese Methode „ermöglicht den Vergleich mit dem Muster besser als das Nachsprechen.“ (Dieling/Hirschfeld 2000, 57). Der Grund dafür ist, dass die prosodischen Eigenschaften wie z. B. Sprechgeschwindigkeit, Pausen, Akzentuierungen, Sprechmelodien mit dem Mustersprecher übereinstimmen müssen und sehr gut und direkt verglichen werden können. „Das synchrone Mitsprechen setzt voraus, dass [der] Text mehrmals gehört“ wird (ebd.). Es ist anzumerken, dass der Schritt vom Hören zum Sprechen nicht ohne Probleme ist. Diese Probleme treten auf, wenn das Muster ausbleibt (vgl. Dieling/Hirschfeld 2000, 57.). Dabei handelt es sich nicht um Nach- oder Mitsprechen, sondern um freies Sprechen. Dies führt meist dazu, dass sich die Aussprache wieder verschlechtert, da sich die Konzentration auf grammatische, syntaktische, semantische und andere sprachliche Bereiche verteilt. Jedoch sind in der Fremdsprachendidaktik vielfältige Methoden zu finden, welche die Studierenden über sinnvolle und methodisch-didaktische Progression bei der Durchführung phonetischer Übungen zur Verbesserung der Aussprache bringen. Diese Progressionsmethoden müssen im Aussprachetraining berücksichtigt und angewendet werden. Eine dieser Methoden ist „eine Art Drillübung bzw. kaschierte Nachsprechübung“ (ebd. 57). Als reproduktive Übungen dienen die folgenden Beispiele:

Aussprache Beispielübung 1

Übungsanweisung:

Hören Sie den Text erst mehrmals und sprechen Sie dann mit!

Die Bärenjagd

Wir gehen auf Bärenjagd.
Und haben gar keine Angst.
Denn wir haben Messer.
Und ein Gewehr.

Strophen 1 – 4

Was ist denn das?
Das ist ja ein See! (Berg, Moor, eine Höhle)
Kann man da rechts rum?
Kann man da links rum?
Kann man da oben drüber?
Kann man da unten drunter?
Man muss mitten durch!

Schluss

Was ist denn das?
Das ist ja ganz warm.
Das ist ja ganz weich.
Und das hat zwei gelbe Augen!
Das ist ja ein Bär!
Hilfe!

usw. (wie am Anfang, aber den Weg schnell zurück)

Endt/Hirschfeld (1995, 50)

Aussprache Beispielübung 2

Übungsanweisung:

(a) Bitte lesen Sie die Fragen und antworten Sie wie im Beispiel mit der vorhergehenden Uhrzeit, dem vorhergehenden Datum! Vergleichen Sie mit der Lösung!

1 Bist du seit Juni hier? ☛ Nein, schon seit Mai.
2 Bist du seit drei Uhr hier?
3 Bist du seit September hier?
4 Bist du seit Samstag hier?
5 Bist du seit dem dritten August hier?
6 Bist du seit zehn Uhr hier?

(b) Hören Sie die Frage und antworten Sie! Hören Sie danach die richtige Antwort!

(c) Lesen Sie jetzt Fragen und Antworten vor! Üben Sie zu zweit oder in zwei Gruppen!

(d) Üben Sie zu zweit! Fragen und antworten Sie mit vertauschten Angaben wie im Beispiel!

A: Bist du seit Mai hier?
B: Nein, erst seit Juni.

Albrecht et al. (2005, 65)

b) Produktive Übungen

Nach den reproduktiven Übungen sollen als nächster Schritt die produktiven Übungen folgen, bei denen es sich nicht nur um phonetische und phonologische

Veränderungen, sondern um komplizierte sprachliche Satzstrukturen handelt. Dabei sollten die Lernenden ihre erworbenen Sprachkenntnisse auffrischen und in der mündlichen Kommunikation anwenden, d. h. bei solchen Übungen werden sie angehalten, kreativ und produktiv zu werden. Beispielsweise sollten sie Wörter ergänzen oder ersetzen, um Sätze zu bilden und einen Dialogpart zu übernehmen. „Dadurch verteilt sich die Konzentration [der Lernenden] auf sehr verschiedene Bereiche.“ (Dieling/Hirschfeld 2000, 57). Daher verschlechtert sich die Aussprache teilweise wieder, denn die Suche nach der richtigen syntaktischen Satzstruktur oder Satzstellung kann zur Ablenkung von den phonetischen Abweichungen führen. Nur durch solche Übungsanweisung kann das freie Sprechen im Fremdsprachenunterricht erlernt werden. Dazu findet man in der Fachliteratur zahlreiche Möglichkeiten, die Lernenden über sanfte Progression „zur möglichst sicheren freien Anwendungen zu führen.“ (Dieling/Hirschfeld 2000, 57 f.; vgl auch Hirschfeld 2007, 279). Beispiele für produktive Übungen sollen im Folgenden vorgestellt werden:

Aussprache Beispielübung 3

Kind / Vater → Der Vater ist groß, das Kind ist klein.

1 Kurtchen / Kurt
2 Tasche / Täschchen

3 Berg / Hügel

4 Garten / Park

5 Erde / Mond

6 Baum / Blume

7 Beet / Feld

8 Kassel / Kleinkleckersdorf

a) Sätze mit *groß* und *klein* bilden
b) vorlesen
c) zu zweit üben: Was ist noch groß und klein?

Hirschfeld et al. (2007, 99)

Aussprache Beispielübung 4

Übungsanweisung:

(a) Bitte lesen Sie die Verben und bilden Sie neue Verben mit vor- wie im Beispiel! Vergleichen Sie dann mit der Lösung!

1 lesen ☞ vorlesen
2 spielen
3 sagen
4 zeichnen
5 machen
6 sprechen
7 tanzen
8 singen

(b) Hören Sie nun die Lösung und sprechen Sie die Beispiele nach!

(c) Setzen Sie die Verben ins Perfekt und fügen Sie immer "Ihrem Sohn" ein wie im Beispiel! Bitte vergleichen Sie dann mit der Lösung!

1 Sie hat ihrem Sohn etwas vorgelesen.
2
3
4
5
6
7
8

(d) Lesen Sie die Sätze vor! Üben Sie zu zweit und korrigieren Sie sich gegenseitig!

(e) Bitte ersetzen Sie „etwas" im ersten und zweiten Satz durch folgende Beispiele:

Sie hat ihrem Sohn ..... vorgelesen.
1 eine Geschichte
2 ein Gedicht
3 die Zeitung
4 ein Märchen von Grimm
5 ein Gedicht von Goethe
6 eine Geschichte von Hermann Hesse

Sie hat ihrem Sohn ..... vorgespielt.
1 ein Lied
2 ein Lied von Clara Schumann
3 eine Sonate
4 eine Sonate von Beethoven
5 einen Walzer
6 ein Hörspiel

(f) Finden Sie eigene Variationen mit „vorsingen"!

(g) Lesen Sie alle Sätze vor! Üben Sie zu zweit und korrigieren Sie sich gegenseitig!

Albrecht et al. (2005, 43)

c) Angewandte Ausspracheübungen

Wie die angewandten Hörübungen sind auch die angewandten Ausspracheübungen konstruiert, bei denen es sich nicht nur um die phonetischen/phonologischen Phänomene, sondern auch um andere sprachliche Schwerpunkte handelt. Die Übungsanweisungen nennen globale Aufgaben. Das Ziel ist, die Fähigkeiten der Studierenden „zum Vorlesen, zum Vortragen und zum freien

Sprechen“ zu trainieren. (Dieling/Hirschfeld 2000, 59). Im Folgenden sollen Beispiele für angewandte (Aus-) Sprachübungen gegeben und auf Probleme aufmerksam gemacht werden, die bei Deutschlernenden in Erscheinung treten können (vgl. Dieling/Hirschfeld 2000, 58 f.; Schatz 2006, 43).

Aussprache Beispielübung 5

Übungsanweisung:

(a) Bitte hören und sehen Sie die Anekdote über Goethe zuerst im Video!

(b) Bitte hören Sie den Text und lesen Sie still mit! Achten Sie auf die Satzakzente!

Goethe und die Studenten

Goethe kam einmal in eine Gaststätte. Er bestellte sich eine Flasche Wein und ein Glas Wasser. Studenten, die an einem anderen Tisch saßen und auch Wein tranken, lachten laut darüber. Einer von ihnen stand auf, ging zu Goethe und fragte ihn: Warum trinken Sie den Wein mit Wasser? Goethe antwortete:

Wasser allein macht stumm,
das beweisen im Teiche die Fische.
Wein allein macht dumm,
das beweisen die Herren am Tische.
Und weil ich keines von beiden will sein,
trink ich mit Wasser vermischt den Wein.

(überliefert)

(c) Bitte hören Sie den Text mehrmals und sprechen Sie halblaut (synchron) mit!

(d) Bitte lesen Sie vor! Üben Sie zu zweit und korrigieren Sie sich gegenseitig!

(e) Erzählen Sie die Anekdote mit eigenen Worten nach!

Albrecht et al. (2005, 23)

Aussprache Beispielübung 6

Die Schweiz

Übungsanweisung:

(a) Bitte lesen Sie die folgenden Wortgruppen!

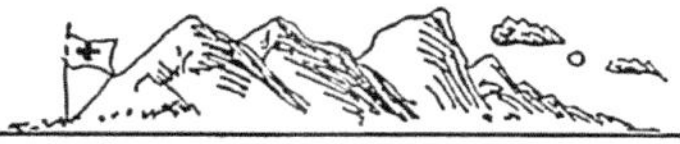

die Schweiz liegt mitten in Europa / sagt man / rein geografisch / stimmt das nicht ganz / aber durch die Alpen / führt die zentrale europäische Verbindung / von Norden nach Süden / und drei große Kulturen / treffen in der Schweiz aufeinander / die deutsche / die französische / die italienische / vom Norden in den Süden / sind es 250 Kilometer / vier Stunden braucht man / mit dem Zug / drei Stunden mit dem Auto / von Westen nach Osten / sind es 350 Kilometer / auf einer Fahrt von drei bis vier Stunden / kann die Landessprache zwei-/ drei- / oder sogar viermal wechseln /

(c)	*Bitte hören Sie den Text nun mehrmals auf der CD und sprechen Sie halblaut (synchron) mit!*
(d)	*Lesen Sie den Text vor, achten Sie auf die Pausen! Üben Sie zu zweit und korrigieren Sie sich gegenseitig!*
(e)	*Was wissen Sie noch über die Schweiz? Fragen Sie fünf andere Personen und lesen Sie die Ergebnisse vor!*

Albrecht et al. (2005, 37)

8.3 Inhaltliche Schwerpunkte und methodische Prinzipien für den Ausspracheunterricht mit irakischen Deutschlernenden

Auf Basis der Erkenntnisse, welche aus a) der aktuellen Situation des Fremdsprachenunterrichts Deutsch im Irak, b) der kontrastiven phonologisch-phonetische Analyse Arabisch – Deutsch, c) der Analyse phonetischer Abweichungen bei irakischen Deutschlernenden und d) den Einflussfaktoren auf das Lehren und Lernen der Aussprache gewonnen wurden, werden im Folgenden methodische Überlegungen zur Entwicklung des Ausspracheunterrichts an der Universität Bagdad dargestellt. Bevor detaillierte Schritte zur Gestaltung des Ausspracheunterrichts im Irak erläutert werden, soll auf einige didaktisch-methodische Empfehlungen eingegangen werden:

- Das Aussprachetraining ist dadurch gekennzeichnet, dass „von Anfang an" alles bearbeitet werden muss. Da Konsonanten und Vokale, Wort- und Satzakzente, Sprechmelodie und Rhythmus und andere prosodische Eigenschaften des Deutschen den arabischen Deutschstudierenden schon in den ersten sprachlichen Ausdrücken begegnen, sollten sie nicht für spätere Zeitpunkte zurückgestellt oder „portionsweise eingeführt werden" (Hirschfeld 2003, 200 f.; 2007, 278).
- Dennoch muss bedacht werden, „nach welcher Systematik" phonetische und phonologische Phänomene des Deutschen im Ausspracheunterricht erarbeitet werden (vgl. ebd.): „Es sollte vom Einfachen zum Schwierigen, vom Wichtigen zum weniger Wichtigen gegangen werden, wobei der

Lehrende sich an den speziellen Bedürfnissen seiner Zielgruppe orientieren muss.“ (Hirschfeld 2007, 278).

- Darüber hinaus müssen die Besonderheiten der arabischen Sprache beachtet werden, um „gezielt“ auf die Ausspracheschwierigkeiten eingehen zu können.
- Es sollten auch unterschiedliche Lernstrategien angewandt und verschiedene Übungen verwendet werden, damit die für die Automatisierung neuer Hörmuster und Sprechbewegungen notwendige Motivation nicht verloren geht.
- Im kreativen und abwechslungsreichen Aussprachetraining sollten in erster Linie prosodische Mittel wie z. B. rhythmisch-melodische Gruppen berücksichtigt werden. Des Weiteren müssen die Übungen kommunikative Aspekte mit einbeziehen sowie kontextgebunden und situativ sein.
- Die Anbahnungs- bzw. Korrekturphase, in der in der Regel sowohl Einzelsegmente als auch aneinander gereihte Einzelwortformen geübt werden, kann unter anderem Folgendes umfassen (vgl. Hirschfeld 2003, 200 f.; 2007, 278):
  - Bewusstmachung der Phonem-Graphem-Beziehung
  - Verwendung der Transkription
  - Ableitung der richtigen Lautbildung
  - Verwendung von Gestik
  - Verwendung von Minimalpaaren (übertrieben deutlich vor- und nachsprechen)

Bei den methodischen Überlegungen für den Ausspracheunterricht mit arabischen Deutschlernenden soll von folgenden thematischen Schwerpunkten ausgegangen werden:

1. **Suprasegmentalia**
   - Akzentuierung
   - Rhythmisierung
   - Melodisierung
2. **Segmentalia**

   A. Vokale
   - Vokalqualität
   - Vokalquantität

B. Konsonanten

- Stimmbeteiligung (fortis/stimmlos – lenis/stimmhaft)
- Ang-Laut
- Auslautverhärtung
- Sprossvokal bzw. Konsonantenverbindung
- Ich-Laut

1. Suprasegmentalia

Akzentuierung

Im Ausspracheunterricht mit arabischen Deutschenlernenden muss den Wort-, Wortgruppen- und Satzakzenten mit ihren Regeln sowie den Mitteln der Akzentuierung besondere Aufmerksamkeit geschenkt werden (vgl. Hirschfeld/Seddiki 2003, 12). Im Deutschen werden die Wortakzentsilben beim Sprechen unterschiedlich realisiert. Für die Bestimmung der Wortakzentposition ist die Erkennung des Wortstamms entscheidend. Um so die Verschiebung der Akzentsilbe, besonders bei trennbaren Verben und Komposita, auf die letzte oder vorletzte nichtakzentuierte Silbe zu vermeiden, muss die Wortakzentuierung nach der Stammsilbenregel erfolgen, sie lautet: Die erste Silbe des Stammwortes bzw. die Stammsilbe wird in den einfachen deutschen Wörtern hervorgehoben. Die Nach- und Vorsilben, abgesehen von den Affixen miss-, un-, ur-, -ei und -ieren, werden nicht betont (vgl. Stock 1996, 39 f.; Stock/Hirschfeld 2007, 9: s. auch Kap. 4.7.1.1). Zur Vermeidung falscher Realisierungen der Akzentpositionen innerhalb rhythmisch-melodischer Gruppen (Wortgruppen- und Satzakzente) sollte die letzte akzentuierbare Einheit einer Wortgruppe bzw. einer lautlichen Sprachäußerung hervorgehoben werden. Die Akzentuierung innerhalb einer melodisch-rhythmischen Gruppe wird durch Kombination und Modifikation prosodischer Eigenschaften gestaltet (vgl. Hirschfeld 2010a, 278; s. auch Kap. 4.7.1.2). Die Sprechmelodie sollte bezüglich der Tonhöhe terminal statt interrogativ realisiert werden (vgl. Kap. 6.4). Nach den didaktischen Empfehlungen von Hirschfeld und Kelz (2003, 8 f.) sollen die Wort-, Wortgruppen- und Satzakzente bearbeitet und regelmäßig geübt werden. Dies soll in folgenden Schritten verdeutlicht werden:

– Lernende hören Beispielwörter, sprechen diese nach und geben entweder mit Fingerklopfen oder durch Markierung die akzentuierte Silbe an.
– Lernende hören Beispielwörter und ordnen sie diesen Mustern zu, z. B.:

•●	*gemacht*
••●	*Bruder*
●••	*gemeinsam*
●•	*hinterher*
•●•	*vorgestern*

– Lernende hören Beispielwörter und ordnen sie tabellarisch nach ihrer Betonung:

1. Silbe betont	**2. Silbe betont**	**3. Silbe betont**	**4. Silbe betont**

– Lernende hören ein zusammengesetztes Wort und tauschen das betonte Wort aus, z. B. *Schlafzimmer – Arbeitszimmer*
– Lernende betonen verschiedene Wörter im Satz/in der Wortgruppe.

Rhythmisierung

Die Eigenschaften des deutschen Rhythmus und die „damit verbundenen“ Phänomene müssen arabischen Deutschstudierenden bewusst gemacht und im Unterricht geübt werden. Die mit dem deutschen Rhythmus verbundenen phonetischen Erscheinungen sind „die Gliederung in rhythmische Gruppen, starker Kontrast zwischen [akzentuierten und nichtakzentuierten] Silben und Wörtern, hohe Sprechspannung und Artikulationspräzision in den akzentuierten Silben und niedrige Sprechspannung, Elisionen und Reduktionen in den [nichtakzentuierten] Silben.“ (Hirschfeld/Seddiki 2003, 12).

Melodisierung

Für die Interpretation des Gesagten ist die Sprechmelodie entscheidend, die nach didaktischen Empfehlungen vermittelt werden kann:

- Lernende hören, sprechen die Sätze nach und zeigen mit ihren Händen die Melodieverläufe der Sätze: ↘ →↗
- Lernende hören einen gleichen Satz, der mit verschiedenen Sprechmelodien realisiert wird, wie z. B. *Anna ist da? – Anna ist da.* und zeigen die Melodieverläufe: ↗ – ↘
- Lernende hören Sätze und tragen weggelassene Satzzeichen ein.
- Lernende hören gebrummte Sätze und ordnen nach dem Brummen konkrete, schriftlich vorliegende Satzbeispiele zu.
- Lernende sprechen synchron mit dem Sprecher vom Band/CD mit (vgl. Hirschfeld/Kelz 2003, 10).

2. Segmentalia

A. Vokale

Vokalqualität

Arabische Deutschlernende haben Schwierigkeiten mit den gerundeten Vorderzungenvokalen, den E-Lauten, sowie mit der Identifizierung der O- und U-Laute (vgl. Kap. 6.4.1.1). Die Vorderzungenvokale /ʏ yː/ werden eingeübt, indem der vordere Zungenrücken hoch gehoben, die Kieferöffnung wie bei den I-Lauten gestellt und die Lippen gerundet werden. Beim Einüben der Vorderzungenvokale /œ øː/ werden der vordere Zungenrücken halbhoch gehoben, der Kiefer wie bei den E-Lauten geöffnet und die Lippen deutlich gerundet. Es muss darauf hingewiesen werden, dass bei der Artikulation /œ/ die Kieferöffnung kleiner und die Lippenrundung stärker als bei /œ/ ist (vgl. Hirschfeld et al. 2007, 68/74). Um den Lernenden die phonetischen Unterschiede zwischen den E-Lauten bewusst zu machen, müssen die E-Laute durch Minimalpaare untereinander kontrastiert und von den I-Lauten differenziert werden. Auf diese Weise können auch die O- und U-Laute differenziert werden (vgl. Salman 1984, 141; Kuttiyanal 1989, 149).

Vokalquantität

Die kurzen und ungespannten Vokale werden von irakischen Sprechern häufig etwas zu lang und zu gespannt gebildet, die langen und gespannten Vokale sind demgegenüber halblang, kurz und ungespannt. Daher ist zu empfehlen, dass die Merkmale lang und kurz in Einheit mit gespannt und ungespannt differenziert werden (vgl. Hirschfeld/Seddiki 2003, 10/12).

B. Konsonanten

Stimmbeteiligung (fortis/stimmlos – lenis/stimmhaft)

Die Merkmale fortis vs. lenis werden nicht konsequent genug unterschieden. Die Lenis-Explosive werden generell stimmhaft realisiert (vgl. Kap. 4.1.2). Deshalb muss die Fähigkeit der irakischen Lernenden trainiert werden, die Merkmale (fortis/stimmlos – lenis/stimmhaft) zu differenzieren. Dies erfolgt durch ein Minimalpaar, in dem sich zwei Wörter nur in einem Konsonanten unterscheiden, wodurch sie verschiedene Bedeutungen erhalten (vgl. Hirschfeld et al. 2007, 102/107; Salman 1984, 142).

Ang-Laut

Der Ang-Laut [ŋ] wird meist im Auslaut entweder als [ŋg] oder [ŋk] realisiert (vgl. 6.4.1.2). Um dieses Problem zu überwinden, ist zu empfehlen, die Artikulationsweise des Lautes [ŋ] zu beschreiben und mit den Lauten [nk] und [ng] zu kontrastieren. Es ist auch wichtig, auf die Bedeutung der Wörter hinzuweisen.

Auslautverhärtung

Die Regeln der Auslautverhärtung werden von arabischen Deutschlernenden oft nicht berücksichtigt. Die Plosive /b p d t g k/ werden am Silben- und Wortende stimmhaft gesprochen und oft auch nicht genug aspiriert. /p t k/ werden am Auslaut als [b d g] realisiert (vgl. Kap. 6.3.1.3.3). Die Auslautverhärtungsregeln sollten arabischen Studierenden durch Übungseinheiten bewusst gemacht und eingeübt werden, indem man die Silbenstruktur einer Wortform durch den positionsbedingten Wechsel, z.B. Plural/Singular ändert (vgl. Salman 1984, 144) z. B. *Tag – Tage, Kind – Kinder, Verb – Verben.*

Konsonantenverbindungen

Den Deutsch lernenden Irakern bereiten die Konsonantenverbindungen häufig Schwierigkeiten. Dabei wird meist unbewusst ein Sprossvokal eingeschoben oder ein Konsonant nicht gesprochen (vgl. 6.3.1.3.1). Daher ist zu empfehlen, das Prinzip vom Einfachen zum Schwierigen zu berücksichtigen. Die Progression der Einübung für Konsonantenverbindungen sollte erst mit zwei Segmenten innerhalb einer Silbe anfangen und dann weiter gesteigert werden (vgl. Lerchner 1971, 171; Salman 1984, 146 f.; Hirschfeld/Seddiki 2003, 13).

Ich-Laut

Der Ich-Laut [ç] wird häufig durch [ɕ] oder [ʃ] ersetzt (vgl. Kap. 6.4.1.2). Um den Lernenden den Unterschied zwischen [ɕ] oder [ʃ] bewusst zu machen, muss die Artikulationsweise des Lautes [ç] erklärt und mit der des Konsonanten [ʃ] kontrastiert werden. Es ist wichtig zu betonen, dass es semantische Probleme gibt, wenn das [ʃ] anstatt des [ç] in einem Wort verwendet wird, z. B. *Kirche* vs. *Kirsche*, *Männchen* vs. *Menschen*, *selig* vs. *seelisch.*

9 Zusammenfassende Schlussfolgerungen und Ausblick

Ziel der Arbeit war es, die Ursachen interferenzbedingter Ausspracheabweichungen zu untersuchen und Didaktisierungsvorschläge für die Aussprachevermittlung in Deutsch als Fremdsprache mit arabischen Deutschstudierenden aus dem Irak zu unterbreiten. Die vorliegende Arbeit ist in theoretische, empirische und didaktische Untersuchungen unterteilt, womit eine theoretische, empirische und methodische Grundlage für den Ausspracheunterricht Deutsch an der Universität Bagdad gelegt werden sollte. Mit Hilfe der kontrastiven Analyse der phonologischen und phonetischen Merkmale des Arabischen und des Deutschen wurden potenzielle Interferenzfehler prognostiziert, die als theoretische Grundlage zur Entwicklung der aufgestellten Hypothesen für die empirische Fehleranalyse dienten. Der theoretischen Untersuchung wurden vier Abschnitte, nämlich Kapitel zwei bis fünf gewidmet. In der empirischen Untersuchung wurde versucht festzustellen, ob die durch die kontrastive Analyse vorhergesagten sprachsystematisch bedingten Ausspracheschwierigkeiten bei arabischen Deutschlernenden in Erscheinung treten und welche Abweichungen sich darüber hinaus zeigen. Die erforderlichen empirischen Daten wurden mit Hilfe einer auditiven Fehleranalyse und Fragebögen gesammelt und in Kapitel sechs präsentiert. Der didaktischen Untersuchung wurden das siebte und achte Kapitel gewidmet, in denen eine gezielte Auswahl von Studien zum Ausspracheerwerb diskutiert und verschiedene Einflussfaktoren für das Lehren und Lernen von Aussprache untersucht und beschrieben wurden. Des Weiteren wurden Didaktisierungsvorschläge für die Unterrichtspraxis mit irakischen Deutschlernenden unterbreitet. In allen Kapiteln der vorliegenden Arbeit wurden verschiedene interdisziplinäre Untersuchungen unter anderem zur Psycholinguistik, Soziolinguistik und Philologie parallel zu phonologischen und phonetischen berücksichtigt. Ihre wissenschaftlichen Theorien und Methoden spielten bei der Darstellung der theoretischen, empirischen und didaktischen Ausführungen und deren Ergebnissen eine wesentliche Rolle.

In Kapitel zwei wurde die aktuelle Situation des Fremdsprachenunterrichts Deutsch im Irak beschrieben. Zunächst wurde eine Vielzahl von Ursachen und Defiziten erwähnt, die für die Misserfolge des Ausspracheunterrichts Deutsch an der Universität Bagdad verantwortlich sein können. Dabei wurden unter anderem die im Ausspracheunterricht verwendeten Methoden und die Integration der Phonetik im DaF-Lehrwerk Delfin aufgezeigt und kommentiert.

Kapitel drei setzte sich damit auseinander, die Aussprachevarietäten im Arabischen und Deutschen zu beschreiben und die bisherigen Ausspracheregelungen in beiden Sprachen zu erörtern. Zu Beginn des Kapitels wurden die Termini Dialekt, Diglossie, Umgangssprache, Standardaussprache und Plurizentrizität eingeführt sowie ihre Funktionen und Merkmale dargestellt. In Bezug auf das Ziel der vorliegenden Arbeit ist der Begriff Standardaussprache ein entscheidender Terminus, der als eine mündliche Form der Standardsprache definiert wurde, die für die betreffende Sprache als Aussprachestandard festgelegt ist. Die Literaturrecherche zur Standardaussprache des Arabischen ergab, dass es keine Definition der Standardaussprache des Arabischen gibt, sondern nur Darstellungen über drei Existenzformen des Arabischen. Diese Existenzformen sind das klassische Arabisch, das moderne Hocharabisch und die Dialekte. Die erste und zweite Existenzform gelten als Standardaussprache des Arabischen. Das klassische Arabisch ist die älteste Sprachform des Arabischen und ist bis heute in seiner äußeren Form nahezu unverändert geblieben. Das moderne Hocharabisch ist die Fortsetzung und letzte Ausprägung dieses klassischen Arabisch. Die Aussprache des modernen Hocharabisch wurde in der vorliegenden Arbeit als Standardaussprache angesetzt. Die arabischen Dialekte fungieren als Umgangssprachen und unterscheiden sich phonologisch, morphologisch und syntaktisch voneinander und weichen mehr oder minder stark vom modernen Hocharabischen ab. In diesem Kapitel wurde ein kurzer soziolinguistischer Überblick über die Sprachsituation in den arabischen Ländern gegeben. Dabei war es notwendig, auf die Sprechstile und Diglossie im Arabischen aufgrund der soziolinguistischen Situation in der arabischen Welt und der zahlreichen und unterschiedlichen Phasen in der arabischen Sprachentwicklung einzugehen. Die Sprachsituation im arabischen Raum ist wegen der Diglossie schwer zu beschreiben. Außerdem wurden die arabischen Dialekte im Irak näher untersucht und dargestellt. Im Deutschen wurde die Standardaussprache definiert sowie ihre Funktionen und Merkmale beschrieben. Des Weiteren wurde ein Überblick über die bisherigen Ausspracheklassifizierungen des Deutschen gegeben. Im Deutschen gibt es neben den verschiedenen regionalen Varietäten drei überregionale Standardvarietäten, die jeweils eigene Standardsprachen und damit die Standardaussprachen in Deutschland, Österreich und der Deutschschweiz herausgebildet haben. Als Aussprachestandard des Deutschen wurde in dieser Arbeit die Standardaussprache der Bundesrepublik Deutschland gewählt. Am Ende des Kapitels wurde erläutert, wie sich ein Aussprachewörterbuch von anderen Wörterbüchern unterscheidet und inwieweit es im Bereich Deutsch als Fremdsprache verwendet werden kann (vgl. Kap. 3.7).

In Kapitel vier wurden die Grundbegriffe Phonologie, Phonetik, Phonem, Laut, Allophon, Suprasegmentalia und Segmentalia dargestellt und diskutiert, bevor das Lautsystem des Arabischen, der Ausgangssprache der irakischen Lernenden, gegenüber dem Deutschen kontrastiv beschrieben wurde. Die Gemeinsamkeiten und Unterschiede zwischen den beiden Sprachen mit ihren distinktiven Merkmalen, ihren Phoneminventaren und Allophonen wurden dabei näher untersucht. Die wichtigsten distinktiven Merkmale der Vokalsysteme des Arabischen und des Deutschen wurden anhand folgender Kriterien verglichen: Grad der Zungenhebung, Lippentätigkeit, Qualität, Quantität und Richtung der Zungenhebung. Die Konsonantensysteme beider Sprachen wurden mit Hilfe folgender Merkmale beschrieben: Artikulationsstelle, Artikulationsart, Stimmbeteiligung, Pressartikulation und Gemination bzw. Quantität. Darüber hinaus wurden die Phonemverbindungen, die Phonem-Graphem-Beziehungen, der Begriff der Silbe, die Sonoritätshierarchie und die Silbenstruktur für das Arabische und das Deutsche erläutert. Im suprasegmentalen Bereich wurden die Gemeinsamkeiten und Unterschiede zwischen den beiden Sprachen hinsichtlich der Akzentuierung, Rhythmisierung und Melodisierung verglichen sowie deren Relevanz im Fremdsprachenlernprozess näher untersucht und dargelegt.

In Kapitel fünf wurden die Ausspracheabweichungen von arabischen Deutschlernenden aufgrund der kontrastiven Analyse im vorangehenden

Kapitel und früherer kontrastiver linguistischer Arbeiten theoretisch vorausgesagt und aufgezeigt. Es wurde festgestellt, dass die Aussprache der Vokale, die im Arabischen fehlenden Konsonantenphoneme und die komplizierten deutschen Konsonantenverbindungen den arabischen Deutschlernenden im segmentalen Bereich die größten Schwierigkeiten bereiten. Die Literaturrecherche zu den kontrastiven Arbeiten Arabisch-Deutsch ergab, dass die Regelung der Wortakzentuierung im Arabischen der des Deutschen ähnelt und die Satzakzentuierung in beiden Sprachen funktional und situationsbedingt ist. Darüber hinaus wurde festgestellt, dass sowohl im Arabischen als auch im Deutschen der Melodieverlauf in den fallenden, steigenden und schwebenden Äußerungen ähnlich ist.

In Kapitel sechs wurden die im Rahmen dieses Dissertationsvorhabens durchgeführten empirischen Untersuchungen erläutert: die auditive Analyse der Sprachaufnahmen und die schriftliche Erhebung. Die phonetische Fehleranalyse ergab folgende Problemschwerpunkte:

- Vokale: Vokalquantität und -qualität, E-Vokale, I-Vokale, gerundete Vorderzungen-vokale /yː ʏ øː œ/ und Murmelvokal /ə/,
- Konsonanten: Phoneme /p f v/, der velare Nasal /ŋ/, Ich-Laut, Stimmbeteiligung (stimmhaft und stimmlos), Distributionsprobleme /z/ – /s/, Assimilation, Konsonantenverbindungen und Sprossvokale,
- Einfluss des Englischen als erster Fremdsprache,
- Wortakzentuierung, Rhythmus und Melodieverlauf.

Die Fehleranalyse wurde anhand von zwei verschiedenen Analysetexten vorgenommen: einem Gedicht von Uwe Timm mit dem Titel „Erziehung“ und der Prosaerzählung „Die Söhne“. Der Lesetext „Die Söhne“ wurde so modifiziert, dass er alle Vokale, Konsonanten und auch die verschiedenen suprasegmentalen Erscheinungen sowie unterschiedliche melodische Erscheinungen (fallende, steigende und schwebende Endmelodie) enthielt. Für die schriftliche Erhebung stellten sich zwölf irakische Deutschlehrende von der germanistischen Abteilung der Universität Bagdad und neun deutsche Sprechwissenschaftsstudenten von der Martin-Luther-Universität Halle-Wittenberg zur Verfügung. Jeder Gruppe wurde ein spezifischer Fragebogen vorgelegt.

Die Ergebnisse der theoretischen Analyse wurden durch die empirische Arbeit weitgehend bestätigt, das heißt, dass der größte Teil der aufgetretenen Ausspracheabweichungen mit den vorausgesagten Interferenzen übereinstimmte.

In Kapitel sieben wurden verschiedene Einflussfaktoren auf das Lehren und Lernen von Aussprache dargestellt und diskutiert. Ihre Kenntnis trägt dazu bei, Ausspracheabweichungen beim Lernprozess zu erkennen und den Wert spezieller Lehrmethoden und die Notwendigkeit kleiner Lernfortschritte zu beurteilen. Es wurde erörtert, dass der Ausspracheerwerb beim Lernprozess einer Fremdsprache von einem komplizierten Zusammenwirken vieler verschiedener Faktoren abhängig ist und individuell sehr unterschiedlich verläuft. Die Ursachen der Ausspracheabweichungen können auf lernerinterne und -externe Einflussfaktoren zurückgeführt werden.

In Kapitel acht wurden methodische Überlegungen für ein Aussprachetraining vorgestellt, die auf den Ergebnissen der empirischen Untersuchung basieren. Zu Beginn des Kapitels wurde der Gemeinsame europäische Referenzrahmen für Sprachen (GeR) diskutiert. Im Laufe des Kapitels wurden didaktisch-methodische Kriterien für das Aussprachetraining durch verschiedene Formen von Aussprache- und Hörübungen verdeutlicht. Am Ende des Kapitels stehen inhaltliche Schwerpunkte und methodische Prinzipien des Ausspracheunterrichts für irakische Deutschlernende.

Aus den vorliegenden theoretischen und empirischen Untersuchungen und anderen Arbeiten (vgl. Kap. 6.5) ergeben sich weitergehende Fragestellungen, die in nachfolgenden Untersuchungsarbeiten theoretisch, empirisch und methodisch bearbeitet werden können. Der Sprachvergleich Arabisch-Deutsch bietet in Bezug auf die Phonologie und Phonetik noch ein weites Forschungsfeld, und die phonetische Fehleranalyse sollte in ein breit gefächertes Lehrmaterial für die Sprachpraxis münden. Eine Fragestellung wäre zu untersuchen, welcher Grad der Verständlichkeit bei deutschen Muttersprachlern durch Ausspracheabweichungen von arabischen Deutschstudierenden erreicht wird. Eine weitere Fragestellung wäre es, zu untersuchen, wie stark im Einzelnen der Einfluss des Englischen als erster Fremdsprache bei den arabischen Deutschlernenden ist. Mit der didaktischen Untersuchung der vorliegenden

Arbeit sollte ein Beitrag zur Entwicklung der Aussprache- und Hörforschung zur Verbesserung des Deutschunterrichts für arabische Muttersprachler geleistet werden. Viele Forschungsfragen, die im didaktischen Teil erläutert wurden, können als Impulse für weitere methodisch-didaktische Forschungen auf diesem Gebiet fungieren.

10 Literaturverzeichnis

Abercrombie, David (1967): Elements of General Phonetics. University Press Edinburgh.

Abu Hatab Khaled, Muhammad (1976): Zu einigen Schwierigkeiten für Araber beim Erlernen der deutschen Sprache. In: Zeitschrift Deutsch als Fremdsprache 13, 166–170.

Abu Hatab Khaled, Muhammad (2004): Deutsche Phonetik für Araber. Anglo-Egyptian Verlag Kairo.

Ahmad, Ferhan Shahab (1996): Kontrastive Linguistik Deutsch/Arabisch. Zur Relevanz der kontrastiven Untersuchungen für den Fremdsprachenunterricht. Julius Groos Verlag Heidelberg.

Al-Ani, Salman (1970): Arabic Phonology. Mouton Paris (= Janua Linguarum Series Practica, Bd. 61).

Albrecht, Irmtraud/Hirschfeld, Ursula/Kakinuma, Yoshitaka (2005): Deutsche Phonetik für japanische Studenten. Institut für Fremdsprachendidaktik an der Dokkyo Universität Japan.

Altmann, Hans/Ziegenhain, Ute (2010): Phonetik, Phonologie und Graphemik fürs Examen. Westdeutscher Verlag Göttingen.

Ammon, Ulrich (2004): Variantenwörterbuch des Deutschen: Die Standardsprache in Österreich, der Schweiz und Deutschland sowie in Liechtenstein, Luxemburg, Ostbelgien und Südtirol. de Gruyter Verlag Berlin ect.

Apeltauer, Ernst (1987): Gesteuerter Zweitspracherwerb: Voraussetzungen und Konsequenzen für den Unterricht. Max Hueber Verlag München.

Apeltauer, Ernst (1997): Grundlagen des Erst- und Fremdsprachenerwerbs. Eine Einführung. Fernstudieneinheit 15. Langenscheidt Verlag Berlin.

Asali van der Wal, Renata (2008): Phonetik für arabische Deutschlerner: Ein Beitrag zur Erarbeitung von Lehr- und Lernmitteln. Phil. Diss. Humboldt-Universität Berlin (unveröff. Mskr.).

Auer, Peter/Uhmann, Susanne (1988): Silben- und akzentzählende Sprachen. Literaturüberblick und Diskussion. In: Zeitschrift für Sprachwissenschaft 7, 214–259.

Aufderstraße, Hartmut/Müller, Jutta/Storz, Thomas (2003): Lehrwerk Delfin. Hueber Verlag Ismaning.

Behnstedt, Peter/Woidich, Manfred (2005): Arabische Dialektgeographie. Eine Einführung. Brill Verlag Leiden.

Bendixen, Bernd/Krüger, Kersten/Rothe, Horst (2006): Russisch aktuell. Die Phonetik. Ein Hand- und Übungsbuch zur russischen Phonetik kontrastiv zum Deutschen. Harrassowitz Verlag Wiesbaden.

Benkwitz, Annaliese (2004): Kontrastive phonetische Untersuchungen zum Rhythmus. Britisches Englisch als Ausgangssprache – Deutsch als Fremdsprache. Peter Lang Verlag Frankfurt a. M. (= Hallesche Schriften zur Sprechwissenschaft und Phonetik, Bd. 14).

Blanc, Haim (1960a): Communal dialects in Baghdad. Cambridge Mass.

Blanc, Haim (1960b): Stylistic variations in spoken Arabic. A sample of interdialectal educated conversation. In: Ferguson, Carles A. (Hg.): Contributions to Arabic Linguistics. Cambridge Mass.

Blohm, Dieter/El Dib, Nahed (2001): Kontrastive Analyse Deutsch – Arabisch. Eine Übersicht. In: Helbig, Gerhard/Götze, Lutz/Henrici, Gert/Krumm, Hans-Jürgen (Hg.): Deutsch als Fremdsprache. Ein internationales Handbuch. de Gruyter Verlag Berlin, 444–451.

Börner, Wolfgang (1995): Ausspracheübungen. In: Bausch, Karl-Richard/Christ, Herbert/Krumm, Hans-Jürgen (Hg.): Handbuch Fremdsprachenunterricht. A. Francke Verlag Tübingen/Basel, 226–228.

Bose, Ines/Gutenberg, Norbert (2009): Vermittlung mündlicher Kompetenz in der Lehrerbildung. In: Ulrich, Winfried (Hg.): Deutschunterricht in Theorie und Praxis DTP. Handbuch zur Didaktik der deutschen Sprache und Literatur Bd. 3. Schneider Verlag Hohengehren, 202–222.

Braun, Birgit/Doubek, Margit/Frater-Vogel, Andrea (2011): DaF kompakt A1 – B1. Deutsch als Fremdsprache für Erwachsene. Klett Ernst Verlag Stuttgart.

Brindöpke, Christel/Gibbon, Dafydd/Langer, Hagen/Pamel, Martina (1991): Prosodische Kohäsion. In: Rickheit, Gert. (Hg.): Kohärenzprozesse.

Modellierung von Sprachverarbeitung in Texten und Diskursen. Westdeutscher Verlag Opladen, 137–181. (Psycholinguistische Studien).

Bühler-Otten, Sabine (2003): Kodierung und kurze Informationen über die einzelnen Sprachen. In: Fürstenau, Sara/Gololin, Ingrid/Yagmur, Kutlay (Hg.): Mehrsprachigkeit in Hamburg. Ergebnisse einer Sprachenerhebung an den Grundschulen in Hamburg. Waxmann Verlag Münster, 173–221.

Busch, Albert/Stenschke, Oliver (2008): Germanistische Linguistik. Eine Einführung. Günter Narr Verlag Tübingen.

Bußmann, Hadumod (1990): Lexikon der Sprachwissenschaft. Alfred Kröner Verlag Stuttgart.

Bußmann, Hadumod (2008): Lexikon der Sprachwissenschaft. Alfred Kröner Verlag Stuttgart.

Cauneau, Ilse (1995): Hören-Brummen-Sprechen: Angewandte Phonetik im Unterricht Deutsch als Fremdsprache. Ernst Klett Verlag München.

Cohrs, Silke (2007): Wirkung und Akzeptanz prosodischer Interferenzen ungarischer Deutschlehrer auf deutsche Muttersprachler und ungarische Germanistikstudenten. In: Zeitschrift für Interkulturellen Fremdsprachenunterricht 21/2 (http://zif.spz.tu-darmstadt.de/jg-12–2/docs/cohrs.pdf [02.01.2013]).

Cohrs, Silke (2008): Wirkung und Akzeptanz prosodischer Interferenzen Fremdsprachen-lernender auf Muttersprachler – dargestellt am Beispiel ungarischer Deutschlehrer. Tectum Verlag Marburg.

Dallapiazza, Rosa-Maria (2005): Tangram aktuell 2. Lehrbuch für Deutsch als Fremdsprache A2. Max Hueber Verlag Ismaning.

De Cillia, Rudolf (2010): Plurizentrische Sprache. In: Barkowski, Hans/Krumm, Hans-Jürgen (Hg.): Fachlexikon Deutsch als Fremd- und Zweitsprache. A. Francke Verlag Tübingen, 253.

Demme, Silke (2010): Interferenz, Interferenzfehler. In: Barkowski, Hans/Krumm, Hans-Jürgen (Hg.): Fachlexikon Deutsch als Fremd- und Zweitsprache. A. Francke Verlag Tübingen, 136–137.

De Saussure, Ferdinand (2001): Grundfragen der allgemeinen Sprachwissenschaft. de Gruyter Verlag Berlin.

Decke-Cornill, Helene/Küster, Lutz (2010): Fremdsprachendidaktik. Eine Einführung. Narr Francke Attempto Verlag Tübingen.

Denz, Adolf (1982): Die Struktur des Klassischen Arabischen. In: Fischer, Wolfdietrich (Hg.): Grundriss der arabischen Philologie. Bd. 1: Sprachwissenschaft. Dr. Ludwig Reichert Verlag Wiesbaden, 58–81.

Denz, Adolf/Edzard, Dietz Otto (1966): Iraq-arabische Texte nach Tonaufnahmen aus Hilla, al-ʿAfač und al-Basra. In: Zeitschrift der Deutschen Morgenländischen Gesellschaft (ZDMG). Harrassowitz Verlag Wiesbaden (http://menadoc.bibliothek.unihalle.de/dmg 10.06. 2012).

Dieling, Helga (1992): Fremdsprachenunterricht in Theorie und Praxis. Langenscheidt Verlag Berlin etc.

Dieling, Helga (1994): Phonetik in Lehrwerken für Deutsch als Fremdsprache von 1980 bis 1992 – Eine Analyse. In: Breitung, Horst (Hg.): Phonetik – Intonation – Kommunikation. Goethe Institut München, 13–20.

Dieling, Helga/Hirschfeld, Ursula (1994): Spezielle Übungsmaterialien zur Phonetik. In: Breitung, Horst (Hg.): Phonetik – Intonation – Kommunikation. Goethe Institut München, 204–219.

Dieling, Helga/Hirschfeld, Ursula (2000): Phonetik lehren und lernen. Langenscheidt Verlag Berlin etc.

Dieling, Helga/Hirschfeld, Ursula/Schmidt, Lothar (1994): Analyse der Phonetik in Lehrwerken für Deutsch als Fremdsprache. In: Breitung, Horst (Hg.): Phonetik – Intonation – Kommunikation. Goethe Institut München, 186–203.

Diem, Wager (2006): Hochsprache und Dialekt im Arabischen. Untersuchungen zur heutigen arabischen Zweisprachigkeit. Harrassowitz Verlag Wiesbaden.

Dretzke, Burkhard (2009): Ausspracheschulung im Fremdsprachenunterricht. In: Jung, Udo (Hg.): Praktische Handreichung für Fremdsprachenlehrer. Peter Lang Verlag Frankfurt a. M., 132–140.

Dürscheid, Christa (2012): Einführung in die Schriftlinguistik. Vandenhoeck & Ruprecht Verlag Göttingen.

Edmondson, Willis/House, Juliane (2011): Einführung in die Sprachlehrforschung. A. Francke Verlag Tübingen etc.

Eisenberg, Peter (2009): Phonem und Graphem. In: Duden Bd.4: Die Grammatik. Dudenverlag Mannheim etc., 19–60.

Eisenberg, Peter (2011): Das Fremdwort im Deutschen. de Gruyter Verlag Berlin/New York.

El Nady, Maha (2006): Deutschunterricht in Ägypten: Grundlegung eines didaktischen Konzepts zur Entwicklung des Hörverstehens. Phil. Diss. Universität Kassel (unveröff. Mskr.).

Endt, Ernst/Hirschfeld, Ursula (Hg.) (1995): Die Rhythmuslokomotive. Ausspracheübungen für Kinder. Goethe Institut München.

Faistauer, Renate (2010): Sprachrezeption. In: Barkowski, Hans/Krumm, Hans-Jürgen (Hg.): Fachlexikon Deutsch als Fremd- und Zweitsprache. A. Francke Verlag Tübingen, 309.

Fathi, Mustapha (1991): Untersuchungen zur kontrastiven Phonetik und Phonologie des Arabischen und des Deutschen. Magisterarbeit Universität Osnabrück (unveröff. Mskr.).

Féry, Caroline (2004): Phonologie des Deutschen. Eine optimalitätstheoretische Einführung. Teil I. Universitätsverlag Potsdam.

Féry, Caroline (2009): Lautsysteme der Sprache: Phonologie. In: Müller, Horst (Hg.): Arbeitsbuch Linguistik. Eine Einführung in die Sprachwissenschaft. Ferdinand Schöningh Verlag Paderborn etc., 77–99.

Fiedler, Marit (2012): Modernhebräisch und Deutsch. Kontrastive Analyse der phonologischen Merkmale unter besonderer Berücksichtigung der Prosodie im Rahmen der interkulturellen Kommunikation. Phil. Diss. Martin-Luther-Universität Halle-Wittenberg (im Erscheinen).

Fischer, Wolfdietrich (1967): Silbenstruktur und Vokalismus im Arabischen. Zeitschrift der Deutschen Morgenländischen Gesellschaft ZDMG 117, 30–77.

Fischer, Wolfdietrich (1982a): Das Altarabische in islamischer Überlieferung: Das klassische Arabisch. In: Fischer, Wolfdietrich (Hg.): Grundriss der arabischen Philologie. Bd. 1: Sprachwissenschaft. Dr. Ludwig Reichert Verlag Wiesbaden, 37–48.

Fischer, Wolfdietrich (1982b): Das Neuarabische und seine Dialekte. In: Fischer, Wolfdietrich (Hg.): Grundriss der arabischen Philologie. Bd. 1: Sprachwissenschaft. Dr. Ludwig Reichert Verlag Wiesbaden, 83–108.

Fischer, Wolfdietrich (2006): Grammatik des Klassischen Arabisch. Harrassowitz Verlag Wiesbaden.

Fischer, Wolfdietrich/Jastrow, Otto (1980): Handbuch der arabischen Dialekte. Harrassowitz Verlag Wiesbaden (= Porta Linguarum Orientalium, Bd. 16).

Freudenstein, Reinhold (1995): Funktion von Unterrichtsmitteln und Medien. In: Bausch, Karl-Richard/Christ, Herbert/Krumm, Hans-Jürgen (Hg.): Handbuch Fremdsprachenunterricht. A. Francke Verlag Tübingen, 228–291.

Freudenstein, Reinhold (2007): Unterrichtsmittel und Medien: Überblick. In: Bausch, Karl-Richard/Christ, Herbert/Krumm, Hans-Jürgen (Hg.): Handbuch Fremdsprachenunterricht. A. Francke Verlag Tübingen, 395–399.

Gemeinsamer europäischer Referenzrahmen für Sprachen (2009): lernen, lehren, beurteilen. Langenscheidt Verlag Berlin ect.

Glaboniat, Manuela (2010): Plurizentrik. In: Barkowski, Hans/Krumm, Hans-Jürgen (Hg.): Fachlexikon Deutsch als Fremd- und Zweitsprache. A. Francke Verlag Tübingen, 253.

Glück, Helmut (2010): Metzler Lexikon Sprache. Metzler Verlag Stuttgart.

Grassegger, Hans (2010): Phonetik, Phonologie. Schulz-Kirchner Verlag Idstein.

Grotjahn, Rüdiger/Schlak, Torsten (2010): Lernalter. In: Hallet, Wolfgang/ Königs, Frank G. (Hg.): Handbuch Fremdsprachendidaktik. Kallmeyer Verlag Fulda, 253–257.

Grotzfeld, Heinz (1982): Neuarabische Dialekte als Sprache der Literatur. In: Fischer, Wolfdietrich (Hg.): Grundriss der arabischen Philologie. Bd. 1: Sprachwissenschaft. Dr. Ludwig Reichert Verlag Wiesbaden, 119–124.

Hakkarainen, Heikki J. (1995): Phonetik des Deutschen. Wilhelm Fink Verlag München.

Hall, T. Alan (2011): Phonologie. Eine Einführung. de Gruyter Verlag Berlin.

Harrer, Gudrun (1993): Zur Wiedergabe arabischer Wörter in den deutschsprachigen Medien: Problematik, Praxis und Lösungsvorschläge. Peter Lang Verlag Frankfurt a. M.

Häussermann, Ulrich/Piepho, Hans-Eberhard (1996): Aufgaben-Handbuch. Deutsch als Fremdsprache. Abriss einer Aufgaben- und Übungstypologie. Iudicium Verlag München.

Heinemann, Roland (2007): Die Aussprache (fremder Namen) im Hörfunk in den deutschsprachigen Ländern – eine kurze Übersicht. Zeitschrift für

Interkulturellen Fremdsprachenunterricht 12/1 (http://zif.spz.tu-darmstadt.de/jg-12–2/docs/Heinemann.pdf [02.01.2013]).

Heinemann, Roland/Sieber, Wolfgang (2003): Sprechen und Verstehen von Fremdwörtern in Radio- und Fernsehprogrammen. Zum Methodischen Ansatz der Aussprachedatenbank der ARD. In: Anders, Lutz Christian/Hirschfeld, Ursula (Hg.): Sprechsprachliche Kommunikation. Probleme, Konflikte, Störungen. Peter Lang Verlag Frankfurt a. M., 153–161. (=Hallesche Schriften zur Sprechwissenschaft und Phonetik, Bd. 12).

Helfrich, Hede (1985): Satzmelodie und Sprachwahrnehmung. Psycholinguistische Untersuchungen zur Grundfrequenz. Grundlagen der Kommunikation. de Gruyter Verlag Berlin.

Heller, Klaus (1980): Zum Graphembegriff. In: Nerius, Dieter/Scharnhorst, Jürgen (Hg.): Theoretische Probleme der deutschen Orthographie. Akademie-Verlag Berlin, 74–108.

Hirschfeld, Ursula (1981): Konfrontative phonologisch-phonetische Untersuchungen Spanisch-Deutsch als Grundlage für die Intensivierung der Entwicklung der Ausspracheferiigkeiten bei der Aneignung des Deutschen durch Spanischsprechende in der Anfangsetappe. Phil. Diss. Univ. Halle.

Hirschfeld, Ursula (1992): Wer nicht hören will. Phonetik und verstehendes Hören. In: Krumm, Hans-Jürgen/Neuner, Gerhard/Piepho, Hans-Eberhard (Hg.): Zeitschrift für die Praxis des Deutschunterrichts 7, 17–21 (http://www.uni-kassel.de/fb2/daf/docs /Artikel hoeren.pdf [20. 03. 2012]).

Hirschfeld, Ursula (1994): Phonetik in Deutsch als Fremdsprache. In: Breitung, Horst (Hg.): Phonetik – Intonation – Kommunikation. Goethe Institut München, 21–28.

Hirschfeld, Ursula (1995): Kleines phonetisches Wörterbuch. In: Fremdsprache Deutsch 1/12, 56–57.

Hirschfeld, Ursula (1996a): Standardaussprache – Ziel des Unterrichts Deutsch als Fremdsprache? In: Krech, Eva-Maria/Stock, Eberhard (Hg.): Beiträge zur deutschen Standardaussprache. Werner Dausien Verlag Hanau/Halle, 186–191 (= Hallesche Schriften zur Sprechwissenschaft und Phonetik, Bd. 1).

Hirschfeld, Ursula (1996b): Ausspracheстандард und Deutsch als Fremdsprache. In: Lemke, Siegrun/Thiel, Susanne (Hg.): Sprechen – Reden – Mitteilen:

Prozesse allgemeiner und spezifischer Sprechkultur. Ernst Reinhardt Verlag München, 225–231 (= Sprache und Sprechen, Bd. 32).
Hirschfeld, Ursula (1997): Ausspracheübungen im Fortgeschrittenenunterricht Deutsch als Fremdsprache. In: Burger, Günter (Hg.): Fortgeschrittener Fremdsprachenunterricht an Volkshochschulen. Deutsches Institut für Erwachsenenbildung, Bonn, 25–37 (http://www.die-bonn.de/esprid/dokumente/doc-1997/burger97_01.pdf [10. 03 2012]).
Hirschfeld, Ursula (2001): Vermittlung der Phonetik. In: Helbig, Gerhard/Götze, Lutz/Henrici, Gert/Krumm, Hans-Jürgen (Hg.): Deutsch als Fremdsprache: Ein internationales Handbuch. de Gruyter Verlag Berlin etc., 872–879.
Hirschfeld, Ursula (2003): Phonetik und Phonologie in Deutsch als Fremdsprache. In: Altmayer, Claus/Forster, Roland (Hg.): Deutsch als Fremdsprache: Wissenschaftsanspruch – Teilbereiche – Bezugsdisziplinen. Peter Lang Verlag Frankfurt a.M., 189–224.
Hirschfeld, Ursula (2007): Ausspracheübungen. In: Bausch, Karl-Richard/ Christ Herbert/Krumm, Hans-Jürgen (Hg.): Handbuch Fremdsprachenunterricht. A. Francke Verlag Tübingen, 277–280.
Hirschfeld, Ursula (2009): Aussprachetraining in Deutsch als 2. Fremdsprache (nach Englisch). In: Barkowski, Hans/Demmig, Silvia/Funk, Herrmann/ Würz, Ulrike (Hg.): Deutsch bewegt. Entwicklungen in der Auslandsgermanistik und Deutsch als Fremd- und Zweitsprache. Dokumentation der Plenarvorträge der XIV. Internationalen Tagung der Deutschlehrerinnen und Deutschlehrer IDT Jena-Weimar, 1–10.
Hirschfeld, Ursula (2010a): Akzent, Artikulation, Intonation, Pausierung, Melodie, Phonetik, Phonologie, Standardaussprache, Satzakzent. In: Barkowski, Hans/Krumm, Hans-Jürgen (Hg.): Fachlexikon Deutsch als Fremd- und Zweitsprache. A. Francke Verlag Tübingen, 6, 14, 110, 145, 208, 242, 248 f., 277 f., 318.
Hirschfeld, Ursula (2010b): Phonetik und Phonologie. In: Krumm, Hans-Jürgen/Fandrych, Christian/Hufeisen, Britta/Riemer, Claudia (Hg.): Deutsch als Fremd- und Zweitsprache. Ein internationales Handbuch. 1. Halbband. de Gruyter Verlag Berlin, 189–198.

Hirschfeld, Ursula (2011): Phonetik im Kontext mündlicher Fertigkeiten. In: Zeitschrift für Sprachunterricht und Sprachenlernen 2, 10–17.

Hirschfeld, Ursula/Kelz, Heinrich P. (2003): Didaktische Empfehlungen für die Arbeit an der Aussprache im Unterricht Deutsch als Fremdsprache. In: Hirschfeld, Ursula/Kelz, Heinrich P./Müller, Ursula (Hg.): Phonetik International. Von Afrikaans bis Zulu. Kontrastive Studien für Deutsch als Fremdsprache, 1–12 (www.phonetik-international.de [08. 01. 2013]).

Hirschfeld, Ursula/Neuber, Baldur (2010): Prosodie im Fremdsprachenunterricht Deutsch – ein Überblick über Terminologie, Merkmale und Funktionen. In: Deutsch als Fremdsprache. Zeitschrift zur Theorie und Praxis des Deutschunterrichts für Ausländer, 10–17.

Hirschfeld, Ursula/Neuber, Baldur (2012): Forschung und Optimierung der Callcenter-kommunikation. Frank & Timme Verlag Berlin.

Hirschfeld, Ursula/Reinke, Kerstin/Stock, Eberhard (2007): Phonothek intensiv. Langenscheidt Verlag Berlin etc.

Hirschfeld, Ursula/Seddiki, Aoussine (2003): Phonetik international: Arabisch. In: Hirschfeld, Ursula/Kelz, Heinrich P./Müller, Ursula (Hg.): Phonetik International. Von Afrikaans bis Zulu. Kontrastive Studien für Deutsch als Fremdsprache, 1–14. (www.phonetik-international.de [10. 03. 2012]).

Hirschfeld, Ursula/Stock, Eberhard (2007): Ausspracheworterbuch und DaF- Unterricht. In: Zeitschrift für Interkulturellen Fremdsprachenunterricht,12/2 (http://zif.spz.tudarmstadt.de/jg-12–2/docs/Hirschfeld_Stock.pdf [02.01.2013]).

Hirschfeld, Ursula/Stock, Eberhard (2011): Aussprache. In: Pabst-Weinschenk, Marita (Hg.): Grundlagen der Sprechwissenschaft und Sprecherziehung. Ernst Reinhardt Verlag München, 31–47.

Höhle, Mandy (2010): Standardsprache. In: Barkowski, Hans/Krumm, Hans-Jürgen (Hg.): Fachlexikon Deutsch als Fremd- und Zweitsprache. A. Francke Verlag Tübingen, 318–319.

Hollmach, Uwe (2007): Untersuchungen zur Kodifizierung der Standardaussprache in Deutschland. Peter Lang Verlag Frankfurt a. M. ect. (= Hallesche Schriften zur Sprech-wissenschaft und Phonetik, Bd. 21).

Hufeisen, Britta (1992): Englisch als erste und Deutsch als zweite Fremdsprache. Empirische Untersuchung zur fremdsprachlichen Interaktion. Peter Lang Verlag Frankfurt a. M. ect.

Hunold, Cordula (2007): Eintauchen wie ein Delfin? Oder lieber in kleinen Schritten ins Meer der deutschen Sprache? Oder gar neue Dimensionen bei der Aussprache erreichen? Zur Phonetik in ausgewählten Lehrwerken für Deutsch als Fremdsprache. In: Zeitschrift für Interkulturellen Fremdsprachenunterricht (http://zif.spz.tu-darmstadt.de/jg-12–2/docs/Hunold _Rezension.pdf [23.03.2012]).

Jakobson, Roman/Halle, Morris (1960): Grundlagen der Sprache. Schriften zur Phonetik, Sprachwissenschaft und Kommunikationsforschung 1. Akademie-Verlag Berlin.

Jastrow, Otto (1978): Die mesopotamisch-arabischen qəltu-Dialekte. Bd. I: Phonologie und Morphologie. Harrassowitz Verlag Wiesbaden.

Jastrow, Otto (1991): Zur Entwicklung des Wortakzents im Arabischen. In: Ternes, Elmar/Wodarz, Hans Walter (Hg.): Theoretische und praktische Phonetik. Baske Verlag Hamburg (= Forum phoneticum Bd. 47).

Jastrow, Otto (2008): Das Spannungsfeld von Hochsprache und Dialekt im arabischen Raum. In: Munske, Horst Haider (Hg.): Sterben die Dialekte aus? Vorträge am Interdisziplinären Zentrum für Dialektforschung an der Friedrich-Alexander-Universität Erlangen-Nürnberg, 22.10.-10.12.2007 (http://www.opus.ub.uni-langen.de/opus/volltexte/2008/953/pdf/IZD_JastrowHochsprache_und_Dialekte_im_arab._Raum.pdf [20.05.2013])

Kaltenbach, Erika (1994): Der deutsche Wortakzent im Zweitspracherwerb: Zur Rolle von Ausgangssprache, Zielsprache und Markiertheit. In: Linguistische Berichte 150, 91–117.

Kirchner, Katharina (2004): Motivation beim Fremdsprachenerwerb. Eine qualitative Pilotstudie zur Motivation schwedischer Deutschlerner. In: Zeitschrift für Interkulturellen Fremdsprachenunterricht (http://zif.spz.tu-darmstadt.de/jg-09–2/beitrag/Kirchner2.htm (01.05. 2013).

Kaser, Karl (2011): Balkan und Naher Osten. Einführung in eine gemeinsame Geschichte. Böhlau Verlag Wien ect.

Kästner, Hartmut (1981): Phonetik und Phonologie des modernen Hocharabisch. VEB Verlag Leipzig.

Kessel, Katja/Reimann, Sandra (2012): Basiswissen Deutsche Gegenwartssprache. A. Francke Verlag Tübingen.

Kienast, Burkhart (2001): Historische Semitische Sprachwissenschaft. Harrassowitz Verlag Wiesbaden.

Kohler, Klaus (1995): Einführung in die Phonetik des Deutschen. Erich Schmidt Verlag Berlin.

Königs, Frank G. (2010): Lernpsychologische und psycholinguistische Grundlagen des Fremdsprachenlernens. In: Hallet, Wolfgang/ Königs, Frank G. (Hg.): Handbuch Fremdsprachendidaktik. Kallmeyer Verlag Fulda, 326–330.

Krech, Eva-Maria (1996): Die hallesche Forschung zur deutschen Standardaussprache. In: Krech, Eva-Maria/Stock, Eberhard (Hg.): Beiträge zur deutschen Standardaussprache. Werner Dausien Verlag Hanau/Halle, 27–41 (= Hallesche Schriften zur Sprechwissenschaft und Phonetik, Bd. 1).

Krech, Eva-Maria (1997): Probleme der Erforschung und Kodifizierung des Ausspracheѕtandards aufgezeigt am Beispiel von Deutschland und Österreich. In: Krech, Eva-Maria (Hg.): Sprechen als soziales Handeln. Werner Dausien Verlag Hanau/Halle, 118–142 (= Hallesche Schriften zur Sprechwissenschaft und Phonetik, Bd. 2).

Krech, Eva-Maria/Kurka, Eduard/Stelzig, Helmut/Stock, Eberhard/ Stötzer, Ursula/Teske, Rudi (1982): Großes Wörterbuch der deutschen Aussprache (GWdA). VEB Verlag Leipzig.

Krech, Eva-Maria/Stock, Eberhard/Hirschfeld, Ursula/Anders, Lutz Christian (2009): Deutsches Aussprachewörterbuch. de Gruyter Verlag Berlin/New York.

Krahl, Günther/Reuschel, Wolfgang/Schulz, Eckehard (1995): Lehrbuch des modernen Arabisch. Langenscheidt Verlag Leipzig etc.

Kuttiyanal, Philip Augstine (1989): Konfrontative phonetisch-phonologische Analyse des Malayalam und des Deutschen zur Begründung von Ausspracheschwierigkeiten der Malayalam-Sprecher (unveröff. Mskr.).

Langenscheidt Collins (2008): Großwörterbuch Englisch-Deutsch & Deutsch-Englisch. Langenscheidt Verlag Berlin etc.

Langenscheidt Handwörterbuch (2010): Wörterbuch Englisch-Deutsch & Deutsch-Englisch. Langenscheidt Verlag Berlin etc.

Leupold, Eynar (2002): Französisch unterrichten: Grundlagen – Methoden – Anregungen. Kallmeyer Verlag Hannover.

Leupold, Eynar (2007): Französischunterricht planen, durchführen, beurteilen. Kallmeyer Verlag Hannover.

Lerchner, Gotthard (1971): Zum Aufbau eines Phonetikunterrichts des Deutschen für irakische Studierende auf der Grundlage einer kontrastiven Phonemanalyse von irakischem Arabisch und Deutsch. In: Deutsch als Fremdsprache 3, 161–171.

Levin, Aryen (1998): Arabic linguistic thought and dialectology. Adaemon Verlag Jerusalem.

Lewandowski, Theodor (1994): Linguistisches Wörterbuch Bd. 1 & 2. Quelle & Meyer Verlag Heidelberg.

Lex, Beate (2010): Affrikata, Allophon, suprasegmentale Merkmale. In: Barkowski, Hans/Krumm, Hans-Jürgen (Hg.): Fachlexikon Deutsch als Fremd- und Zweitsprache. A. Francke Verlag Tübingen, 3, 7, 327.

Mahmood, Salam Omar (2011): Ausspracheschwierigkeiten arabischer Deutschlernender und methodische Überlegungen zum Ausspracheunterricht. In: Sprechen 52, 23–27.

Mainka, Michal (2002): E-Learning im Deutschunterricht: Beispiel Telelernen Grundlagen und Anwendung. Phil. Diss. Ludwig-Maximilians-Universität München.

Mangold, Max (2005): DUDEN – Aussprachewörterbuch. Wörterbuch der deutschen Standardaussprache. Mannheim etc.

Martinkėnas, Algimantas (2009): Die Rolle der Ausspracheschulung bei der Ausbildung der künftigen Fremdsprachenlehrer aus soziokultureller Sicht. In: mdmokslo darbai Pedagogika 96, 36–42 (http://www.biblioteka.vpu.lt/pedagogika/PDF [07.01. 2013]).

Marx, Nicole (2005): Hörverstehensleistungen im Deutschen als Tertiärsprache. Zum Nutzen eines Sensibilisierungsunterrichts in „DaFnE“. Bd. 2. Schneider Verlag Erlangen.

Mayr, Erich (1985): Spracherwerb und Fehleranalyse. Theorie und Empirie am Beispiel des Französischen. Peter Lang Verlag Bern.

Meinhold, Gottfried/Stock, Eberhard (1980): Phonologie der deutschen Gegenwartssprache. VEB Verlag Leipzig.

Meinschaefer, Judith (2003): Sonorität: Sprachstruktur und Sprachverstehen. In: Eisenberg, Peter/Ramers, Karl Heinz/Vater, Heinz (Hg.): Silbenphonologie des Deutschen. Gunter Narr Verlag Tübingen.

Michel, Andreas (2011): Einführung in die italienische Sprachwissenschaft. de Gruyter Verlag Berlin/New York (= Romanistische Arbeitshefte, Bd. 55).

Naji, Fawzy (2007): Einführung in die arabische Sprache und Kultur. Arabisches Institut Braunschweig (AIB). Demand Verlag Nordstedt.

Nebert, Augustin Ulrich (2010): Vergleich von Stimmlagenhistogrammen Deutsch – Russisch. In: Hirschfeld, Ursula/Stock, Eberhard (Hg.): Sprechwissenschaftlich-phonetische Untersuchungen zur interkulturellen Kommunikation Russisch – Deutsch. Peter Lang Verlag Frankfurt a. M., 251–266 (= Hallesche Schriften zur Sprechwissenschaft und Phonetik, Bd. 33).

Neuber, Baldur (2002): Prosodische Formen in Funktion. Leistungen der Suprasegmentalia für das Verstehen, Behalten und die Bedeutungs(re)konstruktion. Peter Lang Verlag Frankfurt a. M. (= Hallesche Schriften zur Sprechwissenschaft und Phonetik, Bd. 7).

Neuner, Gerhard (1995): Lehrwerke In: Bausch, Karl-Richard/Christ, Herbert/Krumm, Hans-Jürgen (Hg.): Handbuch Fremdsprachenunterricht. A. Francke Verlag Tübingen, 292–295.

Nickel, Gerhard (1985): Einführung in die Linguistik: Entwicklung, Probleme, Methoden. Grundlagen der Anglistik und Amerikanistik 10. Erich Schmidt Verlag Berlin.

Niehoff-Panagiotidis, Johannes (1994): Koine und Diglossie. Harrassowitz Verlag Wiesbaden.

Nossok, Swetlana (2009): Kontrastive phonologische und phonetische Analyse Weißrussisch – Deutsch und Analyse interferenzbedingter Ausspracheabweichungen. Peter Lang Verlag Frankfurt a. M. (= Hallesche Schriften zur Sprechwissenschaft und Phonetik, Bd. 29).

Palva, Heikki (2009): From qəltu to gələt: Diachronic Notes on Linguistic Adaptation in Muslim Baghdad. In: Al-Wer, Enam/de Jong, Rudolf (Hg.): Arabic dialectology. Brill Verlag Leiden ect., 17–40.

Panušová, Marta (2007): Phonetik in DaF-Lehrwerken. In: Zeitschrift für Interkulturellen Fremdsprachenunterricht (http://zif.spz.tu-darmstadt.de/jg-12/docs/Panusova.pdf [03. 01.2013]).

Pétursson, Magnús/Neppert, Joachim M. H. (2002): Elementarbuch der Phonetik. Helmut Buske Verlag Hamburg.

Pompino-Marschall, Bernd (2003): Einführung in die Phonetik. de Gruyter Verlag Berlin.

Portmann, Paul (1993): Rezeptive und produktive Fertigkeiten. In: Haensch, Günther/Krollmann, Friedrich (Hg.): Lebende Sprachen. Zeitschrift für fremde Sprachen in Wissenschaft und Praxis. Langenscheidt Verlag Berlin, 62, 96–99.

Primus, Beatrice (2010): Strukturelle Grundlagen des deutschen Schriftsystems. In: Bredel, Ursula/Müller, Astrid/Hinney, Gabriele (Hg.): Schriftsystem und Schrifterwerb: Linguistisch – didaktisch – empirisch. de Gruyter Verlag Tübingen, 9–45 (= Germanistische Linguistik, Bd. 289).

Quetz, Jürgen (2010): Gemeinsamer europäischer Referenzrahmen für Sprachen. In: Barkowski, Hans/Krumm, Hans-Jürgen (Hg.): Fachlexikon Deutsch als Fremd- und Zweitsprache. A. Francke Verlag Tübingen, 101.

Radtke, Angela (2004): Phonetik in Lehrwerken für Deutsch als Fremdsprache (1993–2003). Diplomarbeit Universität Halle-Wittenberg (unveröff. Mskr.).

Ramadan, Hassan (1992): Deutsch als Fremdsprache in Ägypten. Begründung eines fachsprachlichen Curriculums Deutsch als Fremdsprache an der Al-Azhar Universität Kairo. Julius Groos Verlag Heidelberg.

Ramers, Karl-Heinz/Vater, Heinz (1995): Einführung in die Phonologie. Gabel Verlag Hürth-Efferen (= Kölner linguistische Arbeiten – Germanistik, Bd. 16).

Redecker, Beate (2010): Diphthong. In: Barkowski, Hans/Krumm, Hans-Jürgen (Hg.): Fachlexikon Deutsch als Fremd- und Zweitsprache. A. Francke Verlag Tübingen, 57.

Reinke, Kerstin (2008): Zur Wirkung phonetischer Mittel in sachlich intendierter Sprechweise bei Deutsch sprechenden Russen. Peter Lang Verlag Frankfurt a. M. (= Hallesche Schriften zur Sprechwissenschaft und Phonetik, Bd. 26).

Reinke, Kerstin (2010a): DaF-Phonetik online – Möglichkeiten und Grenzen. DGSS-Jahrestagung „Interpersonelle Kommunikation: Analyse und

Optimierung“ (http://www.reinke-eb.de/kerstin/vortraege/medien/Praesentation DGSS.pdf [02. 01. 2013]).

Reinke, Kerstin (2010b): Rhythmus. In: Barkowski, Hans/Krumm, Hans-Jürgen (Hg.): Fachlexikon Deutsch als Fremd- und Zweitsprache. A. Francke Verlag Tübingen, 275.

Reinke, Kerstin (2011): Fremder Akzent – von der auditiven Wahrnehmung zur Deutung der Persönlichkeit. In: Zeitschrift für Sprachunterricht und Sprachenlernen 2, 73–79.

Riemer, Claudia (2010a): Motivation. In: Hallet, Wolfgang/G. Königs, Frank (Hg.): Handbuch Fremdsprachendidaktik. Kallmeyer Verlag Fulda, 168–172.

Riemer, Claudia (2010b): Motivation. In: Barkowski, Hans/Krumm, Hans-Jürgen (Hg.): Fachlexikon Deutsch als Fremd- und Zweitsprache. A. Francke Verlag Tübingen, 219–220.

Ritter, Peter (2005): Phonetik und Phonologie: Die Lehre von den Lauten der Sprache. In: Volmert, Johannes (Hg.): Grundkurs Sprachwissenschaft. Einführung in die Lehramtstudiengänge. Wilhelm Fink Verlag München, 55–87.

Roche, Jörg (2005): Fremdsprachenerwerb Fremdsprachendidaktik. A. Francke Verlag Tübingen/Basel.

Salman, Majid Salman (1984): Besondere phonetische Schwierigkeiten arabischer, insbesondere irakischer Studenten beim Erlernen der deutschen Sprache. Phil. Diss. Humboldt-Univ. Berlin.

Schatz, Heide (2006): Fertigkeit Sprechen. Fernstudienprojekt zur Fort- und Weiterbildung im Bereich Germanistik und Deutsch als Fremdsprache. Langenscheidt Verlag Berlin.

Schmidlin, Regula (2011): Die Vielfalt des Deutschen: Standard und Variation. Gebrauch, Einschätzung und Kodifizierung einer plurizentrischen Sprache. de Gruyter Verlag Berlin/Boston (= Studia linguistica Germanica, Bd. 106).

Schröder, Hartwig (2001): Didaktisches Wörterbuch: Wörterbuch der Fachbegriffe von „Abbilddidaktik“ bis „Zugferd-Effekt“. Oldenbourg München/Wien.

Schulz, Eckehard (2004): Modernes Hocharabisch Grammatik. Reichert Verlag Wiesbaden.

Seddiki, Aoussine (2009): Arabisch. In: Krech, Eva-Maria/Stock, Eberhard/ Hirschfeld, Ursula/Anders, Lutz Christian (Hg.): Deutsches Aussprachewörterbuch. de Gruyter Verlag Berlin/New York, 126–129.

Selting, Margret (1995): Prosodie im Gespräch. Aspekte einer interaktionalen Phonologie der Konversation. Niemeyer Verlag Tübingen.

Singer, Hans-Rudolf (1982): Der neuarabische Sprachraum. In: Fischer, Wolfdietrich (Hg.): Grundriss der arabischen Philologie. Bd. 1: Sprachwissenschaft. Dr. Ludwig Reichert Verlag Wiesbaden, 110–117.

Solmecke, Gert (1991): Hören und Lesen, nicht Hören oder Lesen, Plädoyer für die Förderung der rezeptiven Kompetenz im Fremdsprachenunterricht. Zeitschrift für Fremdsprachenforschung 2, 93–96.

Stahl, Thomas (2010): Hören und Hörstil. In: Barkowski, Hans/Krumm, Hans-Jürgen (Hg.): Fachlexikon Deutsch als Fremd- und Zweitsprache. A. Francke Verlag Tübingen, 118–119.

Sarter, Heidemarie (2006): Einführung in die Fremdsprachendidaktik. Wissenschaftliche Buchgesellschaft Darmstadt.

Stock, Eberhard (1996): Deutsche Intonation. Langenscheidt Verlag Leipzig etc.

Stock, Eberhard (2001): Die Standardaussprache des Deutschen. In: Helbig, Gerhard/Götze, Lutz/Henrici, Gert/Krumm, Hans-Jürgen (Hg.): Deutsch als Fremdsprache: Ein internationales Handbuch. de Gruyter Verlag Berlin/ New York, 162–174.

Stock, Eberhard/Hirschfeld, Ursula (2007): Phonothek. Deutsch als Fremdsprache. Langenscheidt Verlag Leipzig.

Stock, Eberhard/Veličkova, Ludmila (2002): Sprechrhythmus im Russischen und Deutschen. Peter Lang Verlag Frankfurt a. M. (= Hallesche Schriften zur Sprechwissenschaft und Phonetik, Bd. 8).

Storch, Günther (1999): Eine Didaktik: Theoretische Grundlagen und praktische Unterrichtsgestaltung. Wilhelm Fink Verlag München.

Storch, Günther (2009): Deutsch als Fremdsprache – Eine Didaktik. Wilhelm Fink Verlag Paderborn.

Surkamp, Carola (2010): Metzler Lexikon Fremdsprachendidaktik. Metzler Verlag Stuttgart.

Szczepaniak, Renata (2007): Der phonologisch-typologische Wandel des Deutschen von einer Silben- zu einer Wortsprache. de Gruyter Verlag Berlin.

Takahashi, Hideaki (1996): Die richtige Aussprache des Deutschen in Deutschland, Österreich und der Schweiz. Peter Lang Verlag Frankfurt a. M.

Ternes, Elmar (2012): Einführung in die Phonologie. WBG Wissenschaftliche Buchgesellschaft Darmstadt.

Tornow, Siegfried (2009): Abendland und Morgenland im Spiegel ihrer Sprachen: Ein kulturhistorischer Vergleich. Harrassowitz Verlag Wiesbaden.

Travkina, Elena (2009): Vorgelesene Prosa im Hörbuch. Untersuchungen zur Wirkung und zu Einsatzmöglichkeiten im Unterricht Deutsch als Fremdsprache. Phil. Diss. Martin-Luther-Universität Halle-Wittenberg.

Trubetzkoy, Nikolaus (1989): Grundzüge der Phonologie. Vandenhoeck & Ruprecht Verlag Göttingen.

Tschirner, Erwin (1999): Neue Qualitäten des Lehrens und Lernens. Thesen zum Einsatz von Multimedia im Fremdsprachenunterricht. In: Bausch, Karl-Richard/Christ, Herbert/Krumm, Hans-Jürgen (Hg.): Die Erforschung von Lehr- und Lernmaterialen im Kontext des Lehrens und Lernens fremder Sprachen. Gunter Narr Verlag Tübingen, 232–240.

Vitz-Manetti, Susanne (2003): Rezension Lehrwerk „Delfin“. In: Info DaF, Nr. 2/3, 30. Jahrgang, April/Juni 2003 DAAD (http://www.hueber.de/seite/info_del [02.01.20 13]).

Völtz, Michael (1994): Sprachrhythmus und Fremdsprachenerwerb. In: Deutsch als Fremdsprache 2/1994, 100–104.

Völtz, Michael (1991): Rhythmusphänomen. Einige Anmerkungen zur Problematik der typologischen Klassifizierung. In: Zeitschrift für Sprachwissenschaft 10, 284–296.

Von Essen, Otto (1979): Allgemeine und angewandte Phonetik. Akademie Verlag Berlin.

Waychert, Carsten /Hajime, Kamei/Toyo, Akaki (2006): Kommunikativer Deutschunterricht mit dem Lehrwerk Delfin Universität Osaka-Kyoiku Japan (http://ir.lib.osaka-kyoiku.ac.jp/dspace/bitstream/123456789/380/1/55(2)15–33.pdf [13.03.2013]).

Wehr, Hans (2003): Modern written Arabic. In: Encyclopaedia of Islam (http://cdnetz.bibliothek.uni-halle.de/NetManB [03.10.2012]).

Werner, Jürgen (1995): Emphatische Syntax. Zur Funktionalität oraler Syntagmen. Eine komparative Studie am Beispiel des Bairischen und des Iraq-Arabischen mit einer einführenden Diskussion der relevanten Termini. Gunter Narr Verlag Tübingen.

Werner, Otmar (1972): Phonemik des Deutschen. Metzler Verlag Stuttgart (= Sammlung Metzler, Bd. 108).

Wild, Stefan (1982): Die arabische Schriftsprache der Gegenwart. In: Fischer, Wolfdietrich (Hg.): Grundriss der arabischen Philologie. Bd. 1: Sprachwissenschaft. Dr. Ludwig Reichert Verlag Wiesbaden, 51–57.

Internet:

1. http://de.wikipedia.org/wiki/Geschichte_der_arabischen_Sprache (08.02.2013)
2. http://www.eda.admin.ch/eda/de/home/doc/publi/abc/abcuno.0053.html(09.10.2012).
3. http://de.wikipedia.org/wiki/Aussprachedatenbank_der_ARD (02.09.2012).
4. http://de.wikipedia.org/wiki/Aussprachedatenbank (02.09.2012).
5. http://www.lyrikline.org/index.php?id=162&L=0&author=fa00&show=Poems&poemId=602&cHash=7004c64495#top (01.01.2013).
6. http://www.uni-marburg.de/cnms/studium/lehrmaterialien/transkription-mr.pdf (06.03.2013).

Arabische Quellen:

1. **العاني, سلمان حسن :(1983)**
التشكيل الصوتي في اللغة العربية. فونولوجيا العربية النادي الادبي الثقافي جدة.
2. **المطلبي, غالب فاضل (1984):** في الاصوات اللغوية دراسة في اصوات المد العربية. وزارة الثقافة و الاعلام العراقية

3. **انيس, أبراهيم (1971) :** الاصوات اللغوية. مطبعة النهضة القاهرة.
4. **أستيتية, سمير شريف (2002):** الاصوات اللغوية. دار وائل للنشر عمان.
5. **بشر, كمال (2000):** علم الاصوات. دار غريب للناشر القاهرة.
6. **طليمات, غازي مختار(2000):** في علم اللغة. دار طلاس دمشق.

Übersetzung

1. **Al Ani, Sulman Hassan (1983):** Die phonetische Gestalt des Arabischen. Arabische Phonologie. Al Nadi Al Adabi Al Thaqafi Verlag Cidde.
2. **Al Matelabi, Kalib Fadil (1984):** Sprachlaute. Studie zur Gemination der arabischen Laute. Irakisches Ministerium für Kultur und Medien Bagdad.
3. **Anis, Ibrahim (1971):** Die Sprachlaute. Al Nahda Verlag Kairo.
4. **Asitida, Samir Scharif (2002):** Die Sprachlaute. Dar Wual Verlag Amman.
5. **Bischer, Kamal (2000):** Phonetik. Dar Karib Verlag Kairo.
6. **Tulimat, Kazi Mukhtar (2000):** Linguistik. Dar Talas Verlag Damaskus.

11 Tabellen- und Abbildungsverzeichnis

Tabellenverzeichnis

Abbildungsverzeichnis

Hallesche Schriften zur Sprechwissenschaft und Phonetik

Herausgegeben von Lutz Christian Anders, Ines Bose, Ursula Hirschfeld, Eva-Maria Krech, Baldur Neuber und Eberhard Stock

Bände 1–15 herausgegeben von Eva-Maria Krech und Eberhard Stock
Bände 16–32 herausgegeben von Lutz Christian Anders, Ursula Hirschfeld, Eva-Maria Krech und Eberhard Stock

Band 1 Eva-Maria Krech / Eberhard Stock (Hrsg.): Beiträge zur deutschen Standardaussprache. Bericht von der 16. Sprechwissenschaftlichen Fachtagung 1994 an der Martin-Luther-Universität Halle-Wittenberg. Zum Gedenken an Hans Krech. 1996.

Band 2 Eva-Maria Krech / Eberhard Stock (Hrsg.): Sprechen als soziales Handeln. Festschrift zum 70. Geburtstag von Geert Lotzmann. 1997.

Band 3 Eva-Maria Krech / Eberhard Stock (Hrsg.): Sprechwissenschaft – Zu Geschichte und Gegenwart. Festschrift zum 90jährigen Bestehen von Sprechwissenschaft/Sprecherziehung an der Universität Halle. 1999.

Band 4 Yvonne Anders: Merkmale der Melodisierung und des Sprechausdrucks ausgewählter Dichtungsinterpretationen im Urteil von Hörern. Sprechwissenschaftlich-phonetische Untersuchungen. 2001.

Band 5 Margret Bräunlich / Baldur Neuber / Beate Rues (Hrsg.): Gesprochene Sprache – transdisziplinär. Festschrift zum 65. Geburtstag von Gottfried Meinhold. 2001.

Band 6 Eva-Maria Krech (Hrsg.): Sprach-, Sprech- und Stimmstörungen – interdisziplinäre Kooperation in der Therapie. Festschrift zum 65. Geburtstag von Volkmar Clausnitzer. 2002.

Band 7 Baldur Neuber: Prosodische Formen in Funktion. Leistungen der Suprasegmentalia für das Verstehen, Behalten und die Bedeutungs(re)konstruktion. 2002.

Band 8 Eberhard Stock / Ludmila Veličkova: Sprechrhythmus im Russischen und Deutschen. 2002.

Band 9 Ines Bose: *dóch da sín ja' nur mûster //.* Kindlicher Sprechausdruck im sozialen Rollenspiel. 2003.

Band 10 Eva-Maria Krech / Eberhard Stock (Hrsg.): Gegenstandsauffassung und aktuelle phonetische Forschungen der halleschen Sprechwissenschaft. 2003.

Band 11 Wieland Kranich: Phonetische Untersuchungen zur Prosodie emotionaler Sprechausdrucksweisen. 2003.

Band 12 Lutz Christian Anders / Ursula Hirschfeld (Hrsg.): Sprechsprachliche Kommunikation. Probleme, Konflikte, Störungen. 2003.

Band 13 Kati Hannken-Illjes: Gute Gründe geben. Ein sprechwissenschaftliches Modell argumentativer Kompetenz und seine didaktischen und methodischen Implikationen. 2004.

Band 14 Annaliese Benkwitz: Kontrastive phonetische Untersuchungen zum Rhythmus. Britisches Englisch als Ausgangssprache – Deutsch als Zielsprache. 2004.

Band 15 Norbert Gutenberg (Hrsg.): Schreiben und Sprechen von Hörfunknachrichten. Zwischenergebnisse sprechwissenschaftlicher Forschung. 2005.

Band 16 Christiane Ulbrich: Phonetische Untersuchungen zur Prosodie der Standardvarietäten des Deutschen in der Bundesrepublik Deutschland, in der Schweiz und in Österreich. 2005.

Band 17 Christiane Miosga: Habitus der Prosodie. Die Bedeutung der Rekonstruktion von personalen Sprechstilen in pädagogischen Handlungskontexten. 2006.

Band 18 Ursula Hirschfeld / Lutz Christian Anders (Hrsg.): Probleme und Perspektiven sprechwissenschaftlicher Arbeit. 2006.

Band 19 Ramona Benkenstein: Vergleich objektiver Verfahren zur Untersuchung der Nasalität im Deutschen. 2007.

Band 20 Beate Wendt: Analysen emotionaler Prosodie. 2007.

Band 21 Uwe Hollmach: Untersuchungen zur Kodifizierung der Standardaussprache in Deutschland. 2007.

Band 22 Ines Bose (Hrsg.): Sprechwissenschaft. 100 Jahre Fachgeschichte an der Universität Halle. 2007.

Band 23 Ute Gonnermann: Quantifizierbare Verfahren zur Bewertung von Dysphonien. Auditiv-perzeptive Heiserkeitsbeurteilung, apparative Stimmdiagnostik und Selbsteinschätzung der Stimme. 2007.

Band 24 Mariam Hartinger: Untersuchungen der Sprechmotorik von Polterern mit Hilfe der Elektromagnetischen Mediosagittalen Artikulographie (EMMA). 2008.

Band 25 Beate Redecker: Persuasion und Prosodie. Eine empirische Untersuchung zur Perzeption prosodischer Stimuli in der Werbung. 2008.

Band 26 Kerstin Reinke: Zur Wirkung phonetischer Mittel in sachlich intendierter Sprechweise bei Deutsch sprechenden Russen. 2008.

Band 27 Johanna Steinberg: Geflüsterte Plosive. Eine akustische Untersuchung zum Stimmhaftigkeitskontrast bei Plosiven im Deutschen. 2008.

Band 28 Cordula Hunold: Untersuchungen zu segmentalen und suprasegmentalen Ausspracheabweichungen chinesischer Deutschlernender. 2009.

Band 29 Swetlana Nossok: Kontrastive phonologische und phonetische Analyse Weißrussisch-Deutsch und Analyse interferenzbedingter Ausspracheabweichungen. 2009.

Band 30 Lutz Christian Anders / Ines Bose (Hrsg.): Aktuelle Forschungsthemen der Sprechwissenschaft 1. Sprach-, Sprech- und Stimmstörungen / Sprache und Sprechen von Hörfunknachrichten. 2009.

Band 31 Ursula Hirschfeld / Baldur Neuber (Hrsg.): Aktuelle Forschungsthemen der Sprechwissenschaft 2. Phonetik, Rhetorik und Sprechkunst. 2009.

Band 32 Cordula Schwarze: Formen und Funktionen von Topoi im Gespräch. Eine empirische Untersuchung am Schnittpunkt von Argumentationsforschung, Gesprächsanalyse und Sprechwissenschaft. 2010.

Band 33 Ursula Hirschfeld / Eberhard Stock (Hrsg.): Sprechwissenschaftlich-phonetische Untersuchungen zur interkulturellen Kommunikation Russisch–Deutsch. 2010.

Band 34 Elena Travkina: Sprechwissenschaftliche Untersuchungen zur Wirkung vorgelesener Prosa (Hörbuch). 2010.

Band 35 Ulrike Sievert / Susanne Voigt-Zimmermann (Hrsg.): Klinische Sprechwissenschaft. Aktuelle Beiträge aus Wissenschaft, Forschung und Praxis. 2011.

Band 36 Hans Krech: Beiträge zur Sprechwissenschaft I. Ausgewählte Schriften zur Therapie von Stimm-, Sprech-, Sprach- und Atmungsstörungen. Herausgegeben von Eva-Maria Krech. Mit einem Beitrag von Lutz Christian Anders. Mit einer Audio-CD. 2011.

Band 37 Hans Krech: Beiträge zur Sprechwissenschaft II. Die Behandlung gestörter S-Laute. Sprechkundliche Beiträge zur Therapie der Sigmatismen. Herausgegeben von Eva-Maria Krech. Mit einem Beitrag von Volkmar und Renate Clausnitzer. 2011.

Band 38 Hans Krech: Beiträge zur Sprechwissenschaft III. Ausgewählte Schriften zur Phonetik, Sprechkünstlerischen Gestaltung und Fachgeschichte. Herausgegeben von Eva-Maria Krech. Mit einem Beitrag von Eva-Maria Krech. Mit einer Audio-CD. 2013.

Band 39 Ines Bose / Baldur Neuber (Hrsg.): Interpersonelle Kommunikation: Analyse und Optimierung. 2011.

Band 40 Gottfried Meinhold / Baldur Neuber (Hrsg.): Irmgard Weithase – Grenzgänge. 2011.

Band 41 Angelika Braun / Christa M. Heilmann: SynchronEmotion. 2012.

Band 42 Sejin Park: Ausspracheabweichungen bei koreanischen Deutschlernenden und Empfehlungen für Ausspracheübungen. 2013.

Band 43 Lutz Christian Anders / Ines Bose / Ursula Hirschfeld / Baldur Neuber (Hrsg.): Aktuelle Forschungsthemen der Sprechwissenschaft 3. Phonetik, Rhetorik, Sprechkunst, Sprach- und Stimmstörungen. 2013.

Band 44 Ulrike Nespital: Wirkungen des funktionellen Nachvollzugs physiologischer Gesangsstimmen auf die Qualität der Sprechstimme. 2013.

Band 45 Ulrike Groß / Michael Thiergart (Hrsg.): Sprache und Musik. Hommage an Georg Heike. 2013.

Band 46 Augustin Ulrich Nebert: Der Tonhöhenumfang der deutschen und russischen Sprechstimme. Vergleichende Untersuchung zur Sprechstimmlage. 2013.

Band 47 Stephanie Kurtenbach / Ines Bose (Hrsg.): Gespräche zwischen Erzieherinnen und Kindern. Beobachtung, Analyse, Förderung. 2013.

Band 48 Marit Fiedler: Modernhebräisch und Deutsch. Kontrastive Analyse der Prosodie in interkulturellen Kommunikationssituationen. 2013.

Band 49 Salam Omar Mahmood: Ausspracheschwierigkeiten arabischer Deutschlernender aus dem Irak und didaktische Überlegungen zum Ausspracheunterricht. 2014.

www.peterlang.com